JN222932

弁護士の現場力

―弁護人就任から終了までのスキルと作法―

刑事弁護編

岩崎晃・石川剛・原琢己・板橋喜彦

佐藤健太・折戸誠子・橘真理夫　著

ぎょうせい

はしがき

　弁護士となったばかりなのに刑事事件の依頼がきた。そのとき、「私は新人なので、未熟な弁護活動しかできません」と言い訳はできない。被疑者・被告人となった方が、非常に心細く、孤独な状況にある中で、接見を通じて彼らの信頼を獲得し、捜査機関、裁判官との面談、あるいは法廷で、彼らの言い分を代弁し、寄り添い、検察官、裁判官に適切な処分を促すことができるのは弁護人しかいない。

　そうはいっても、経験のない弁護士は、「被疑者や被告人に何を聞けばよいのか」「刑事事件の手続はいかなるものか」「検察官や裁判官とどのようなコミュニケーションをとればよいのか」「証拠の収集はどのように行うのか」「尋問はどのように行うのか」といった知識や情報が不足している。

　本書は、そのようなノウハウや考え方を、裁判員裁判対象事件を含む豊富な事件対応で培い、弁護士会の刑事弁護委員会などで研鑽を積んだ弁護士、司法研修所の刑事弁護教官の経験を有する弁護士らが解説したものである。

　本書の構成は、「民事訴訟編」「家事調停編」に倣い、7つの場面（Act＝幕）を設定し、それを若手弁護士の独白（Monologue）と前口上（Prologue）から始めている。さまざまな場(Scene)においてどのように対応すべきか、その智恵と考え方を「現場力」として紹介し、経験や技術を吸収していただきたいと考えている点もシリーズ既刊書と同様である。

　本年（2019年）、裁判員裁判制度が導入されて丸10年が経過した。この制度が導入されることによって、弁護活動は大いに「進化」し、「深化」した。本書は、深化した新しい刑事弁護活動の経験を踏まえ、主に新人・若手弁護士を念頭において執筆されたものであるが、新しい刑事弁護実務を紹介するという意味では、中堅以上の弁護士にも参考になると思われる。

　弁護士法1条1項は、「弁護士は、基本的人権を擁護し、社会正義を実現することを使命とする」とある。刑事弁護は、まさに、この条文を実践

する場といえる。弁護人は、弁護士しか担えない。弁護士が「弁護」士たるゆえんは、被疑者や被告人を国家権力と向き合いながら「弁護」し、適正な処分を促すことにある。

　弁護士が弁護士であるために、本書を通じて刑事弁護の「現場力」を身につけ、基本的人権を擁護し社会正義を実現する途を開いていただければ幸いである。

2019（令和元）年 11 月吉日

岩 崎　　晃

石 川　　剛

原　　琢 己

板 橋 喜 彦

佐 藤 健 太

折 戸 誠 子

橘　　真 理 夫

本　書　の　構　成

◆本書は、若手弁護士が当番弁護士として派遣要請を受けてから、刑事事件を受任し、起訴前弁護、公判準備、公判前整理手続、公判、上訴審での各場面で、被疑者、被告人とどのような打合せを行い、いかなる証拠や書面を準備し、手続にのぞむかの一連の弁護活動について4つの場面に分解し、現場でなすべきこと、してはいけないこと、すなわち「現場力」を解説している。また、通常の弁護活動とは異なる、特に留意を要する外国人や少年、障害者の弁護活動を行う場合についても3つの場面で解説している。

◆各 Act の内容を概観すると次のとおりである。

◇ Act Ⅰ　事件受任と起訴前弁護の場面にて

　新人の Q 弁護士が、①当番弁護士として派遣要請を受けてから、②被疑者と接見し、③勾留前の弁護活動を開始し、④勾留後の弁護活動を行う過程で、⑤弁護士倫理の問題に直面したり、⑥終局処分への対応を検討する6つの Scene ＝場に分かれる。

◇ Act Ⅱ　起訴後・公判前の場面にて

　被疑者が起訴されたことに伴い、Q 弁護士が、①公判準備における一般的な準備事項、②裁判員裁判特有の公判の準備事項、③公判前整理手続対象事件における証拠開示、④ケース・セオリーの構築、⑤検察官請求証拠への対応、⑥立証計画を立てるまでの6つの Scene ＝場に分かれる。

◇ Act Ⅲ　公判の場面にて

　Q 弁護士が公判にのぞむにあたって、①公判手続を概観し、②尋問、

③情状弁護、④最終弁論と最終陳述、⑤判決に対応する・受刑者の処遇を知るまでの 5 つの Scene ＝場に分かれる。

◇ Act Ⅳ　上訴審の場面にて

1 審判決後の Q 弁護士の対応として、①控訴の手続、②控訴趣意書の作成と公判の対応、さらに控訴審判決後の③上告審の 3 つの Scene ＝場に分かれる。

◇ Act Ⅴ　外国人事件の場面にて

Q 弁護士が外国人を弁護することとなった場合の、①外国人を弁護するにあたっての留意点から、②通訳人の確保、③依頼者からの事情の聞き方、④公判での弁護活動の 4 つの Scene ＝場に分かれる。

◇ Act Ⅵ　少年事件の場面にて

Q 弁護士が少年の弁護活動をすることとなった場合の、①少年事件の弁護活動のあり方と、②少年の付添人活動の 2 つの Scene ＝場に分かれる。

◇ ACT Ⅶ　障害のある人の弁護を担当する

Q 弁護士が障害のある人の弁護活動をすることとなった場合の、①障害者（責任無能力等を含む）の弁護活動のあり方と、②捜査段階での弁護活動、③公判段階の弁護活動、④判決と社会復帰を見据えての弁護活動の 4 つの Scene ＝場に分かれる。

＊

◆各 Act については、まず、幕が上がると同時に Monologue としてQ弁護士が抱える悩みや不安などを赤裸々に独白してもらい、その幕全体の雰囲気づくりをすることにした。また、各 Scene の冒頭においては、Q弁護士が Prologue ＝前口上を述べて、どのような場面が始まるのかを告げるようにした。

＊

◆各 Act の末尾には、ぜひ知っておいてもらいたい事項を簡潔に記載した現場力の Essence をおいている。ここだけを拾い読みしても、十分に有益な実務のヒントを得ることができるものと自負している。

＊

◆オペラでは、1つの幕が降りると休憩に入り、しばしロビーでワインなどを飲みながら歓談することになるが、本書では、Intermezzo ＝幕間狂言あるいは間奏曲として、ベテラン弁護士の鎌倉弁護士、中堅弁護士の室町弁護士、若手弁護士の江戸弁護士の3名が1つのテーマをめぐって議論や自説を述べるコーナーを設けた。経験の異なる弁護士の考え方の違いを踏まえ実務に活かしていただきたい。

各弁護士のイラストをつけているが、それぞれのイメージは、次のようなものである。

鎌倉弁護士

ばくふ法律事務所のパートナー弁護士。40 年目のベテラン男性弁護士である。過去には刑事事件に積極的にかかわり、少年事件にも熱心に取り組んだが、最近は、一般民事事件を中心に携わっている。

室町弁護士

ばくふ法律事務所の 15 年目の中堅男性弁護士である。鎌倉弁護士の指導を受けながら経験を重ねつつ、弁護士会の委員会や共同受任事件を通じて刑事事件の知識の獲得に熱心に取り組んでいる。江戸弁護士の兄弁。

江戸弁護士

ばくふ法律事務所のアソシエイト弁護士。弁護士 5 年目の若手女性弁護士である。刑事事件に取り組みたくて弁護士になった。正義感が強く、ボス弁、兄弁にも遠慮なく自説を展開する前のめりな性格。

凡　例

1. 法令

　法令は、令和元年 10 月 1 日現在のものとした。

2. 法令名の略記

　次のような略記をした。

　刑訴法　　　　刑事訴訟法

　刑訴規則　　　刑事訴訟規則

3. 判例集の略記

　次のような略記をした。

　刑集　　　　最高裁判所刑事判例集

　判時　　　　判例時報

　判タ　　　　判例タイムズ

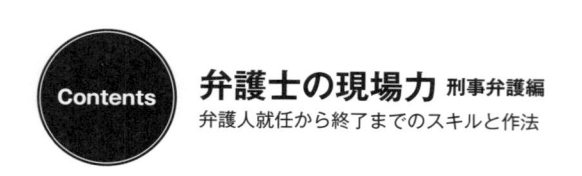

Contents 弁護士の現場力 刑事弁護編
弁護人就任から終了までのスキルと作法

Act I 事件受任と起訴前弁護の場面にて

Scene i 当番弁護士として派遣要請を受ける

Scene ii 接見する

Scene
iii 勾留前の弁護活動をする

Scene
iv 勾留後の弁護活動をする

Scene
v 弁護士倫理を考える

Act III 公判の場面にて

Act IV 上訴審の場面にて

Scene i 控訴する

Act
V 外国人事件の場面にて

Act I

事件受任と起訴前弁護の場面にて

📣 Monologue

　Q弁護士は、ボス弁、兄弁がいる法律事務所に勤務しており、ボス弁の方針で、民事事件のみならず、刑事事件も積極的に受任するようにいわれている。その方針に従って、Q弁護士は、新規登録弁護士の研修の際も、国選弁護人に選任されて指導弁護士からの指導を受けて熱心に事件を処理した。とはいえ、研修の際は、わからないこと、迷ったことは指導弁護士に尋ねれば、丁寧に教えてくれたので、悩むことはなかったし、指導を受けたとおりに対応しているうちに、事件は無事に終わった。

　ボス弁は、かつて、無罪をとったことがあるといっているけれども、最近は自分では刑事弁護を受任することはなく、時折、「今は、そんな運用はされていないのでは？」と思われる発言をすることがある。兄弁は、ボス弁の方針に従って刑事事件を積極的に受任しており、常時、裁判員裁判を受任しているため、忙しくてゆっくり相談に乗ってくれる時間はとれないようである。

　新規登録弁護士の研修が終わり、名簿の登録要件をクリアしたQ弁護士は、国選弁護人と当番弁護士の名簿に登録をした。その後、所属する××弁護士会から、待機日を記載したFAXが送信されてきた（【書式例1】当番弁護士FAX送信票参照）。

　Q弁護士の初めての待機日となった令和〇年〇月△日の午後3時頃、所属する弁護士会から配点連絡があり、その後当番弁護士の派遣要請のFAXを受信した。その内容は、以下のようなものであった。

　「連絡事項」欄には、被疑者の名前、逮捕された罪名、逮捕後に拘束されている場所（〇〇警察署）が記載されているほか、連絡事項として、逮捕された被疑者の妻からの派遣要請であって、接見前に要請した被疑者の妻と連絡をとる必要がある旨が記載されていた。

【書式例 1】 当番弁護士 FAX 送信票

20××年 ○月 △日

● 当番弁護士FAX送信票 ●　　☑一般　□少年　□外国人

先生

FAX: _____

全枚数(本票を含む):6枚

日頃より当番弁護士業務にご協力を頂きましてありがとうございます。

当番弁護受付番号 20××-7777 の件につき下記文書を送付致します

記

☑ 1　当番弁護士配点連絡票(本票下部)
☑ 2　接見報告書
☑ 3　私選弁護人選任申出(通知)書　刑弁センター提出用
☑ 4　私選弁護人選任申出(通知)書　被疑者・被告人交付用
☑ 5　接見後に取るべき手続について　詳しくは当番弁護士マニュアルをご覧下さい
□ 6　(少年事件のみ)　国選付添対象事件の拡大に伴う手続の変更点のお知らせ
□ 7　(外国人事件のみ)　通訳費用請求書(接見用、関係者との面談用)

- -

●勾留後は、被疑者弁護援助制度の利用はできません。

●留保または不受任の際には、上記3の私選弁護人選任申出(通知)書の被疑者・被告人交付用
　を被疑者(被告人)に交付し、上記4の刑弁センター提出用と上記2の接見報告書を
　03-○○○○-○○○○まで送信してください。

●受任・不受任か留保の際は、結果が出次第早めに所属会事務局までご連絡ください。
　□◇◇弁護士会 TEL:03-◎◎◎◎-××××／FAX 03-◎◎◎◎-△△△△

当番弁護士配点連絡票

20××年 ○月 △日
◇◇弁護士会

受付番号　20××-7777
(フリガナ)
被疑者　　△×○○
性別　　　男　　　　　　　生年月日　19××年×月×日　○○才
国籍　　　日本　　　　　　言語
罪名　　　傷害
拘束場所　○○警察署
連絡者
連絡者名
電話番号
受付日時　20××／○／△　12:34
逮捕日　　20××／○／△　10:28
連絡事項　本日は警察署です。

本書面にお心当たりがない場合には、誠に恐縮ながら、次の連絡先までその旨をお知らせ頂ければ幸いです。→連絡先:03-○○○○-◇◇◇◇

Scene 1 当番弁護士として派遣要請を受ける

Prologue

　Q弁護士は、直ちに○○警察署に行って接見をしようと思ったが、まずは要請者である被疑者の妻に連絡をして、なぜ当番弁護士を要請することにしたのか、その経緯を確認することとした。

　電話をかけたところ、極力取り乱さないように対応してはいるものの、夫が逮捕されたことで動揺していることは明らかであり、電話では必要な情報を聞き出すことが難しいと思った。Q弁護士は今すぐに事務所に来ることができるかと確認したところ、1時間後の来訪が可能とのことであったので、事務所で事情を聞くこととした。

　妻によると、警察から「ご主人が逮捕されました」と連絡があったとのことであった。驚いた妻がその理由を聞いたところ、詳しくは話してくれなかったが、夫は同僚との飲み会の帰りに、酔っぱらいとケンカになり、相手を殴ってけがをさせたために逮捕されたとのことであった。

　現場にいなかった派遣要請者である妻から聞き出せる事実関係はあまり多くはなかったが、以下のとおりであった。夫はショートメールで「家に帰ります」と送ってきたにもかかわらず、自宅に帰ってこないので心配していたところ、警察からの連絡を受けたとのことである。また、夫は酒に弱いということはないが、家でも同僚との飲み会でも酒はあまり飲まないとのことであった。

　Q弁護士から妻に、夫への伝言あるいは差し入れるものはないかと尋ねたところ、夫には持病はないものの、普段はコンタクトレンズを入れているため、眼鏡の差入れを頼まれた。また、会社には、今日は体調が悪いので休ませていただくと伝えたけれども、今日は金曜日のため週明けの月曜日には何かしら連絡しなければならないことから、どうしたらいいか、聞いてきてもらいたいとのことであった。

　Q弁護士は、以上を前提に、被疑者である夫との接見の準備を始めた。
　以前の新規登録弁護士研修の際に、指導弁護士から教わったとおり、弁

護士バッジか日本弁護士連合会発行の写真付き身分証明書と名刺を持って
行くことにしたが、それ以外にも被疑者との接見に際して必要なものを確
認するため、所属弁護士会から受領していた当番弁護士のマニュアルを取
り出した。

1. 当番弁護士制度とは

　当番弁護士制度とは、逮捕された被疑者等が弁護士との面会を希望した
場合に、その日待機している弁護士が初回については無料で面会する制度
です。成人だけではなく、未成年でも当番弁護士を頼むことができます。
弁護士であれば、逮捕後勾留決定前で友人や家族が面会できない場合でも
接見をすることができます。また、弁護士であれば、警察官の立会なく面
会ができます。

　当番弁護士は、家族でも本人でも無料で頼むことができます。本人が依
頼する場合は、逮捕された後、警察官などに「当番弁護士を呼んでくださ
い」と伝えることで、当番弁護士が派遣されます。

　なお、当番弁護士制度は、各地の弁護士会が運営している制度であり、
出動した弁護士に対して支払われる費用は各弁護士会が負担しています。
このように当番弁護士制度は、各地の弁護士会による自主的な取組みであ
る、という点に特徴があります。

2. 要請者からの事情聴取

　本件では、被疑者の妻からの要請で当番弁護士が派遣されることとなり
ました。被疑者本人以外の要請の場合は、被疑者からすると、自分で要請
しているわけでもないのに、弁護士が目の前にいる、という事態になるわ
けですから、要請者と接見前に連絡をとり、被疑者と要請者との関係や要
請に至る経緯を確認し、被疑者に説明できるようにしておくことが望まし
いですし、弁護士会によっては、配点に際して、要請者に連絡をとるよう

求めています。

　本件では、被疑者の妻が要請者ですから、純粋に逮捕された夫を心配して要請したのだと思われますが、想定していない事情があるかもしれないので、面談の際には注意深く派遣要請に至った経緯、夫が逮捕された状況等について聴取する必要があります。特に、夫が妻の目の前で逮捕された場合には、逮捕された時点で、夫が何を言っていたか、どのような説明をしていたのか等を聞くことによって、被疑者が逮捕された経緯や理由などを知ることができる場合があります。

3. 要請者への説明

　要請者は、一応、当番弁護士の制度について認識したうえで弁護士会に連絡しているものと思われますが、そうはいっても、専門的な知識があるわけではありませんから、当番弁護士制度や弁護人の役割などについて、以下のようなことを説明する必要があります。

①　当番弁護士として接見する場合には無料であること

②　（受任義務がある、あるいは受任が認められている弁護士会では）当番弁護士は、被疑者から依頼された場合には引き続き弁護人となる、あるいは弁護人になることができること

③　仮に、当番弁護士が受任せず、弁護人にならなかったとしても被疑者の味方であることは変わりなく、接見の際に知った秘密は守ること

④　特段の事情がない限り、本日中または派遣要請から24時間以内に被疑者と接見し、その結果については報告すること

⑤　資力がない場合（預貯金50万円以下）には、刑事被疑者弁護援助制度による援助を受けられること（刑事被疑者弁護援助制度とは、被疑者に資力がないとき、弁護人が被疑者の代理人として援助の申込みを行い、援助決定を受けたうえで私選弁護人として受任することができる制度。日本弁護士連合会が日本司法支援センター（法テラス）に対して業務を委託している。現在は勾留された被疑者に対しては、被疑者国選弁護制度の適用があるため、逮捕後勾留前までの弁護活動を援助するための制度となっている）

⑥　勾留された場合には、被疑者段階でも被疑者が請求することで弁護人を付すことができること。資力がない場合（預貯金50万円以下）には国選弁護人が選任されること

⑦　自らを私選弁護人として選任しなかったとしても他の弁護士を私選弁護人に選任できること

⑧　被疑者段階で国選弁護人が選任された場合には、仮に起訴されたとしても、選任された弁護士が引き続き国選弁護人として弁護活動をすることができること

4.要請者からの伝言等

　要請者、本件であれば妻は、これまで当たり前のように一緒に生活していた夫が突然連れて行かれて会えない状態に陥ったのですから、夫に伝えたいことや夫から聞いておきたいことがたくさんあると思われます。

　たとえば、逮捕後に家族の中で起きた出来事や当番弁護士を頼んだ経緯等の情報を伝えたり、現金や着替え、眼鏡等の差入れの希望があるでしょう。

　また、勤務先や関係者等に対しては、当面、どのように対処しておけばよいのか、緊急に連絡しておくべきところがあるのか、差し入れてほしいものがあるのか等夫から聞きたいこともあると思われます。

　派遣要請から接見まではわずかな時間しかありませんから、要請者からは逮捕に至った経緯、被疑者への伝言、被疑者から聞いておいてほしいことなどを効率的かつ正確に聞き取って被疑者に伝達し、被疑者の反応、聞き取った事項を要請者に正確に報告することが極めて重要です。

5.警察への連絡

　初回接見では、「弁護人となろうとする者」（刑訴法39条1項）として接見することになります。配点連絡票に記載された警察署に連絡をして被疑者の収容状況を確認します。連絡方法については、各警察署の代表電話番号にかけて留置係につないでもらうという方法が一般的ですが、警視庁の場合、警視庁本部（03-3581-4321）に電話をかけて、当該警察署の留

置係に取り次ぐように依頼するという方法もあります。警察署の代表電話が混み合っていてなかなかつながらない場合などには便利な方法です。

6.留置係への連絡

　拘束場所とされている警察署の留置係に連絡をとる際には、当番弁護士として配点を受けたこと、被疑者が拘束されている警察署に誤りはないか、当該被疑者が拘束場所とされている警察署に現在いるかを確認しつつ、接見に行く旨伝えることになります。接見に行くことを伝える際には、接見に行く時間を告げるのが通常です。ただし、ほとんどの警察署は接見の予約ができるわけではなく、当該警察署に到着して接見を申し込んだ順に行うことになります。

　特に、被疑者本人が当番弁護士を要請した場合は、当番弁護士が来るのを今か今かと待っているので、接見に行くおおよその時間がわかった段階で、なるべく早く警察署に電話をして、接見に行く時間を伝えるとともに、被疑者本人にも伝えてもらいましょう。

7.接見に行くタイミング

　留置施設においては、食事の時間、入浴の時間、就寝時刻、起床時刻等接見を制約される場合がありますので、せっかく出向いても待たされることがないよう、それらの時間を避けることが効率的です。

　なお、留置施設では被疑者が一人部屋でないことも多く、複数の被疑者が就寝している中で就寝中に接見で呼ばれて部屋を出る際に、他の被疑者を起こしてしまうことでストレスを感じる被疑者もいます。また、被疑者が睡眠導入剤を服用していることもあり、就寝時間には深い睡眠状態にあって起きられない場合もあります。したがって、就寝準備が終わった後の午後9時以降に接見に行くことがわかっている場合には、速やかにその旨の電話を留置係に入れておき、被疑者の就寝場所（布団の位置）を入口近くにしてもらうなど配慮してもらったり、睡眠導入剤の服用を待ってもらったりする必要があります。

8.持参すべきもの

　初回接見の際には、弁護士会から FAX 送信された「配点連絡票」と、それに同送されてきた私選弁護人選任申出書２通（被疑者交付用と弁護士会提出用）を持参するとともに、自分で用意した弁護人選任届出書（および押印用の職印）と委任契約書２通も持参しましょう。その他、接見の際には Prologue で Q 弁護士が気づいた、弁護士バッジか日本弁護士連合会発行の写真付き身分証明書を留置係に見せる必要がありますから、それらを忘れてはなりません。被疑者に差し入れるための名刺も持って行くとよいでしょう。さらに、逮捕手続、その後の取調べなどにおいて、違法、不当な対応がなされていることがありますので、それらの事実を記録するために、IC レコーダー、カメラ等を持参し、記録をとることに備えることも必要です。

　これら以外にも、被疑者は今後どのような手続があるのかを知らず、不安に思っている場合が多いので、法律の専門知識がない一般の方にもわかるような、逮捕後の手続に関する説明書（日本弁護士連合会が発行している被疑者ノートにもこれらの説明が記載されています）、弁護人を選任したいけれども、資力がない場合の援助制度の利用方法や国選弁護人の選任手続などについてわかりやすく説明している資料を持参するとよりよいでしょう。

　なお、当番弁護士として配点を受けて接見をした後に弁護士会へ提出すべき資料など、当番弁護士に関する諸規程が弁護士会ごとに定められているため、所属する弁護士会において当番弁護士マニュアルが発行されている場合には、そちらを参照されることをおすすめします。

現場力の Essence

■ 配点連絡票を受領したら内容を確認する

■ 要請者が被疑者本人以外であれば事前に連絡をとる

■ 要請者から事情をできる限り聴取する

■ 要請者に当番弁護士の制度等をできる限り正確に説明する

■ 要請者から被疑者へ伝達したい事項、被疑者から聞き取ってもらいたい事項を把握する

■ 被疑者の所在を確認するために出発前に留置管理担当者に連絡する

■ 接見には被疑者の収容先での生活サイクルへの配慮も必要

■ 接見の際には身分証明用に弁護士バッジなどを持参する必要がある

■ 私選弁護人に選任される場合に備えて弁護人選任届出書を用意する

■ 被疑者に説明するために必要な資料も十分に準備して持参する

■ 事実関係記録のための被疑者ノート、カメラ等も忘れない

当番弁護士制度のこれまでとこれから

鎌倉弁護士

江戸弁護士は当番弁護士に登録したようだね。そもそもこの制度は、被疑者段階の国選弁護人制度がなかったために、逮捕・勾留された被疑者が、法的知識もないままに一方的に取調べを受けていた、という状況を少しでも改善するために、弁護士会が自主的に運用してきた制度なんだ。身体拘束をされている被疑者・被告人や家族等から、弁護士会に接見の依頼があった場合に、弁護士会が弁護士を派遣し、被疑者の相談に初回は無料で応じる、という当番弁護士制度の趣旨からは、要請があったその日のうちに接見に行くことができるようにスケジュールを調整しておかなければいけないよ。また、当番弁護士として接見した後で、被疑者や被告人から弁護人になってほしいと依頼を受けたら、正当な理由がない限りは受任しなければならない、ということが私や江戸弁護士が所属する弁護士会の規則では定められているはずだよ。明日から出張があるから勾留請求を争う活動はできない、だから弁護人にはなれない、などということがないようにしなくてはならないよ。

11

江戸弁護士

　もちろんです。ところで、国選弁護人制度の対象は拡大されてきていて、2018年には勾留された全事件が対象になりました。逮捕後、勾留されるまでを乗り切ってしまえば、希望すれば弁護人が選任されるという中で、当番弁護士制度にはどのような意味があるのでしょうか。

室町弁護士

　対象が拡大されたとしても、現在ではまだ逮捕段階での国選弁護人制度は存在しないのだから、法的知識もないままに一方的に取調べを受ける状況、というのはまだあるわけで、当番弁護士制度の重要性は決して変わらないよ。また、国選弁護人制度の拡大に伴って、取調べに対して黙秘をする、という被疑者が増えてきたりすると、被疑者に弁護人がつくまでの間に、多くのことを被疑者に供述させよう、と捜査機関が考えるかもしれないね。もし、そのような傾向が出てくるのだとすれば、取調べ対応について、身体拘束後間もない時期に取調べ対応について説明することができる当番弁護士制度は、より一層重要性を増してきそうだね。

Scene ⅱ 接見する

Prologue

　Q弁護士は、派遣要請に従って、○○警察署に赴いた。被疑者と接見しようとして、警察署1階の玄関を入ったすぐのカウンターに行ったところ、被疑者がいる建物2階の留置係の受付に行くように言われた。

　2階の留置係の受付に行くと、「現在、被疑者は取調中なので、長時間お待ちいただくかもしれませんが、ご了承ください」と言われた。

　そのような対応については、研修の時に必ず異議を伝えて取調べを中断してもらってでも接見させるよう申し入れるべきだと教わっていた。そこで、Q弁護士は、その旨を申し入れたところ、すぐに対応してくれて、数分経ったところで接見を始めることができた。

　被疑者とこれから初めて会うことになるが、どのようなことを聞き、またどのようなことを伝えればよいのか。

1.取調べ中の被疑者との接見

　せっかく準備して警察署に赴いたにもかかわらず、現在取調中だから接見できないと言われてしまった場合には、どのように対処したらよいでしょうか。現に取調中の被疑者について、取調べが行われている以上、接見はこれが終わるまで待たなければならないのでしょうか。

　接見交通権は、憲法上認められた弁護人依頼権（憲法34条一文および37条3項一文、刑訴法30条1項）により導かれる刑訴法上の権利（刑訴法39条1項）で、被疑者の防御権としては極めて重要な権利です。

　だとすれば、その確保は最大限優先されるべきなのであって、現に捜査中であろうと、いったん切り上げて接見する機会を確保するよう捜査機関

に申し入れることが肝要です。

　特に、「逮捕直後の初回の接見は、身体を拘束された被疑者にとっては、弁護人の選任を目的とし、かつ、今後捜査機関の取調べを受けるに当たっての助言を得るための最初の機会であって、直ちに弁護人に依頼する権利を与えられなければ抑留又は拘禁されないとする憲法上の保障の出発点を成すものであるから、これを速やかに行うことが被疑者の防御の準備のために特に重要である。」（最判平成12年6月13日最高裁判所民事判例集54巻5号1635頁）とされていますから、このような判例があることを含めて説明して、直ちに、接見の機会を確保するよう求めることが必要です。

2.接見室が混んでいる場合

　警察署によっては、接見室が少ない場合もあり、他の弁護人が接見していると、時間に制限を設けることはできませんから、長時間待たされる場合もあります。あまりにも長い場合には、留置担当者にひとこと断ったうえ、節度をもって接見室をノックし、あとどれくらいかかりそうかを聞いてみてもよいでしょう。逆に、自分が長時間接見をする予定の場合には、あらかじめ留置担当者に次の弁護人が来たらノックしてもらうようにお願いしておくなど、マナーを守って利用するようにすると、お互い気持ちよく接見できます。間違っても、他の弁護人にノックされたときに感情的にならないように大人の対応を心がけましょう。

　また、日中は弁護人以外の一般の方にも面会が認められており、一般面会は1回につき3人までで最大15分から20分程度ではあるものの、やはり接見をするまでに待つことになります。

　このように接見をするまでにはある程度の時間待つことになるかもしれない、ということを想定したうえでスケジュールを組むことが必要になります。

3.逮捕後の経過の確認と権利の告知

　被疑者は、留置担当者から「弁護士が接見に来た」という事実しか告げ

られませんから、当番弁護士のことを何も知りません。ですから、まず自分が当番弁護の派遣要請を受けて所属弁護士会から派遣されて来た当番弁護士であることを告げたうえで、当番弁護士制度の概要などを説明する必要があります。

また、当番弁護士は、弁護人選任の前提として派遣される弁護士であり、被疑者の味方であること、被疑者から聞いた話は守秘義務があるので、被疑者の了解を得ない限り、捜査機関やマスコミはもちろん、被疑者の家族を含めた第三者には話さないことを伝えることが肝要です。

そのうえで、被疑者に対して、現在おかれている状況、今後予想される手続について説明するとともに事件に関する事実を聞くことになります。

接見室に入っていきなり事実関係を聞くと、取調べのようで警察との区別がつかず警戒心をもたれてしまう危険性がありますし、手続のことばかり説明していても自分がおかれている状況が理解できないままで混乱を招くことにもなりかねません。

そこで、簡単に、現状について説明をしたうえで、事実関係を確認しつつ、さらに今後の手続の流れを説明するという方法がわかりやすいでしょう。

4.現在おかれている立場

被疑者が現在おかれている状況は、「逮捕」されているのですから、最大48時間、身体を拘束される可能性があることを説明する必要があります。そのうえで、警察署に着いてから警察官による取調べが行われたかどうか、行われた場合にはどのようなことを聞かれてどのように答えたのか、調書を読み聞かされて署名、指印させられたかどうかなどを確認します。通常、「弁解録取」とよばれる手続ですが、法律の専門家ではない被疑者に「弁解録取ありましたか」と聞いても何のことだかわかりませんから、具体的に聞く必要があるでしょう。

5.取調べ状況の確認

通常の被疑者は、黙秘権という言葉は知っていても、自分が行使することになろうとは考えたこともないでしょうから、逮捕されて取調べを受け

る際には、言いたくないことは言わなくてよいという黙秘権があることを明確に伝える必要がありますし、それぞれの場面で、「黙秘権」があることを告げられているかどうかを確認する必要があります。

　また、供述調書に署名・指印したということであれば、どのような内容だったかを教えてもらう必要があります。調書の内容をきちんと確認したか、読み聞かされただけでなく、自分の目で読んで確認したかを確認するとともに、自分の記憶、意識と異なることが記載されていなかったかを確認します。

　なお、被疑者の供述状況について、録音・録画が行われている場合がありますので、録音・録画が行われたか否か、行われていたとしてどのような取調べが行われ、どのように供述したかを確認する必要があります。

6.事実関係の確認

　警察官から取調べを受けたという状況を確認したところで、取調べの内容がどのようなものだったかを含め、事実関係について聞いていく必要があります。

　事実の聞き取りは、犯罪事実の有無が中心となりますが、犯罪事実が存在しないということであれば、どうして疑われているのか等周辺事情をこと細かに聞き取る必要がありますし、犯罪事実が存在するということであれば、どうしてそのようなことになってしまったのかを尋ねます。このような作業は、今後の弁護方針を決めるにあたって大変重要な活動ですが、被疑者は、そもそも犯罪事実にとって何が重要なことなのか理解していません。たとえば、相手がけがをしたとして、それが、被疑者の行為によるものなのか、被疑者の行為によるものであったとしても正当防衛に該当するのか、相手に暴行する意図をもたないで行った行為に基づく結果なのかなどが犯罪の成否について重要であることは弁護士であればわかりますが、一般の方は正確に理解していないでしょう。

　被疑者は逮捕されて精神的に不安定な状態にあり、的確に話ができないことも多いので、じっくり時間をかけて、こちらの聞きたいことをわかりやすく伝えるとともに、被疑者が伝えたいと思っていることを読み取りな

がら、丁寧に会話を重ねていく必要があります。

　なお、最終的な処分に影響があるほか、身体拘束から解放するために必要な情報ともなり得るので、犯罪事実に関する事実関係のみならず、住所、職業、生年月日等の被疑者の特定に関する事実、生い立ち、家族関係、勤務先等生活状況に関する事項、前科、前歴に関する事項なども聞いておく必要があります。

7.今後の手続に関する説明

　ある程度、事情がわかった時点で、被疑者に対して、今後は、逮捕から48時間以内に、検察庁に行くことになり、検察官から事情を聞かれて、同じく供述調書を作成されること（これも弁解録取ですが、同じようにその言葉を言ってもわからないでしょう）、そこで、検察官が、捜査について10日間被疑者の身体を拘束して捜査を行う必要があると判断すれば、裁判所に対して勾留請求すること、その後、裁判所で同じように事情を聞かれて（これは、「勾留質問」とよばれます）、被疑者の身体を拘束して捜査を行う必要があると判断すれば、10日間の勾留（留置施設に拘束されること）が認められることになることを伝えます。

　なお、勾留請求は検察官が送致を受けてから24時間以内に行われますが、勾留質問は、裁判所によって、勾留請求の当日行われる場合もありますが、翌日行われる場合もあります（東京地方裁判所は、翌日であることが多いです）。

8.家族からの伝言と家族等への伝言

　事実の聞き取りや手続に関する説明をしつつ、タイミングをみて当番弁護士の派遣要請者からの伝言を伝えるとともに、被疑者から家族、親族への依頼事項を確認することが必要です。

　特に、勤務先やその他必要な人への事件の伝え方（伝えないことも含めて）、必要な物（現金、下着、眼鏡など）の希望などを聞き取ることは重要となります。

　このとき、勤務先、周辺の方に対して、どのようにして事件のことを伝

えるのか、伝えないほうがよいのかについては、被疑者としてもどうして
よいかわからず、相談を受けることになると思います。

　その際は、勤務先に事件のことを伝えた場合には、失職の危険があるこ
と、ただし、事案によっては警察が勤務先に接触することもあり得るので、
隠しているとかえって勤務先から不利益な扱いを受ける危険があること等
を説明することになろうかと思います。また、周辺の方に対しては、被疑
者の権利、利益を確保するために必要不可欠な方以外に事件のことを伝え
たとしても、被疑者にとって有利になることはあまりないと思われますか
ら、情状証人や身元引受人になってくれる方など、事件に関して被疑者の
権利、利益を確保するために不可欠な方にのみ情報を提供すべきであると
のアドバイスが必要になります。

　また、情報を伝える場合には、伝えた場合の利益（身体拘束からの解放
という目的には積極方面に働くなど）、不利益（現在逮捕されているとい
う情報が伝わることで会社を解雇されるなどの可能性があるなど）につい
て検討する必要があることを説明し、誰に対してどのような情報を提供す
ることが適切なのかを十分に吟味することといったアドバイスをするとと
もに、実際に具体的な人物が想定される場合には、伝えるべき情報の内容
についてアドバイスを与える必要があります。その際には、伝える相手や
内容によっては、弁護人が罪証隠滅に加担するような事態に陥らないよう
注意することも重要です。

9. 当面の弁護方針の策定

　事実の聞き取り、手続の説明、外部の方との連絡の方法の決定を終えた
時点で、今後の方針を定めることになります。

　今後の方針については、事実関係を争うのか否かといった事件全体に対
する弁護方針を定めることはもちろんのこと、取調べへの対応、録音・録
画への対応、身体の拘束への対応といった点についても定める必要があり
ます。

(1) 事件全体に対する弁護方針

　事件全体に対する弁護方針は、この時点では、短期間に、被疑者本人から聞いた情報のみを前提に立てるものですから、現時点での情報に基づく暫定的なものにはなります。しかしながら、被疑者に対する取調べなどは適宜行われる以上、初回接見であったとしても、被疑者から聞き取った事案の概要、被疑者の属性や環境などを踏まえて、弁護人としての専門的知見や経験から、考え得る最善の方針を提示する必要があります。

(2) 取調べへの対応

　取調べへの対応については、ひとまず黙秘を選択するか、この時点において黙秘を解除するかの判断をする必要があります。

　取調べへの対応については、黙秘をするというところから出発して、供述をするだけの合理性が当該事案に認められるか否かを判断して、合理性が認められると判断して初めて黙秘権を解除する、というスタンスで検討することが望ましいとされています。

　黙秘を選択する場合には、供述をしないことで捜査が進展しない結果として、身体拘束が長引くという事実上の不利益が生じるリスクはあるものの、黙秘権を行使せずに供述をすれば必ず早期に身体拘束から解放されるというものではないこと、供述をすることで自己に不利益な供述調書が作成されるリスクがあることからすれば、そのようなリスクを負ってまでも黙秘を解除するだけのメリットが必要だからです。

　以上のような姿勢を前提とすると、初回接見の時点で黙秘を解除するだけの合理性が認められない場合には、今後の取調べに対してはひとまず黙秘するとともに、調書にも署名・指印しないようにアドバイスすることで、不利な調書が作成されないように努めることが重要ということになります。また、黙秘を解除したほうが効果的であると判断した場合ですが、被疑者本人に供述させるのが適切なのか、ということを判断することになります。そのうえで最終的に調書の作成にも応じる選択をした場合には、調書の内容は自分の目で確認し、自分の記憶、認識と異なることが記載されていれば必ず訂正を申し入れ、捜査官がそれに応じない限り調書への署名・

指印を拒絶するように念押しします。

　取調べへの対応については、単に黙秘しましょうと被疑者に説明するだけでは、黙秘することの重要性が今一つ伝わらないまま被疑者が取調べを受けることとなり、初めは黙秘していたものの警察官からいろいろと言われてつらくなってしまい、結局供述してしまった、という報告を受けることになりかねません。

　被疑者に対しては、なぜ黙秘をする必要があるのか、ということについて、十分に理解してもらう必要があります。

(3) 録音・録画についての対応

　録音・録画は、違法な取調べや任意性のない取調べがなされていないかを後で確認・立証できる重要な証拠となりますので、録音・録画対象事件でなくても、必要だと思われる場合には積極的に録音・録画をするように申入れをすることが望ましいといえます。ただし、録音・録画が行われると、起訴された後の裁判において実質証拠として使われる危険性がある、ということについて十分に説明しておく必要があります。

(4) 証拠の保全

　被疑者が事件に対して認識している事実を前提に、事件に関連する証拠を保全することも重要です。時が経ってからでは証拠が散逸してしまう危険性があるからです。それらの証拠に基づく検討を重ねることによって、新たな派生的な証拠や事実を発見することができる可能性は決して低くはありません。

　たとえば、事実関係について、被疑者の言い分を裏付ける人物、証拠があるか否かを確認しておく必要があります。その際には、被疑者本人は認識していなくても、弁護士であれば経験上わかることもありうるので、注意深く、また、被疑者が話している内容を基礎に想像力を働かせながら聞き取る必要があります。

　誰も目撃者がいないと思っていても、防犯カメラが設置されている可能性もありますし、目撃者が大衆に紛れてしまってみつけられないと思って

いても、被疑者が認識していない場所で目撃している人物がほかにもいる可能性もあります。

　接見を終えた後、被疑者を身体拘束から解放するためには、さまざまな事情が必要となる場合がありますし、それらの事情を身体の拘束が決定されるまでの短時間で収集する必要がありますので、できる限り多くの情報を得て、それに優先順位をつけて、収集していけるように整理しながら事情を聴取する必要があります。

(5) 身体拘束についての対応

　今後の手続についてはすでに説明していると思いますが、勾留請求がされないもしくは勾留請求されたとしても、裁判所が勾留の理由がないもしくは勾留の必要性がないと判断すれば、勾留請求は却下されます。そのため、勾留請求を阻止する弁護活動をすることを検討することになります（詳細は Scene iii 参照）。

10. 弁護人としての選任

　ひととおり事実関係を把握し、現状や今後の手続を説明し、とり得る方針について概略を示した時点で、弁護人として選任するか否かを判断してもらうというのが、依頼者である被疑者との信頼関係を確保するという意味では良いタイミングなのではないかと思います。接見室で初対面の時に、いきなり、「弁護人に選任しますか」と尋ねられても、被疑者としては、何を基礎に判断したらよいのかわからないでしょうし、依頼者となる被疑者との間に信頼関係が生まれているとはいえないのではないでしょうか。

　その際、現時点において刑事被疑者弁護援助制度（Scene i 24 頁参照）を利用して自分を私選弁護人に選任する方法があること、その場合、勾留決定がなされた後には、自分を被疑者国選弁護人に切り替えることも可能であること、他方、現時点で自分を私選弁護人に選任しなくても、後日選任することも可能であるし、自分以外の別の弁護士に私選弁護人として依頼することや、勾留後に自分もしくは別の人が国選弁護人になるのを待つことも可能であるという説明をする必要はあります。

とはいえ、できる限り弁護人がいない空白の期間をつくることは避けるべきなので、特段の問題がない以上は当番弁護士がそのまま受任して、すぐに弁護活動を行えるようにすることが望ましいといえます。

なお、被疑者の希望がある場合には、当番弁護士には受任義務がある、というルールを定めている弁護士会に所属する弁護士である場合は、資力がないために刑事被疑者援助制度を利用して受任するのが嫌だからといって、受任せずに断って帰ることがないようにしてください。

また、私選弁護人に選任された場合、弁護人選任届出書については、通例、送致される検察庁に提出する取扱いとなっていますが、検察庁に送致される以前の事件の場合、捜査担当の警察官に提出する場合もあります。

11. 被疑者ノートの差入れ

日本弁護士連合会（以下、「日弁連」という）では、被疑者に取調べの状況について記録をしてもらうためのツールとして、被疑者ノートを発行しており、日弁連のホームページからダウンロードや印刷をして利用することができます。

身体拘束が継続する場合に備えて、初回接見では被疑者ノートを差し入れて、翌日以降、取調べがあったか、取調べの際に黙秘したかそれとも何か話したか、その際にどのようなことを聞かれてどのように回答したか、調書を作成されたかどうか、調書の内容などを記載してもらう必要があります。被疑者ノートは非常に細かく記載する仕様になっており、被疑者によっては開いただけで面倒になってしまう人もいますが、できる範囲でよいので、まずは簡単に取調べがあった日付などひとことだけでも書いてほしいとお願いすることで、徐々に書けるようになる人もいます。被疑者ノートは今後の弁護活動において非常に有効なツールとなりますので、積極的に活用するようにしましょう。

現場力のEssence

■ 弁護人であっても接見に事実上時間的な制約はある

■ 被疑者は逮捕、勾留の手続について知らない

■ 事情聴取は被疑者にも目的を伝えて行う

■ 弁護方針（特に、今後の取調べへの対応）の策定が必要

■ 身体の拘束からの解放は犯罪の成否に関係なく必要

■ 接見終了後の活動に向けた情報収集

■ 弁護人選任手続は事情聴取、手続の説明等を終えてから

接見時の撮影・録音

鎌倉弁護士

「被収容者の外部交通に関する訓令の運用について」（平成19年5月30日矯成3350矯正局長依命通達）がカメラ、ビデオカメラ、携帯電話を使用しないことを未決拘禁者との面会を申し出る弁護人に対して周知するとされている。また、平成28年6月15日の最高裁決定（判例集未登載）は、接見中に被告人の健康状態の異常に気づいた弁護人が、弁護活動の一環として証拠保全目的で被告人を写真撮影したところ、拘置所職員から写真撮影行為を制止され、接見を中止させられたことを理由とする損害賠償請求事件について、「接見」という文言が「面会」と同義に解されること、刑訴法制定当時にカメラやビデオ等の撮影機器が普及しておらず、弁護人による写真撮影・動画撮影が想定されていなかったことなどを理由に、写真撮影等は弁護活動に必要なコミュニケーションとしての接見として保障されるものではなく、証拠保全は刑訴法179条によればよいとして、第1審判決のように逃亡や罪証隠滅等の蓋然性を検討するまでもなく、単に刑事施設が定めた規律侵害行為があれば接見を中断でき、写真撮影の制止行為や接見中止措置は弁護活動を不当に制約しないと判示して、原告側の請求を棄却した東京高等裁判所の判決（東京高判平成27年7月9日判例時報2280号16頁）を支持して、上告および上告受理申立てを退けている。事務所の仕事もあるのだから、トラブルに巻き込まれるのは勘弁してほしいね。

江戸弁護士

　最高裁判所の事案は国家賠償請求の事例ですし、最高裁判所自身が接見室での写真撮影や録音をしてはいけないと明言しているわけではありません。また、日弁連も、弁護人が弁護活動の一環として面会室内で行った撮影行為を、具体的な支障もないのに中止することは許されないと解すべきであるから、最高裁判所の判断は極めて不当であるとしています。面会室内での写真撮影や録音が許されないとする理由はなく、必要な場面では利用します。

室町弁護士

　接見禁止がついているにもかかわらず、携帯電話の通話機能を利用して共犯者と話をさせるといったことは論外であり、許されない場面というのは当然考えられます。しかしながら、実際に使用する場面というのは、たとえば被疑者がけがをしている場合に写真を撮影する、被疑者の言動から精神障害等の可能性を感じ取ったときに記録媒体を利用するといった場合です。要するに、使う側の問題であり、一律に禁止されるべき問題ではないと思うな。

Scene iii　勾留前の弁護活動をする

Prologue

　Q弁護士は、初回接見を終えて、警察署から事務所へと戻ることにした。被疑者によると、逮捕された経緯は次のようなものであった。

　前日、同僚数人と酒を飲んでいて、会計を済ませて帰ろうとしたところ、酒に酔ったVが会社の悪口を大声で叫んでいたので、周りに迷惑になるからやめるよう言った。すると、Vが被疑者に対して、「やんのか、こら」などと言って絡んできた。Vは右手で被告人の胸ぐらをつかみ、左手で被疑者の右手をつかみ、被疑者を前後に激しく揺さぶってきた、Vの力がとても強く、首を絞めつけられて息をするのも苦しかったことから、胸ぐらをつかんでいるVの右手を、利き手である右手で振り払おうと思った被疑者は、右手を振り上げて、Vの手を振り払おうとした。しかしながら、被疑者は右手にカバンを持っており、振り上げた際にそのカバンがVの頭にあたった、Vは酔っていたためか、カバンが頭にあたった際に路上に転倒してしまった。

　誰が呼んだのかはわからないが、その後警察官が現場に来たところ、その警察官から「ちょっと警察署まで一緒に来て」と言われ、言われたとおりにしたところ、「傷害罪で逮捕する」と言われた。

　接見の際に、Q弁護士は、被疑者から弁護人となって、身体拘束から解放してもらいたいという申入れを受けた。被疑者は、仕事はあるし給料もあるが、今現在預貯金が50万円以上はないとのことだったので、刑事被疑者援助制度を利用して、私選弁護人として受任をすることにした。

　とはいえ、法律の条文には、勾留決定に対する準抗告の規定はあるものの、逮捕段階の被疑者を身体の拘束から解放するための権利を定めた規定はみあたらないし、勾留請求された被疑者を身体の拘束から解放するための権利を定めた規定もみあたらない。どうしたものかと考え、ボス弁に相談したところ、「うーん」と唸りながらしばらく考えて「刑弁スピリッツだな……」とだけつぶやいて足早に事務所を出て行った。通りかかった兄

弁である I 弁護士に聞いてみたところ「勾留理由がなかったり、勾留の必要性がなかったりすれば、検察官が勾留請求しないこともあり得るし、裁判所だって勾留請求を却下する可能性もあるよ。最近は、勾留請求が却下される事案も少なくはないみたいだから」と教えてくれた。そこで、Q 弁護士は、まずは、明日、被疑者とともに事件が送致される検察庁に対して、被疑者には勾留理由がなく、かつ、勾留の必要性もないという意見書を提出することにした。また、もし勾留請求されてしまった場合には、同趣旨の書面を裁判所に提出することとした。

　また、取調べの状況について確認をしたところ、警察署では特に録音や録画はされていないとのことであった。取調べの状況を客観的に残したいと Q 弁護士は考えているが、何かすることはできないだろうか。

 現場力

1.身体拘束からの解放の意義

　逮捕され、身体拘束を受けていることが、被疑者の生活に多大な悪影響を与えることは明らかです。まず、それまで何ごともなく平穏な日常生活を送っていた場所、人間関係、情報等から突然隔離されたことで、人として当たり前に享受している自由を一方的に奪われて精神的な苦痛を受けるということがあります。また、被疑者が社会人であれば、解雇、失職などの危険性が、学生であれば授業に出席できずに単位を得られないとか、大切な試験を受けることができないなどの学業への悪影響があります。被疑者が誰かを 1 人で介護している場合には、被介護者が介護を受けられなくなるという重大な影響が考えられます。さらには、閉鎖された空間に押し込まれることにより精神的なバランスを崩すということも考えられます。

　身体拘束による悪影響はこれら以外にも、被疑事実に関して最も情報を有している被疑者本人による証拠の確保や保全ができなくなるということや、事件への対応について弁護人と話し合うために必要な時間が十分に確保できず、被疑者が誤った判断をしてしまうといったことも考えられます。過去の実例からみても、身体を拘束された状態を利用して自由な意思に基

づかない自白、あるいは、さらに進んで虚偽の自白が獲得され、えん罪事件が生じていたことは否定できないところです。

したがって、被疑者を身体拘束から解放することが重要となります。そのため、勾留の理由や必要性がないことを基礎づける事実を被疑者や家族らから聞き取るとともに、それを裏付ける証拠を確保する活動を行う必要があります。

2.勾留請求に対する弁護活動の必要性

逮捕後の被疑者に対しては、48 時間以内に検察官に対する送致の手続がとられ、さらに、送致を受けた検察官は 24 時間以内に裁判官に対して勾留を請求します。その後、裁判官は、勾留理由の有無を判断して勾留許可決定をするか、勾留請求を却下するかの判断をします。

そこで、弁護人としては、このいずれかの段階で被疑者を身体の拘束から解放させる必要があります。

弁護人あるいは被疑者が、このいずれかの段階で身体拘束からの解放を求める請求権を認める法律の規定はありませんので、検察官や裁判官に対して、身体拘束を認める行為を行わないよう促す意見書を提出することとなります。

検察官は被疑者の送致を受けた後、留置の必要がないと判断すれば直ちに、また、24 時間以内に勾留請求をするか、あるいは、起訴しない場合には釈放しなければなりません（刑訴法 205 条）。

そこで、弁護人としては、検察官に対して、一次的には「留置の必要がない」という主張をするとともに、勾留請求をするにあたって勾留理由がない、勾留の必要性がないことを意見として伝えることになります。

電話で伝えることも 1 つの手段ではありますが、検察官を説得するためには意見書などの書面で提出すべきであろうと思いますし、検察官と面談して直接伝えることも効果的です。

検察官は、送致を受けてから 24 時間以内に勾留請求するか否かを判断するのですから、意見書は、送致直後に検察官の目に触れるように提出する必要があります。

　また、勾留請求されてしまった場合には、裁判官が勾留許可決定をするか否かの判断を行う勾留質問がなされる前に意見書を提出するとともに、面談を要望すべきです。なお、東京では午前11時頃から順次勾留質問が行われるので、その前までに意見書の提出等を終えておかなければなりません。

3.提出する書面の内容

　意見書に記載すべき事項は、まず、勾留理由がないということです。

　勾留理由は、刑訴法207条1項で準用される60条1項に規定されており、具体的には、罪を犯したことを疑うに足りる相当な理由がある場合に、①定まった住居を有しない、②罪証を隠滅すると疑うに足りる相当の理由がある、③逃亡しまたは逃亡すると疑うに足りる相当な理由がある、のうちのいずれかの場合に該当するときには勾留の理由があるとされます。

　したがって、まず、罪を犯したことを疑うに足りる相当な理由がないことを、本人の供述だけでなく、他の証拠も添えて主張することが考えられます。続いて、被疑者が定まった住居を有していること、罪証を隠滅すると疑うに足りる相当な理由がないこと、逃亡すると疑うに足りる相当な理由がないことを具体的な事実を摘示して主張する必要があります。

　定まった住居があるというのは、運転免許証の写しや自宅に同居している人物の陳述書を添付するということが可能です。罪証を隠滅すると疑うに足りる相当な理由がないというときには、すでに、犯罪の立証に必要と思われる客観的証拠はすべて捜査機関が押収済みである（罪証隠滅の対象となる証拠が存在しない）とか、被疑者がこれまで一切面識のない関係者に接触することは不可能である（罪証隠滅を行う現実的な方法がない）とか、被疑者は事実関係を認めている（被疑者には罪証隠滅する動機、意向がない）というようなことが考えられます。また、逃亡すると疑うに足りる相当な理由はないというときには、会社経営のために本人が出社して仕事をすることが必要であるとか、家族と同居していて生活の本拠を捨てることは考えられない、あるいは、事案によっては現在の生活をすべて放棄して逃亡するような重罪の嫌疑でないというようなことが考えられます。

　①ないし③の事由は1つでも該当すれば勾留理由があるということになりますから、1つひとつを丁寧に、資料を添えて主張することが必要です。

　次に、勾留の必要性がないということを主張します。具体的には、仕事で重要な会議や出張があるとか、どうしても受けなければならない試験があるとか、同居している家族の介護をしなければならないなどという被疑者の個人的な事情で重要なものを記載すべきです。そうすることによって、勾留が被疑者の生活にとって重大な支障を及ぼすということを裁判官に具体的に理解してもらえるからです。この勾留の必要性がないという点は、具体的な事情を記載しやすく、また判断をする裁判官にとっても関心のあるところであるため、記載すべき重要なことを書き漏らさないように気をつけましょう。

4.面談の必要性

　以上のように、検察官、裁判官に対して意見書を提出するだけでなく、面談することによって被疑者を身体の拘束から解放する努力をすることが必要となります。

　書面に記載されていないことで、検察官、裁判官が保有している捜査資料の中で勾留請求するか否か、勾留するか否かを判断する際に必要となる事由があるとすれば、直接面談した際に、記録を読んだうえで面談にのぞんでいる検察官、裁判官からの問いかけに答えることによって、判断、特に、身体の拘束からの解放のために必要となる事情が補充される可能性があるからです。

　ところで、意見書や添付資料を受領し、面談を行った検察官、裁判官が、記載されている内容を評価、判断の重要な要素としていることは間違いありませんが、それ以外の要素、たとえば弁護人の姿勢やこれまでの実績も評価、判断に影響を与えているように思われます。たとえば、いかにもやる気がなさそうに面談したとか、過去に、保釈等で虚偽の記載をして、結果的に被告人が逃げてしまったというような事案に関与した弁護士の主張は、それ自体が信用されない場面もあるようです。そのため、普段からの弁護活動でこのように評価されないよう、心がける必要があります。

　このような活動をしたにもかかわらず、勾留決定がなされてしまった場合には、勾留決定自体に対する準抗告、特別抗告、勾留取消しの請求、勾留の理由となった事情の開示を求めるための勾留理由開示、勾留により私人としての生活に重大な不利益が発生する場合に認められる勾留執行停止の請求等の手続をとることが考えられます。

現場力の Essence

■ 身体拘束からの解放は起訴前弁護活動の中でも重要な活動である

■ 書面には事件ごとの具体的な事実を記載する

■ 検察官、裁判官への書面による働きかけのみでなく直接面談も有効

取調べの可視化をめぐる今とこれから

鎌倉弁護士

　このあいだ、新聞をみていたら、刑事事件での取調べ録音・録画が義務化されたけれども対象事件はわずか３％にすぎない、刑事司法改革は道半ばだ、という記事をみかけたよ。取調べの可視化ということが世間でも関心を寄せることになった大阪地方検察庁特捜部による郵便不正事件から10年経ってもまだこの程度しか議論は進んでいないのか。

江戸弁護士

　確かに裁判員裁判対象事件と検察官独自捜査事件について、身体拘束下の被疑者取調べの全過程録画を義務づける内容を含む刑事訴訟法等の一部を改正する法律が平成28年5月24日に成立し、令和元年6月1日から施行されました。しかしながら、実務の運用ではもっと早く可視化が始まっていますよ。

　最高検察庁は、「取調べの録音・録画の実施等について（依命通知）」を発して、裁判員裁判対象事件、独自捜査事件、知的障害者に係る事件、精神障害者に係る事件については取調べの録音・録画を本格的に実施するとしました（本格実施事件）。検察庁のホームページに集計が掲載されていますが、本格実施事件では、法律の施行前の平成29年10月から平成30年3月までの集計をみても、100％に近い事件で録画が実施されているうえに、全過程録画の実施率も裁判員裁判や検察官独自捜査事件ではほぼすべて、その他の事件でも8

割を超える事件で実施されていました。また、それ以外の事件であっても、被疑者・被害者・参考人の取調べを録画することが必要であると考えられる事件について、新たに録画の試行がされています（試行対象事件）。

　警察では、裁判員裁判対象事件、知的障害、発達障害、精神障害といった障害を有する被疑者に対する取調べについて録画の試行をしていて、これらの事件ではそのほとんどが実際に取調べの録画がされています。また、刑訴法の改正を受けて制定された「試行開始の指針」では、これら以外の事件についても、録画の必要性がその弊害を大きく上回ると判断されるときは「録音・録画を実施することができる」と明記されています。

　その一方で、録音・録画された記録媒体が、改正刑訴法が想定している供述の任意性立証のための利用、という範疇を超えて、実質証拠として裁判段階で請求される、といったことも起きていて、これへの対応といったことが問題とされています。

室町弁護士

　録音・録画された記録媒体を実質証拠として利用することについては、公判での供述よりも、捜査段階での供述という公判外での供述を重視することになるのではないか、という問題があります。東京高判平成28年8月10日判例時報2329号98頁は、記録媒体の実質証拠としての利用に警鐘を鳴らしているけれど、検察庁は取調べの記録媒体を実質証拠として活用することを考えているから、弁護側としても対応が必要になると考えたほうがよいと思います。取調べが可視化されることで、取調べ状況が明らかになり、黙秘権を行

使することで、実質証拠をつくらせず、実質証拠としての利用を阻止することができるわけですから、「可視化時代の黙秘権の利用」ということが重要になってくることは間違いありません。なお、取調べに際して「弁護人の立会い」を求める、ということも考えられます。弁護人の立会権は、刑訴法に規定があるわけではなく、現段階では当然に認められる権利ではありません。とはいえ、令和元年 10 月に徳島で行われた日本弁護士連合会の人権擁護大会でも弁護人の立会権がテーマになっていましたし、今後の議論によって実現化されることが期待されます。

iv 勾留後の弁護活動をする

Prologue

　Q弁護士は、初回接見を終えた後、書面で検察官、裁判官に働きかける
ため、証拠資料を収集し、上申書を作成して、検察庁、裁判所に提出し、
それぞれ、検察官、裁判官と面談して、被疑者を勾留することが不当であり、
不必要であることを主張した。検察官の対応は塩対応といってよいもので
あったが、カバンが当たって転倒したということであれば、結果もそれほ
ど重大ではない、というようなことを話したときに、少し困ったような顔
をしたのが気になった。

　しかしながら、Q弁護士の努力もむなしく、被疑者については、接見禁
止こそつかなかったものの10日間の勾留が認められてしまった。勾留決定
については、法テラスに要望書をFAXして国選への切替手続を行い、国選
弁護人に選任された直後に準抗告を行ったが、それも認められなかった。

　そこで、Q弁護士は、勾留期間満了までに必要にして十分な弁護活動を
して、不起訴を勝ち取る方針に切り替え、終局処分に向けて証拠の収集、
その評価を順次進めていくこととした。

　ところが、勾留3日目になって、被害者が亡くなってしまったことが判
明し、捜査の対象が、傷害致死罪になってしまった。

　被疑者の妻に状況を説明したところ、妻は「この後どうなってしまうの
でしょうか」と不安を抑えられなくなり泣き崩れてしまった。

　Q弁護士は、その姿を見て、何とかしなければならないと思い、さまざ
まな終局処分の可能性を想定して、できる限りの弁護活動をしようと決意
を固めた。

　まずは、被疑者が逮捕された事実関係について事情、状況を聞き取る必
要があること、そして、これら聞き取った内容を証拠化するとともに、こ
れらを裏付ける物的証拠を関係者らから集めることとした。そこで、自分
なりに獲得できそうな証拠、事情を聞く必要がある関係者をリストアップ
して準備を進めていたが、さほど多くの事項があるわけではなく、自分の

経験のなさを踏まえ、現在リストアップしていることだけで十分なのか不安になってきた。

　そのうえで、どうして不安なのかをよくよく考えてみたところ、自分が収集しようとしている証拠は、被疑者の側から想定できるものだけであって、捜査機関がもっている証拠はそれ以外にもあるかもしれないと思うところに原因があることに思い至った。そこで、Q弁護士は、捜査機関がもっている証拠を尋ねたところで、開示を受けられるわけではないにしても、処分の方向性について、捜査機関が基礎においている証拠に何があるのか、また、どのような処分を指向しているのかを聞き出すことが必要ではないかと気づいた。

　さらに、終局処分に向けては、すでに発生してしまっている法益の侵害があるのだから、それを回復させ、あるいは、補償する必要もあるということも考えるようになった。とはいえ、被害者が亡くなってしまった本件では、法益の回復は不可能だし、補償を受け入れてもらうのも、相当難しそうだが……。

現場力

1.勾留後の弁護活動の視点

　勾留後の弁護活動は、大きく分類すると、身体拘束からの解放に向けての弁護活動、終局処分に向けての弁護活動に分かれます。逮捕から勾留までの拘束期間は勾留後の身体拘束期間と比較すると短いことから、身体拘束からの解放という点に重点がおかれますが、勾留請求時は、身体拘束からの解放のみならず、不起訴処分の可能性、起訴される可能性を想定しての準備も必要になる、というわけです。

2.身体拘束からの解放に向けての弁護活動

(1) 勾留状の謄本

　被疑者の勾留は、裁判官が発した勾留状に基づき執行されますが、勾留状自体は、検察官が保管することになります。被疑者には、勾留状は示さ

れますし、勾留事実は読み聞かされますが、内容を正確に確認することはできません。

　そこで、弁護人は、被疑者に対する勾留決定がなされた場合、速やかに、裁判所に対して勾留状謄本の交付を請求します。なお、被疑者国選の場合は、配点時に勾留状の写しが法テラスからもらえますし、当番から国選に切り替えた場合にも勾留状の写しは法テラスからもらえます。

　勾留状には、被疑者名、生年月日、勾留罪名、勾留事実、勾留期間（勾留請求の日から 10 日間）などが記載されています。

　弁護人としては、これらのうち、特に、勾留事実をよく読んで、どのような事実が犯罪捜査の対象となっているのかを確認して、弁護活動を進める必要があります。

(2) 勾留に対する準抗告

　身体拘束からの解放に向けての弁護活動としては、勾留の決定に対する準抗告が考えられます（刑訴法 429 条 1 項 2 号）。理論的には、準抗告は勾留決定に対する不服申立てになるので、勾留決定の当否を争うことになり、新たな事情を理由として勾留の理由や必要性がないという場合には勾留取消しを求めるのが相当とも考えられるのですが、実際には準抗告の判断に際しては、勾留決定後の事情も加味して判断されています。

　準抗告申立書の内容は、勾留阻止に向けて作成した意見書の内容と重複する部分が多く、結果として同一内容を異なる裁判官（準抗告は合議体で判断されます）にあらためて判断してもらう、ということもあります。しかしながら、新たな事情を加味して判断されるという特徴を利用して、関係者との接触を回避するための措置など、勾留決定までには準備することができなかったことを加えて、逃亡のおそれや罪証隠滅のおそれがないことを主張し、原決定が想定した「おそれ」を可能な限り払拭することです。勾留阻止に向けての活動と同様、裁判官と直接あるいは電話で面談することが可能ですので積極的に活用しましょう。

　なお、準抗告棄却決定に対しては、特別抗告（刑訴法 433 条）を申し立てることが可能です。

(3) 接見等禁止に対する弁護活動

　接見禁止とは、弁護人あるいは弁護人となろうとする者以外との接見を禁止する場合で、刑訴法81条は、「裁判所は、逃亡し又は罪証を隠滅すると疑うに足りる相当な理由があるときは、検察官の請求により又は職権で、勾留されている被告人と第39条第1項に規定する者以外の者との接見を禁じ、又はこれと授受すべき書類その他の物を検閲し、その授受を禁じ、若しくはこれを差し押えることができる。但し、糧食の授受を禁じ、又はこれを差し押えることはできない」と規定しています。

　ただし、勾留されている以上、逃亡のおそれはないので、結局は、「罪証を隠滅すると疑うに足りる相当な理由があるとき」に該当する場合に禁止の決定がなされます。

　そもそも、勾留請求に対する判断に向けて提出する書面に罪証を隠滅すると疑うに足りる相当な理由がないことを主張しておくことが前提となりますが、それでも接見禁止の決定がなされてしまった場合には、準抗告、接見禁止の一部解除（特定の人物との接見を禁止決定から除外するもの）の職権発動を促すことも考えられます。

(4) 勾留延長の阻止に向けた活動

　勾留期間は最大10日が原則ですが、やむを得ない事由が存在するときには勾留の延長をすることができます（刑訴法208条2項）。弁護人としては、勾留の阻止のときと同様、検察庁に対しては勾留延長を請求しないように、裁判所に対しては勾留延長請求を却下するように、意見書を作成して申し入れるべきです。

　「やむを得ない事由があるとき」という文言については、「事件の複雑困難、証拠収集の遅延もしくは困難等の事情があり、勾留期間を延長してさらに取調べをするのでなければ起訴・不起訴の決定をすることが困難な場合」とされています（最判昭和37年7月3日最高裁判所民事判例集16巻7号1408頁）。もちろん、弁護人は捜査の進捗状況を正確に把握することはできないのですが、事案の性格から考えて、本来であれば10日間の身体拘束期間中に行うことができた捜査が未了である場合や、鑑定結果

待ちなど被疑者の身体を拘束している必要がない場合にも勾留延長が認められていると感じることが多々あることから、弁護人としてはその感覚を論理的に整理して、身体拘束を続ける理由がないということを主張する必要があります。

　なお、勾留延長や後述する終局処分については、検察庁内で決裁を経ています。そのため、検察官の判断に影響を及ぼすためには、勾留満期日の2～3日前には意見書を提出するようにしましょう。

3.終局処分に向けての弁護活動

⑴ 関係者からの聞き取り

　被疑者が逮捕された事実に記載された犯行を目撃した人物がいることは、多くの事件で想定されるものであって、被疑者からの事実の聞き取りの中で出てきた同行者、犯行場所を管理する方（お店の店主、従業員、駅員等）から事情を聞き取ることによって、被疑者の言い分が裏付けられる可能性があります。

　ただし、これら第三者は、すでに捜査機関の事情聴取を受けている場合があり、その場合、「捜査機関からあまりしゃべるなと言われているので」と言って拒絶される場合があります。そのような場合には、「こちらの味方をしてもらいたいというのではなく、当時の状況を確認したい」ということを強調して、聞き取りに応じてもらうよう説得する必要があります。

　また、公共機関に所属する人物については、さらに、捜査機関に協力する義務があると誤解して、弁護人からの接触を拒絶する場合もあり得ますが、同様に、熱心に説得することが重要です。

　なお、関係者から事情を聞き、その内容を証拠として提出する場合、供述してくれた方の署名、押印を得て、陳述書という形式にする方法や、弁護人自らが聞き取った内容を書面にまとめて報告書という形式にする方法などがあります。話の内容を録音して反訳することも考えられますが、正確性を担保できる一方、録音起こしは意外と時間や手間がかかって大変ですし、話し手に録音していることを伝えることで身構えられてしまい、自由に話をしてもらえない危険性があるという点に注意する必要がありま

す。

(2) 物的証拠の収集

　弁護人は、まず、勾留事実に記載されている犯行の現場に赴いて、状況を確認して被疑者の言い分の正確性を検証するとともに、現場を写真に撮影して、被疑者から説明を受ける際の材料とすることが重要になります。事案によっては、人通りなどを確認するために、勾留事実に記載されている曜日、時間にあわせて現地に行くことも重要でしょう。

　また、被疑者が主張している事実を裏付ける証拠が存在するのであれば、それを探索して確保する必要もあります。被疑者の記憶では、現場近くに防犯カメラがあったというのであれば、その防犯カメラの管理者を探して、画像を見せてもらったり、当該画像を提供してもらったりするようお願いすることも考えられます。

　さらに、事案によっては、アリバイの主張をすることも考えられるのであって、その場合には、たとえば、被疑者が逮捕事実に記載されている時刻に全く別の場所にいたというのであれば、その場所近辺の防犯カメラの位置を確認して、管理者に接触して防犯カメラの画像を見せてもらったうえ、画像の提供をお願いすることが考えられます。

　なお、防犯カメラの画像については、一定期間経過後に上書きされてなくなってしまうのが通常ですから、弁護人としては、できるだけ早く行動することが重要です。

(3) 収集した証拠の提出に際しての注意点

　弁護人が収集した証拠については、検察官が終局処分を決するにあたって被疑者に有利になる可能性があるのであれば、捜査機関に提出することを検討する必要があります。

　ただし、被疑者の主張を裏付けるために欠かせないと認識していた証拠であっても、容易にその証明力が覆されてしまうような、証明力の程度が低いものである場合もあります。また、捜査機関が把握していない被疑者の弁解にかかわる証拠である場合には、捜査機関に弾劾する機会を与えて

しまう危険性もあります。たとえば、アリバイの主張をするとして、その時間、その場所に被疑者がいたという証拠を提出したことによって、実際はそこにいなかったという別の証拠を探されてしまう場合などです。

したがって、捜査機関に証拠を提出する際には、その証明力のみならず、被疑者にとって最終的に不利に働くものが含まれていないか、仮に含まれているとしてどの程度不利に働くのか、そしてその不利益を引き受けてでも提出する必要があるのか等を慎重に検証しておく必要があります。

(4) 捜査機関への接触

弁護人が独自の活動により証拠を収集して捜査機関に提出したとしても、それで被疑者の言い分がすべて受け入れられるとは限りません。たとえば、捜査機関が、被疑者の指紋、体液等が付着した証拠を保有しており、被疑者の言い分を打ち消すことが可能である場合などです。

このような場合には、弁護人が独自の活動により証拠を収集して捜査機関に提出したとしても、捜査機関のもつ証拠の証明力を減殺することが難しい状況にあります。しかも、そのことを弁護人が知らないままに弁護活動を行っている危険性もあります。

そこで、弁護人としては、独自の活動により証拠を収集するとともに、捜査機関がどのような証拠を確保しているか、それを基礎にどのような処分を検討しているかを探索する必要があります。そうであれば、弁護人としては、捜査機関と接触して、処分方針などについて未確定であっても聞き出す必要がありますし、その際に、弁護人が提出しようとしている証拠がどの程度の影響力があるのか、さらには、捜査機関が確保した証拠のうち、どのような証拠が終局処分を定めるにあたって大きな影響をもっているのかを探り出す必要もあります。

このような弁護人の活動に対して捜査機関が積極的に協力するとは考えにくいので、面談した際に、どのように話を引き出すかは弁護人の腕の見せ所です。時にはこちらがもっている情報を弁護活動に支障がない範囲で提供することで、捜査機関からも情報を引き出せることもあります。また、事件に真摯に向き合い、証拠構造やその評価を正確に理解していることが

捜査機関に伝われば、適正な終局処分に向けて行うべき弁護活動の内容や方向性を示唆してくれることもまれではありません。

(5) 示談交渉等被害回復に向けた活動

被害者がいる事件の場合には、示談や被害弁償を行って被害回復に努め、被疑者に対する終局処分をより軽いものにするための活動を行う必要があります。

とはいえ、示談交渉は、被疑者の意思に反して行うわけにはいきませんし、被疑者やその家族に一定の資力がなければ実現できません。

また、被害者側の処罰感情が強く、交渉に応じてもらえない（連絡先さえ教えてもらえない）こともあります。

被害者の連絡先を知らない場合には、検察官から被害者に対し、弁護人に連絡先を教えてもよいかの確認の連絡を入れてもらい、教えてもよいということであれば検察官から連絡先を聞いて、被害者に連絡をします。たまに、連絡先を聞いたのにすぐに連絡をせずにいると、被害者が連絡を待っていることがあり、後で、どうしてすぐに連絡をしてこなかったのかと言われてしまうこともあるので連絡をするタイミングには注意が必要です。

被害者の連絡先を知っていたとしても、いきなり弁護人が接触すると、被害者の感情を害してしまう危険性もあります。したがって、被害者と接触する際には、いずれにしても検察官に連絡し、弁護人が被害者と連絡をとりたがっているということを伝えてもらってから接触することが安全でしょう。

なお、社会的法益、国家的法益に関する罪で逮捕されているような場合であっても、誰かしら被害にあっている方が存在する可能性はあります。たとえば、公務執行妨害罪の場合は、暴行、脅迫の対象となった警察官への謝罪（ただし、公務執行妨害罪における被害者となっている警察官は示談に応じることはありません）、往来妨害罪の場合は、公共交通機関への謝罪など、示談という結果は得られないものの、反省している意思を明確に伝えることが、被疑者の終局処分にとって有利な影響を与えることは否定できません。

⑹ 意見書の提出

特に争いのない事件で不起訴処分を獲得することを目標とする場合については、被害者との間で示談が成立したことなどの起訴前弁護活動の結果を踏まえて、検察庁に終局処分についての意見書を提出する、ということが考えられます。提出時期については前述したとおり、検察庁内での決裁を考慮する必要があります。

なお、事実関係に争いのある事件など犯罪の成否を争う事件についても、不起訴処分にすべきとの意見書を作成し、終局処分に対する意見を検察庁に対して伝えることは考えられます。ただし、公判請求をされた場合には、捜査段階で収集した資料を証拠として用いることが予想されるわけですから、詳細な事実関係に関する主張やそれを裏付ける資料を添付するという行為は、弁護側の手の内を公判前にみせることを意味します。そのため、どのような理由を基に不起訴処分が相当であると主張するのか、その理由を主張するためにどのような資料を添付するのか、そもそも意見書を提出するのが相当なのかということについて、慎重に検討する必要があります。

現場力のEssence

- ■ 勾留事実から現場を知ることが重要

- ■ 身体拘束に対する弁護活動には、勾留に対する準抗告、接見等禁止（一部）解除申請、勾留延長阻止などがある

- ■ 第三者から供述を得るには障害があり得る

- ■ 収集した証拠の提出には注意が必要

- ■ 捜査機関との接触は腕の見せ所

- ■ 示談ができなくても終局処分に影響を与える場合あり

異論・反論付

示談の際に弁護人が被害者に謝るべきか

鎌倉弁護士

　罪を犯したのはあくまでも被疑者・被告人であり、弁護人は自ら謝罪にうかがうことができない被疑者・被告人の代理人として被害者と会っているのだから、何も弁護人が被害者に対して「このたびは申しわけございませんでした」などと謝罪の言葉を述べるのは何となく抵抗があるなあ。

江戸弁護士

　そうは言っても被害者がものすごい剣幕で怒っていることもあるし、「あなたは犯人の代わりに謝りに来たんじゃないのですか？」と言われることもあります。そのようなときに、「私は弁護人ですので謝りません」とはとても言える雰囲気ではないですよね。変なプライドのせいで、その場で謝らずに被害者の気分を損ねて示談ができなくなっても嫌なのでとりあえずプライドなんて捨てて謝ってしまったほうが、話が進みやすいし楽だと思います。「このたびは大変申しわけございませんでした」と言うことなど容易いことです。

室町弁護士

　言い方の問題だと思います。たとえば「このたびは○○さんがあなたに対して大変申しわけないと申しておりました」と先に言ってしまえば、何となく謝ったように聞こえるので、被害者も、さらに弁護人に対しても謝ってほしいとは言いにくい雰囲気になると思います。もし「あなたも悪いと思って謝りに来たのですか？」などと聞かれたとしても、「ええ。私は○○さんの弁護人として○○さんの代わりに謝りに来ました」と言えば、謝る主体はあくまでも被疑者・被告人ということになるので、弁護人が謝っているわけではないものの、謝っているように聞こえるよ。

　この問題は、周りの弁護士にいろいろ聞いてみたけれど謝る派と謝らない派が結構分かれていたよ。

V　弁護士倫理を考える

Prologue

　10日間の勾留だったはずなのに、当たり前のようにもう10日間勾留されることが決まってしまった。原則10日間という刑訴法の規定はいったい何なのだと思いながらも、Q弁護士は被疑者のいる警察署へと向かっていた。黙秘を成功させるためには、可能な限り接見を行って、励ますことが重要だと刑弁教官は語っていたが、最近の不安そうな被疑者の様子をみるととても大事なことだったのだなと、Q弁護士は実感していた。

　その日、Q弁護士は被疑者から「先生、毎日接見に来てくださって、本当にありがとうございます。でも、もうここにいるのは耐えられません。私が『胸ぐらをつかまれて苦しくなったからVの手を振りほどこうとして右手を振り上げた』などと言っているから、警察官は厳しく追及してくるのだと思います。これは、絶対に間違いありません。でも、もし私がそのようなことを言わなければこの留置施設から早く出ることができる、というのであれば、『酒に酔っていて日頃のVに対するイライラが抑えきれなくなってしまい、思わず右手に持っていたカバンでVをぶん殴ってしまいました。Vは私に危害など加えていません』と嘘をつこうと思います」と打ち明けられた。

　Q弁護士が、そんなことは絶対してはいけない、嘘をついてあなたに有利なことなど1つもない、ということを説明したところ、Vは、「そうですよね。嘘をついていいことなんてないですよね。僕が間違っていました。ここにいる時間が長くなってきて不安になってしまったんです」と考えを改めてくれた。

　接見が終わり、考えを改めてくれたことにQ弁護士はほっとしていたが、もし被疑者を説得しても、嘘をついて自分が一方的に殴ったという虚偽の説明をするという意思が変わらなかったら、自分はどのような弁護活動をすることになっていたのだろう、ということが気になった。法科大学院でも司法研修所でも扱ったことがあるような気もしたのだが、まさか自分がそんな場面に出くわすとは思っていなかったQ弁護士は、お酒を飲む前に考えてみることにした。

1. 刑事弁護の心構えを確認する

　弁護士職務基本規程46条は、刑事弁護の心構えとして、「弁護士は、被疑者及び被告人の防御権が保障されていることに鑑み、その権利及び利益を擁護するため、最善の弁護活動に努める」と規定しています。

　弁護士職務基本規程は、第1章の基本倫理の中で、弁護士の使命として、「弁護士は、真実を尊重し、信義に従い、誠実かつ公正に職務を行うものとする」（5条）として、真実義務と誠実義務を定めていますが、第4章の刑事弁護における規律においては、真実義務に対応する規定が存在しません。これは、刑事弁護活動の本質が、被疑者・被告人の権利擁護という点にあること、弁護人の基本的役割について、誠実義務を中核とすべきであることに由来します。このような弁護人の役割は、憲法や刑訴法に基づいた要請でもあります。

2. 憲法や法律で定められた被疑者・被告人の権利を確認する

　被疑者および被告人の防御権は、憲法および刑訴法その他の法令・規則により保障されています（憲法31条〜39条）。

　弁護人依頼権（憲法34条一文および37条3項一文）は、憲法で定められています。被疑者・被告人は、犯罪を行った嫌疑があるとして捜査・訴追の対象とされ、手続の過程で自由や権利が制約される危険がありますが、被疑者・被告人に自己の権利および利益を適正に防御することができるような法律的かつ専門的知識があることはまれであり、仮に専門的知識をもっていたとしても自らが捜査・訴追の対象とされている状況において適正な防御ができるとは考えられません。そこで、法律的かつ専門的な知識を有する弁護士を弁護人として選任する権利が保障されているのです。

　これら憲法の規定を受けて、刑訴法30条1項は、被疑者・被告人の弁護人依頼権を、同法36条は被告人の、同法37条の2は、被疑者の国選弁護人選任請求権を規定しています。

　このように、弁護人選任権が保障されている理由が、法律的かつ専門的

な知識を有する者を弁護人に選任することにより、被疑者・被告人に自己の権利および利益を適正に防御することができるようにすることにあることからすれば、弁護人の任務は、当然、被疑者・被告人の権利および利益の適正な防御ということになりますし、被疑者・被告人の権利・利益の擁護のために最善の努力を傾注して弁護をしなければならない以上、被疑者・被告人に対する誠実義務を弁護人の基本的役割の中核とすべきことになります。

3.真実義務との関係

　弁護士には、真実を尊重すべき義務があるということについては先ほど説明したとおりです。しかしながら、刑事事件においては、被疑者・被告人の有罪を立証する義務はあくまで検察官にあることから、弁護人に実態的真実の発見に積極的に協力する義務を課すものではないとされています。弁護士職務基本規程 82 条 1 項は、「第 5 条の解釈適用に当たって、刑事弁護においては、被疑者及び被告人の防御権並びに弁護人の弁護権を侵害することのないように留意しなければならない」と規定されており、弁護人に積極的な真実義務がないことを明示しています。

　もちろん、弁護人といえども、証拠をねつ造する、虚偽の供述をさせるといったような、積極的に真実をゆがめる行為を行うことは許されていません（弁護士職務基本規程 75 条）。

4.誠実義務と真実義務との衝突

　このように、弁護人の役割について誠実義務を中心として理解し、真実義務について積極的に真実をゆがめる行為を行うことは許されない、というように理解するとしても、なお、誠実義務と真実義務とが衝突する場面があります。その典型例として、法廷で無罪主張をしながら接見中に弁護人に対して有罪を告白した場合、真実は真犯人が他に存在することを知りながら、自分が犯人であることを認める場合、ということが説明されています（たとえば、日本弁護士連合会弁護士倫理委員会編著『解説弁護士職務基本規程〔第 3 版〕』(2017 年) 14 頁)。

　いずれの場合においても、すでに説明したとおり、刑事弁護人の基本的役割が誠実義務にあることからすれば、最終的には被疑者・被告人の自己決定に従い、それに基づいた最善の弁護活動を行うことが要請されている、とされています。

5.十分な説明を尽くすこと

　本件で、Q弁護士は被疑者に対して、「嘘をついてもよいことは1つもない」と説明したところ、被疑者は納得してくれました。起訴前段階での刑事弁護活動だけをみても、「事実を認めたら早期に身体拘束から解放してくれるのではないか、そうだとすれば自分は有罪でかまわない」、「事実を説明できないというのがつらい、黙り続けることが不利益に扱われるのではないか、自分が無実であるということを自分の口で説明したい、捜査官もわかってくれるはずだ」といった申出を被疑者から受けることはよくあることです。しかしながら、このような申出の多くは、身体拘束を受けていることへの不安や将来に対する不安からくるものであり、そのように被疑者や被告人が不安に思うのは、弁護方針や弁護人の説明を十分に理解してもらえていない、というところにあるのではないでしょうか。

　被疑者や被告人から現在の弁護方針について疑問である、現在の弁護方針とは異なる方針をとりたい、という相談が出てきた場合には、倫理の問題だから直ちに被疑者や被告人のいうとおりに方針を変更する、というのではなく、現在の弁護方針がどのようなものであるのか、どのようなメリットやデメリットがあるのか、被疑者や被告人から申出のあった弁護方針をとる場合にはどのようなメリット・デメリットがあるのか、ということを十分に説明して、十分に理解をしてもらったうえで選択をしてもらう、ということが大切です。また、弁護方針を決める際には、被疑者・被告人が疑問をもったときには、現在の弁護方針が最善であると十分説明できるだけの根拠をもって決めることが必要だともいえます。

現場力のEssence

■ 誠実義務を中核とする弁護人の役割を理解する

■ 刑事弁護における真実義務の内容を理解する

■ 弁護方針について被疑者・被告人と対立したときには十分な説明を尽くす

■ 最終的には被疑者・被告人の自己決定に従い、それに基づいた最善の弁護活動を行うが要請される

■ 弁護士職務基本規程やその解説を読んでおく

異論・反論付

国選弁護人なのに被疑者や家族から「車で送って行きますよ」と言われたら

鎌倉弁護士

　裁判所や検察庁、事件現場、その他関係各所に被疑者や家族等と行く場合や、在宅の被疑者宅を訪ねる場合に、それらの場所が駅から遠いとひと苦労だ。行きは駅からだからタクシーで行けるが、帰りは呼ばないとタクシーが来ない場合もあるし、そもそもタクシーを呼ぶほどの距離ではない場合もある。そんなときに、「せっかくなので駅まで乗って行ってください」と言われたら、固いこと言わずにお言葉に甘えてしまうことが多いよ。特に「自分もちょうど駅に行くのでついでだから」と言われたら断るのも失礼だろう。

江戸弁護士

　でも国選弁護人の場合はお礼の品も受け取ってはいけないと倫理研修で教わりました。車で送ってもらうこともサービスの提供を受けるという意味で便宜供与にあたるのだからキッパリお断りすべきだと思います。ただ、相手は倫理研修での教えなんて知らないわけだし、良かれと思って言ってくださっているのにむげに断るのも融通が利かない堅物だと思われて今後の信頼関係にもヒビが入りそうで怖いな。

室町弁護士

　相手が本当に善意で言ってくれている場合には倫理うんぬんの説明をしても「まぁまぁそんな固いこと言わずにちょっとくらいかまわないでしょ」と押し問答になることが関の山だし、逆に送ってもらって、後で関係が悪くなったりでもしたときに、「先生～、あの時車に乗りましたよねぇ。国選なのに。」などと言われてビクビクしたくもないので、うまくかわすようにしています。たとえば、「ありがとうございます。でも最近メタボ気味なので毎日 10 キロは歩くようにしているのですよ」とか、「ちょうどこの後別件の打合せがあって近くなのでそちらに寄りますので」とか、「さっきから何度も着信が入っていて折り返さないといけないので、電話しながら帰りますね」などと理由をつけて、さーっとにこやかに立ち去れば角が立たずに断れるはずです。

Scene
ⅵ 終局処分に対応する

Prologue

　Q弁護士は、被疑者国選弁護人に選任されている事件が、そろそろ終局処分がなされる状況にあると思っている。通常の場合であれば、被害者の方が亡くなっている以上、公判請求されるのだろうけれども、本件では、被害者の方が、しつこく絡んできて被疑者に暴力を振るっており、それを被疑者が振り払おうとした際に、不幸にして起きた事案であるから、罰金で済むのか、あるいは、証拠が不十分であるとして不起訴の処分になるのか、あるいは、犯罪事実は認められるものの情状に照らして今回は起訴しないという起訴猶予になる可能性だってないとはいえないと思っている。そこで、それぞれの処分がなされた場合について、準備をすることとした。

現場力

1．公訴提起された場合の対応

⑴ 公判請求された場合

　被疑者が、公判請求された場合、被疑者に対してなされている勾留の決定は、刑訴法60条1項に該当する事由がある場合、勾留が認められれば、起訴の時点から2か月間勾留されることになります（刑訴法60条2項）。したがって、被疑者であった被告人は、引き続き身体拘束を受けることになりますので、早期に保釈請求（同法89条以下）を行って、身体の拘束から解放する必要があります。

　また、公判請求された場合には、速やかに起訴状を入手し、公訴事実の内容を確認して公判手続の準備を開始しなければなりません。起訴状は、国選の場合には裁判所から受領できますが、東京など、私選の場合には交

付してもらえない裁判所もあります。その場合には裁判所の記録閲覧室で起訴状を謄写することも可能ですし、被告人に送達された起訴状をいったん宅下げなどで借りてコピーをとるという方法もあります。

　なお、捜査段階で弁護人であった者は、第1審においても弁護人となりますので（刑訴法32条1項）、選任手続を経ていなかったとしても辞任あるいは解任が行われない限り、第1審の弁護人として弁護活動を行う必要があります。

⑵ 略式請求された場合

　被疑者が、簡易裁判所の管轄に属し、100万円以下の罰金または科料を科しうる事件（刑訴法461条）に処される場合には、略式手続がとられることがあります。この場合は、事前に被疑者は、検察官による告知手続書と略式手続によることに異議のない旨の書面（同法461条の2。一般的には「請書」とよばれる）により、正式の裁判によらずに略式の手続により裁判を受けることを承諾することを表明することが必要です。したがって、勾留期限の満了直前に、略式裁判により判決を受けることが予想できます。

　したがって、接見の際に、被疑者からその旨を告げられた場合、弁護人としては、検察官に処分が行われる日を確認するとともに、罰金額についても確認することになります。

　罰金額については、検察官としては、決裁官の決裁を受けた後でなければ正式に伝えることはできないのですが、罰金の徴収を滞りなく、略式命令が出た日に完了することは、検察庁全体としては罰金をあらためて納付させるよう管理を行うことと比べて大きな利益がありますので、おおむねの金額を教えてくれることが多いようです。

　弁護人は、検察官から伝えられたおおむねの罰金相当額を家族に用意してもらったうえで、検察官が指定した場所で（検察庁の徴収を行う部署）、簡易裁判所において略式命令を受けてその書面を受領した被告人を待つことになります。

　その後、検察庁の徴収の窓口で、被告人が受け取った略式命令を提示し

て、罰金を納付したところで、事件は完了することになります（ただし、被疑者が判決結果に不服があれば、14日以内に正式裁判の申立てをすることができます。刑訴法465条1項）。

　なお、当日、罰金を用意できなかったとしても、略式命令を受けた時点で勾留は失効しますので、身体拘束からは解放されています。すなわち、自宅に帰ることができます。

　ただし、一定の期間以内に罰金を納付できないと、労役場に留置されることになりますので、罰金の納付資金の準備は重要です。

2. 不起訴処分・起訴猶予となった場合の対応

　勾留期限までに起訴されない場合には、釈放されることになります。ただし、別の事件で逮捕される場合には、釈放と同時に逮捕の手続がとられ、その結果、引き続き留置施設に残ることになりますので、注意が必要です。本来、勾留期限は該当日の午後12時、すなわち、深夜になりますが、通常は、起訴しないことが確実となった時点で釈放されることになります。

　勾留期限までに起訴されるのか、それとも、釈放されるのかについては、やはり、決裁官の決裁が必要ですから、容易に担当検察官から聞き出すことはできませんが、勾留期限の日の直前に連絡をすれば、処分方針および起訴しない場合には、何日に釈放になるかを教えてくれるのが通常です。

　不起訴処分になると、検察庁から釈放指揮書が発行され、これが勾留先に届けられて、勾留が失効して釈放されることになります。したがって、この釈放指揮書がいつの時点で発行されるのか、いつ勾留先に届けられるかについて、検察官に確認したうえで、釈放される被疑者を迎えるべく家族とともに待機することになります。

　なお、職場や学校などに対して不起訴処分となったことを証明しなければならないような場合には、検察官に請求すれば、不起訴処分告知書を交付してもらえます（刑訴法259条）。

現場力の Essence

■ 公判請求されると身体拘束は継続する

■ 公判請求されたら保釈を請求する

■ 略式命令の場合は罰金の用意が重要

■ 釈放は釈放指揮書によって執行される

■ 処分結果通知書の請求を忘れない

生活保護受給申請に同行するか

鎌倉弁護士

　国選の場合、被疑者・被告人が釈放されたら弁護人の職務は終了するのだから、その時点で何もやれることはない。本人も釈放されて自由の身になったのだから、あとは自分で役所に行って生活保護受給申請の手続をすればよいのではないか。

江戸弁護士

　そうは言っても、これまで福祉の手続の経験がない人は手続の仕方もわからないだろうし、面倒くさくなって役所に行かずに露頭に迷うことになるかもしれない。それでまた罪を犯してしまうようなことは避けたいし、せっかくだから最後までかかわって見届けたいという気持ちがあるので、ボランティアで生活保護受給申請まで同行するようにしています。

室町弁護士

　日本弁護士連合会委託法律援助という制度があり、生活保護受給申請の同行支援は援助対象となっているので、ボランティアでやらなくても一定の報酬はもらえるよ。この制度を利用するためには、法テラスに利用申込書や終結報告書を提出する必要はあるけど、書式は日本弁護士連合会のホームページにも載っているので見てみたらどうかな。

Act

II

起訴後・公判前の場面にて

Monologue

　被疑者が、勾留の満期日に起訴された。不起訴となるよう、詳細な意見書を出すなどしていただけに、残念だ。

　Q弁護士は、公判に向けて準備を進めるとともに、被告人を身体拘束から解放するため、保釈の手続をとることにした。

　本件では、被告人が被害者に暴行を加えたことは認めざるを得ない。しかし被告人は、この暴行が、被害者からの暴行を受けたことに対して、自分の身を守るために行ったものだと主張している。そこで、被告人の行為については、正当防衛を主張できるかが問題だ。正当防衛の主張をするということは否認事件だ。

　また、傷害致死で起訴されたから、はじめての裁判員裁判となる。これまで公判前整理を経験したこともないし、裁判員公判も経験したことがない。証拠開示や予定主張の作成など、準備は膨大になりそうだ。ボス弁に、どのような段取りで進めていくか相談しなくては……。

〔図表1〕 公判前整理手続の流れ（裁判員裁判対象事件）

公訴提起

↓（公訴提起後2週間前後）

第1回打合せ期日
（内容）
- 顔合わせ
- 大まかな書面の提出時期の確認や方針確認
- 公判期日の仮押さえが打診されることも（「仮の仮」などということもある）
＊その後「打合せ期日」は3週間から1か月に1回程度、争点整理や進捗確認のために開かれる。

↓（公訴提起後、3週間から1か月程度）

【検察官】
証明予定事実記載書および証拠調べ請求書の提出
通常は、同時に任意開示証拠の一覧も交付される
⇨弁護人は直ちに閲覧謄写手続をとる。

↓

【弁護人】
類型証拠開示請求
主張関連証拠開示請求

予定主張記載書
証拠意見
弁護側証拠調べ請求書

↓

【検察官・弁護人】
- 補充があれば、検察官は追加で証明予定事実記載書・証拠調べ請求書を提出
  弁護人は予定主張記載書を提出
- 検察官は統合捜査報告書を作成し、弁護人に開示
- 弁護人は統合捜査報告書が同意できる内容となるよう検察官と調整

↓

【裁判所】
審理日程の策定
争点整理

↓

公判前整理期日（被告人も出頭可能）
＊ 1回から2回程度
（内容）
- 争点の確認
- 証拠調べの決定ほか

Scene i　公判準備（一般的な準備事項）

Prologue

> 　Q弁護士が被疑者国選弁護人として担当している傷害致死被告事件が起訴された。傷害致死被告事件は、裁判員裁判の対象事件である。Q弁護士は、思いがけず裁判員裁判を担当することになったが、これまで、裁判員裁判はもちろん、公判前整理手続を経験したこともなかった。
>
> 　そこで、Q弁護士は、まず、新規登録研修のときに自分の経験した裁判員裁判非対象事件での公判準備活動を振り返るとともに、これまでに公判前整理手続について勉強した内容を整理してみることとした。

現場力

1.第1回公判期日前の公判準備（全事件に共通する事項）

⑴ 公判段階における弁護人の選任手続

　公訴の提起後、裁判所は、被告人に起訴状を送達します（刑訴規則 176条）。その後、被告人に対して、弁護人選任に関する通知がなされ（同規則 177条）、弁護人がいない場合には、私選弁護人を選任するか否かを確認したうえで、選任されない場合には、必要的弁護事件については国選弁護人が選任されます（同規則 178条）。

　公訴提起前に私選弁護人が選任されている事件や、被疑者国選弁護人が選任されている事件では、公訴提起前に選任された弁護人がそのまま公訴提起後の弁護人となります（刑訴法 32条1項）。Q弁護士は、被疑者段階での被疑者国選弁護人でしたから、そのまま公判段階の被告人国選弁護人に移行します。

　被疑者国選弁護事件から被告人国選弁護事件へそのまま移行する場合、

法テラスへの被疑者国選弁護人としての活動終了報告と報酬請求を忘れないように注意しましょう。

⑵ 第１回公判期日前の準備（全事件共通の規律）

　第１回公判期日前の弁護人の準備の一般論については、刑訴規則178条の２以下に規定があります。弁護人は、第１回の公判期日前に、できる限り証拠の収集および整理をし、審理が迅速に行われるように準備しなければならず（同規則178条の２）、刑訴規則178条の６では、第１回公判期日前に弁護人が行うべき準備として、以下の事項を規定しています。

①　被告人・関係者に面接する等適当な方法で、事実関係を確かめておくこと（刑訴規則178条の６第２項１号）

②　検察官が閲覧する機会を与えた証拠書類または証拠物について、なるべく速やかに、刑訴法326条の同意をするかどうかまたはその取調べの請求に関し異議がないかどうかの見込みを検察官に通知すること（刑訴規則178条の６第２項２号）。

③　刑訴法299条１項本文の規定により、検察官に対し、閲覧する機会を与えるべき証拠書類または証拠物があるときは、なるべく速やかに、これを提示してその機会を与えること（刑訴規則178条の６第２項３号）。

④　検察官と連絡して、起訴状に記載された訴因もしくは罰条を明確にし、または事件の争点を明らかにするため、相互の間でできる限り打ち合わせておくこと（刑訴規則178条の６第３項１号）。

⑤　検察官と連絡して、証拠調べその他の審理に要する見込時間等裁判所が開廷回数の見通しを立てるについて必要な事項を裁判所に申し出ること（刑訴規則178条の６第３項２号）。

２．一般的な公判準備

⑴ 被告人との面談（刑訴規則178条の６第２項１号）

　公判段階の弁護人に選任された後、できるだけ早く被告人に面談または接見します。起訴状記載の公訴事実に関する被告人の認識や主張を聴取し、

公訴事実を争うか否かについて被告人の意向を確認するとともに、被告人の主張を裏付ける証拠がどのようなものかを被告人から確認します。

　国選弁護人の場合、裁判所から起訴状の写しの交付を受け、私選弁護人の場合、被告人から起訴状の宅下げを受けて写しをとります。

(2) 検察官請求予定証拠の開示を受ける

　公訴提起後、弁護人は、検察官が取調べを請求する予定の証拠等の開示を受け（刑訴法299条1項）、閲覧・謄写ができますので、担当検察官に電話して開示時期を確認し、閲覧します。

　私選弁護事件で依頼人が謄写費用を負担できない場合や、国選事件で謄写費用が支出されない場合には、謄写に代えてデジタルカメラで撮影するなどにより必要部分の写しを必ず確保しましょう。

　ただ、記録を謄写した場合、その複製物の利用について目的外使用の禁止の制限を受けます（刑訴法281条の4。開示証拠の複製等の交付等に関する規程（日弁連会規第74号））。被告人への差入れをする場合、目的外利用の禁止について確認書への署名を被告人から取得するなどの工夫が必要です。特に、被害者および関係者のプライバシー並びに企業の営業秘密等が記載された証拠については、取扱いに十分注意しましょう。

　なお、事件によっては、被告人への展示や謄写物の交付について、検察庁からマスキング等の申入れがなされたり、被告人への交付を禁止する誓約書の差入れを求められたりする場合があります。適宜、検察官と協議して、配慮しなければならない場合がありますので、注意しましょう。

(3) 検察官手持証拠の任意開示を請求する

　公訴提起をされた事件が裁判員裁判対象事件でない場合には、当然には公判前整理手続には付されず（刑訴法316条の2第1項）、検察官は、任意に開示する場合を除き、原則として、刑訴法299条1項で開示した請求予定証拠以外の手持証拠を開示する義務はありません。

　もっとも、検察官から開示されなかった検察官手持証拠の中に、被告人の防御にとって重要な証拠があることも十分に考えられるため、公判前整

理手続に付されていない事件であっても、類型証拠開示や主張関連証拠開示に準じた請求書を検察官に提出して、検察官の手持証拠の任意開示を請求します。

　なお、公判前整理手続での証拠開示の運用が定着した現在では、検察官に対しこのような請求を行うことにより一定の範囲で任意の証拠開示が期待できますが、弁護活動に必要と思われる証拠の開示を検察官が拒む場合には、後述のように公判前整理手続に付することの請求を検討しましょう。

　また、現在の実務の運用では、公判前整理手続に付されない場合、証拠一覧表の交付（刑訴法316条の14第2項）を任意に受けることはできませんが、任意の交付を求める努力はしましょう（証拠一覧表については、Scene ⅲで詳しく述べます）。

⑷ 検察官の立証構造の把握

　検察官から証拠開示を受けたら、公訴事実を踏まえて開示された証拠を検討し、検察官の立証構造を把握します。

　そもそも、起訴状の公訴事実について不明確な点がある場合や、検察官の立証で不明確な点がある場合など、争点を明確化するために必要がある場合には、検察官に対する求釈明を行うなどして、検察官と打合せをしておく必要があります（刑訴規則178条の6第3項1号）。

　この点、公判前整理手続に付された事件では、検察官の証明予定事実記載書および証拠等関係カードの交付を受け、検察官請求証拠の立証趣旨と証明予定事実の対応を検討することで、あらかじめ立証構造を把握することができます。

　しかし、公判前整理手続に付されない事件では、検察官が任意に応じない限り、法律上、証明予定事実記載書や証拠等関係カードの交付を強制する方法がありませんから、弁護人は、開示を受けた検察官請求予定証拠と任意開示証拠を読み込み、検察官の立証構造を把握することに努めることになります。

　なお、検察官は、一般の事件では、通常、証拠等関係カードは公判の直前に作成するので、事前交付は行われません。しかし、検察官にとって困

難なこととは思われないので、弁護人としては、検察官に事前に作成して送ってもらえないか、熱意をもって働きかけることもよいでしょう。実際に、証拠開示とほぼ同じ時期に証拠等関係カードが交付された実例もあります。

3.公判前整理手続に付することの請求の検討

(1) 裁判員裁判以外の事件での公判前整理手続

　平成16年の刑事訴訟法改正（平成17年11月施行）前においては、予断排除の観点から、裁判官は公判の事前準備に直接関与しないことが原則とされ、第1回公判期日後、五月雨式に開かれる公判期日において争点整理が行われていました。

　しかし、裁判員裁判制度が導入され、一定の事件については一般市民から選ばれる裁判員が参加する裁判手続が採用されると、裁判員裁判対象事件については公判前整理手続が必要的な制度とされました（裁判員の参加する刑事裁判に関する法律49条）。のみならず、裁判員裁判の対象とならない事件についても、裁判所が、充実した公判の審理を継続的、計画的かつ迅速に行うため必要があると認めるときは、検察官、被告人もしくは弁護人の請求によりまたは職権で、第1回公判期日前に、決定で、事件の争点および証拠を整理するための公判準備として、事件を公判前整理手続に付することができることとなりました（刑訴法316条の2）。

　事件が公判前整理手続に付されると、検察官による証明予定事実記載書の提出や、証拠一覧表の交付、類型証拠開示をはじめとする充実した証拠開示制度など、弁護人が防御方針を決定するにあたって有益な手続が行われます。

　なお、裁判員裁判以外の事件が公判前整理手続に付された場合の公判準備については、下記6で、公判前整理手続における証拠開示については、Scene ⅲでそれぞれ詳しく説明します。

(2) 公判前整理手続を請求すべき事案

　弁護人としては、公訴事実を争う意向がある場合や、検察官の立証が複

雑で、証拠や争点を整理する必要がある場合、さらに、徹底した証拠開示を受け、被告人に不利益な証拠の精査を行う必要がある事件では、積極的に公判前整理手続に付することを請求すべきです。

また、被害者や第三者のプライバシーに関連する証拠について検察官が開示を拒む場合のように、検察官との間で証拠開示をめぐって対立が生じ、裁判所に対し証拠開示命令を求める必要が出てくることが見込まれる事件については、起訴後の早い段階で、裁判所に対し、事件を公判前整理手続に付することを請求する必要があります。

弁護人の請求にもかかわらず、公判前整理手続に付されない事件であっても、判例の認める要件を充足する場合には、裁判所の訴訟指揮権の行使により証拠開示を受け得る場合がありますが（最判昭和 44 年 4 月 25 日最高裁判所刑事判例集 23 巻 4 号 248 頁など）、同判決は証拠調べ手続に入ってからの個別証拠の開示命令であり、この判例の要件に従って証拠開示を求めるべき事件では、そもそも第 1 回公判前に徹底した証拠開示を受けて防御方針を検討すべきと考えられますので、公判前整理手続に付することを請求すべきでしょう。

(3) 請求に対する判断の実態

弁護人が、公判前整理手続に付することの請求をした場合であっても、実際に公判前整理手続に付されるか否かは裁判所が裁量で決定するため、必ずしも公判前整理手続に付されるわけではないという現実を無視することはできません。

平成 30 年度の司法統計年報では、裁判所における終局総人員 5 万4862 人に対して、公判前整理手続に付された事件が 1255 件、このうち、裁判員裁判対象事件が 1023 件でしたので、裁判員裁判以外で公判前整理手続に付された事件は極めて少数でした。今後、裁判所がどのように判断をしていくかを見守る必要があります。

4.ケース・セオリーの構築と弁護人の独自調査

(1) ケース・セオリーとは

　　検察官の請求証拠の分析によって検察官の立証構造を把握し、依頼者の意向が確認できたら、弁護人としてどのように事件に対応するか、弁護側立証の準備をすることになります。

　　現在の刑事裁判では、公訴事実を争うにせよ、公訴事実を争わず量刑を争うにせよ、検察官の主張に対する争点を明確に示したうえで、弁護人の目標とする判決がなされるべき理由をケース・セオリーとして構築する必要があるといわれています。

　　「ケース・セオリー」という用語はアメリカにおける法廷技術用語である "Theory of the Case" を和訳した概念で、論者によって説明方法が多少異なりますが、一般に、「弁護側（被告人および弁護人）が裁判所を説得するための論拠」、「弁護側からみた事件の説明または道筋」、「『目標とする判決』を事実認定者がすべき理由」などと説明されます。

　　ケース・セオリーは、訴訟活動の指針となるべきものですから、公判が開始される前に確立される必要があり、否認事件（公訴事実の全部、もしくは一部を争い、または違法性・責任阻却事由もしくは刑の減免事由を主張する事件）であれ、自白事件（犯罪事実は認める事件）であれ、説得的なケース・セオリーを構築しなければなりません。

(2) ケース・セオリーの構築と弁護人の独自調査

　　ケース・セオリーの構築にあたっては、検察官から開示を受けた記録を精査するだけでなく、弁護人の独自調査が必要なことも少なくありません。特に、検察官が認識していない事実関係を、弁護人が独自調査により収集することで、検察官の主張を弾劾し、検察官の主張に対する合理的疑いを生じさせることができる場合がありますので、依頼人である被告人の話をよく聞いて、関係者と連携しながら、フットワーク軽く行いましょう（具体的事件におけるケース・セオリーの構築方法については、Scene ⅳで詳しく述べます）。

　　弁護人の独自調査は、被告人や事件関係者からの事情聴取（家族、目撃

者、被害者、共犯者、専門家など）にとどまらず、現場の調査、検察官から開示された証拠に含まれていない関係証拠の保全、弁護士法23条の2に基づく照会を用いた証拠収集など、多岐にわたります。薬物の密輸事案など、海外での犯行が含まれる犯罪では、海外における調査が必要になることもあります。

⑶ 独自調査に有益な制度

弁護人の独自調査にあたっては、弁護人の出張など、費用を要することもあるので、依頼者と十分に協議して、適切な独自調査を行いましょう（弁護側立証に特化した参考文献としては、大阪弁護側立証研究会編『実践！弁護側立証』（成文堂、2017年）などが有用です）。

なお、国選事件であっても、弁護側鑑定証人の費用や、社会福祉士等の専門家の費用補助、海外を含めた遠方への調査のための交通費や宿泊費等の一部が補助される場合があります。法テラスや弁護士会の刑事弁護委員会等に相談して、積極的に弁護人の立証準備をしましょう（たとえば、東京三弁護士会では、「国選弁護基金」という制度があり、国選弁護人の行う鑑定証人や福祉専門家の活動費用に対する補助があります）。

5.第1回公判期日の目前の準備
⑴ 想定弁論の起案・立証計画の立案・公判の進行の打合せ

ケース・セオリーが構築され、弁護側の立証方針が決まったら、依頼人の意向とこれまでの検討結果を踏まえ、想定される最終弁論案を起案します。

弁護人は、公判の締めくくりで最終弁論を行い、弁護人の立証に基づく意見を述べますが、公判における立証は、最終弁論のために行うものですから、早い段階で想定される最終弁論案を作成します。これにより、弁護人として立証すべき事項が明らかになり、立証計画の策定も容易になります。つまり、立証の後に最終弁論を書くのではなく、公判前の準備段階で、弁護人がしようとする最終弁論に必要な立証は何か、というように発想を転換して立証計画を立てるということです。

　そして、このように最終弁論案から逆算して作成される立証計画に基づいて、被告人および証人予定者と、公判の進行について打ち合わせます。

⑵ 検察官請求証拠に対する意見の見込みの通知

　弁護人の立証計画が決まったら、検察官から開示を受けた証拠書類または証拠物について、どのような対応をするか、つまり、刑訴法326条の同意をするかどうか、または証拠の取調べの請求に関し異議がないかどうかの見込みを決定し、検察官に通知します(刑訴法178条の6第2項2号)。

　弁護人としては、前述のように最終弁論案からさかのぼって立証計画を立てることと同様に、作成した最終弁論案のとおり弁論をすることを前提として、その内容から逆算して検察官の請求証拠の関連性や必要性を十分に吟味し、不必要な証拠や、裁判所に誤解を与える証拠については、関連性や必要性を争って取調べに異議を述べるとともに、書証については不同意の意見を述べるなど、慎重に対応しましょう。書証については、同意をする場合でも、その信用性を争う場合には、必ずその旨を付言することが必要です。

　検察官証拠への対応については、Scene ⅴで詳しく述べます。

⑶ 第1回公判期日における手続の見込みに関する書記官との打合せ

　以上の準備を踏まえ、第1回公判の前に、第1回公判における手続の見込みに関して担当書記官と打合せを行うことが通例です。裁判所への連絡に際しては、裁判所が書式を用意していることもありますので、連絡時期も含めて、担当書記官に確認しましょう。ただし、この打合せはあくまで期日当日の進行をスムーズにするためのものですので、証拠の内容には立ち入らないなど裁判官に予断を抱かせることのないように注意する必要があります。

6.公判前整理手続に付された場合の公判準備

⑴ 公判前整理手続の意義と目的

　公判前整理手続とは、充実した公判の審理を継続的、計画的かつ迅速に

行うため必要があるときに、事件の争点および証拠を整理するために行われる公判準備の手続です（刑訴法316条の2第1項）。この手続の目的は、充実した公判の審理を継続的、計画的かつ迅速に行うことができるよう、公判の審理予定を定めることとされています（刑訴規則217条の2）。

　裁判員裁判対象事件については、公判前整理手続が必要的に行われますが、裁判員裁判対象事件でなくとも、構成要件が複雑で、多数の証拠が作成される事件において、被告人が公訴事実を争う事件などでは、公判前整理手続に付されるべきことが多いと思われます。

　被告人が身体拘束されている事件では、公判前整理手続が長期化すると、身体拘束期間も長期化することになるほか、事件の発生から公判までの期間が長くなれば、証人の記憶が薄れるなどの弊害もあるため、これをできる限り早期に終結させるように努めなければならないという要請があることに留意が必要です（刑訴法316条の3第1項）。

　そのため、刑訴法も、訴訟関係人は、充実した公判の審理を継続的、計画的かつ迅速に行うことができるよう、公判前整理手続において、相互に協力するとともに、その実施に関し、裁判所に進んで協力しなければならないものと定めています（同法316条の3第2項）。

(2) 手続の概要と訴訟関係者の活動

ア．公判前整理手続で行うことができる事項

　公判前整理手続で行うことができる事項は以下のとおりです。

① 訴因または罰条を明確にさせること

② 訴因または罰条の追加、撤回または変更を許すこと

③ 公判期日において予定している主張を明らかにさせて事件の争点を整理すること

④ 証拠調べの請求をさせること

⑤ 請求証拠の立証趣旨、尋問事項等を明らかにさせること

⑥ 証拠調べ請求に関する意見を確かめること

⑦ 証拠調べをする決定または証拠調べ請求の却下決定をすること

⑧ 証拠調べをする決定をした証拠について、取調べの順序および方法

　　を定めること

⑨　証拠調べに関する異議の申立てに対して決定をすること

⑩　証拠開示に関する裁定をすること

⑪　被告事件の手続への参加申出に対する決定または決定を取り消す決定をすること

⑫　公判期日を定め、変更すること

⑬　公判手続の進行上必要な事項を定めること

イ．検察官の役割

　検察官は、事件が公判前整理手続に付されたときは、その証明予定事実を記載した書面（証明予定事実記載書面）を、裁判所に提出し、被告人または弁護人に送付しなければなりません。この場合、証明予定事実記載書面には、証拠とすることができず、または証拠として取調べ請求する意思のない資料に基づいて、裁判所に事件について偏見または予断を生じさせるおそれのある事項を記載することはできません。

　また、検察官は、証明予定事実を証明するために用いる証拠の取調べを請求しなければなりません（刑訴法316条の13第1項・2項）。この場合、検察官は、取調べを請求した証拠（検察官請求証拠）について、速やかに、被告人または弁護人に対し、①証拠書類または証拠物については、閲覧（弁護人に対しては、閲覧・謄写）する機会を与えること、②証人、鑑定人、通訳人または翻訳人については、その氏名および住居を知る機会を与え、その者の供述録取書等のうち、その者が公判期日において供述すると考えられる内容が明らかになるものを閲覧（弁護人に対しては、閲覧・謄写）する機会を与えることにより、開示しなければなりません（刑訴法316条の14第1項）。

　さらに、検察官は、被告人または弁護人から請求があれば、速やかに、検察官が保管する証拠の一覧表の交付をしなければなりません（刑訴法316条の14第2項）。

ウ．弁護人の役割

　弁護人は、検察官から開示を受けた証拠以外の証拠で、一定の証拠類型に該当し、特定の検察官請求証拠の証明力を判断するために重要と認めら

れるものについて、開示請求することができます（刑訴法316条の15第1項）。また、同様に弁護人は、その主張に関連するといえるものの開示を請求できます（同法316条の20第1項）。

そのうえで、弁護人は、証明予定事実記載書面の送付を受け、かつ請求証拠の開示を受けた場合、公判期日においてすることを予定している事実上および法律上の主張を、裁判所および検察官に対し、明らかにしなければなりません（刑訴法316条の17第1項）。

また、被告人または弁護人は、証明予定事実があるときは、これを証明するために用いる証拠の取調べを請求し、開示しなければなりません（刑訴法316条の17第2項、316条の18第1項）。

エ．裁判所の役割と公判前整理手続終了の効果

裁判所は、公判前整理手続を終了するにあたり、検察官および被告人または弁護人との間で、事件の争点および証拠整理の結果を確認します（刑訴法316条の24第1項）。

公判前整理手続に付された事件については、検察官および被告人または弁護人は、やむを得ない事由により公判前整理手続において請求ができなかったものを除き、公判前整理手続の終了後には、証拠調べを請求することができません（刑訴法316条の32第1項）。

また、裁判員裁判の公判前整理手続では、それまで行われた争点整理の結果について、裁判所から、争点整理案が示されるとともに、裁判員裁判で公訴事実を争う否認事件では、裁判員にとって難解な概念（故意・正当防衛・過剰防衛・責任能力・共謀など）について、裁判官が裁判員に評議でどのように難解な概念を説明するかの案文が示され、公訴事実を認める自白事件では、使用される量刑グラフに関する協議がなされることが一般的です。

⑶ 集中審理

ア．期日指定

公判前整理手続に付された事件においては、受訴裁判所による争点および証拠の整理が行われ、最終的には審理予定が策定されます。

　この点、公判前整理手続に付された事件、特に裁判員裁判対象事件では、裁判員候補者の日程確保を目的として、連日開廷による集中審理が行われることがほとんどで、審理予定が策定された後、公判期日が一括して指定されます。ただ、裁判員裁判非対象事件では、裁判員の負担を考慮する必要がないため、集中審理が行われないのが通常です。

イ．集中審理が行われる場合の審理日程

　集中審理が行われる裁判では、公判期日前に詳細な審理日程が定められます。弁護人は、審理の順序や、各訴訟活動（冒頭陳述、書証の取調べ、主尋問、反対尋問、最終弁論など）に要する所要時間について意見を述べることになります。

　各訴訟活動に要する時間をどの程度確保するかについては、事案によっても異なりますが、最終弁論で述べる予定の事項から逆算して、裁判所との協議により決定することになります。

　なお、裁判員裁判において、訴訟活動が予定していた時間よりも短くなることは問題ありませんが、時間の超過に対しては、裁判所から厳しく注意を受け、質問などを制限される場合があるので、余裕をもった時間を確保するように心がけるとよいでしょう。

　事案によっても異なりますが、一般的な時間の目安を示すと、〔図表２〕のようになります（もちろん、複雑な事件など、尋問すべき事項が多い場合には、もっと長い時間を要することがあるので、反対尋問などでは、安易に「同程度」とは回答しないようにすべきでしょう。以下の例はあくまで参考です）。なお、外国人の被告人の場合、通訳人による通訳の時間を踏まえる必要がありますので、２倍の時間を要すると考えておくべきと思われます。

　また、裁判員裁判の公判前整理の最後には、公判審理や評議の具体的なタイムスケジュールを記載した進行予定表案が裁判所から示され、最終確認を求められます。裁判所は、裁判員の負担を考え、ここで定めたタイムスケジュールに沿って審理や評議を行いますので、自分の考える立証活動がそのようなタイムスケジュールで対応可能であることを慎重に確認してから公判前整理手続を終結する必要があります。

〔図表2〕 各手続に要する時間の例

	自白事件	否認事件
冒頭陳述	5分〜10分	15分程度
反対尋問	主尋問と同程度	主尋問と同程度以上
被告人質問	30分〜1時間	2時間〜3時間
最終弁論	10分〜15分	30分程度

現場力のEssence

■ 第1回公判期日前の弁護人の準備の規律については、刑訴規則178条の2以下をよく理解する

■ 公訴が提起されたら、速やかに被告人の意向を確認し、検察官請求予定証拠の開示を受ける

■ 公判前整理手続に付されていない事件であっても、検察官の手持証拠の任意開示を請求する

■ 裁判員裁判対象事件以外であっても、証拠開示、争点整理の必要性が大きければ積極的に公判前整理手続を請求する

■ 検察官の立証構造を把握し、依頼者の意向が確認できたら、ケース・セオリーを構築し、想定弁論を作成する

Scene ii 公判準備（裁判員裁判特有の準備事項）

Prologue

　Q弁護士は、公判前整理手続についてひととおり確認したところで、裁判員裁判に特有の準備事項は何かを考えてみた。修習生のときに裁判所で傍聴した裁判員裁判事件における公判前整理手続のことを思い出そうとしたが、何をしていたのかあまり記憶がなく、裁判員裁判に特有の準備としてどのような事項があるのか、全く見当がつかず、途方に暮れてしまった。

 現場力

1. 裁判員裁判事件の争点整理

(1) 裁判員裁判における公判前整理手続

　裁判員裁判対象事件は、法令上、必要的に公判前整理手続に付されることになっています（裁判員の参加する刑事裁判に関する法律49条）。

(2) 集中証拠調べ、公判中心主義の意義

　裁判員裁判においては、裁判員を長期間拘束することができないという制約から、詳細な審理計画が策定されたうえで集中審理が行われます。証拠調べも集中的に行われ、かつての刑事裁判のように、裁判官が裁判官室で証人尋問調書を読み込んで判決を書くのではなく、裁判官と裁判員は法廷で心証を形成することになります。そうすると、当然ながら、事前に争点が的確に整理されていること、および被告人・弁護人にとって必要かつ十分な証拠調べが審理計画の中に盛り込まれていることが決定的に重要となります。

⑶ 裁判員裁判では国選弁護でも複数選任が認められる

　裁判員裁判対象事件では、国選弁護であっても、被疑者段階から複数選任が認められています。したがって、自分の担当した事件が裁判員裁判対象事件である場合などには、1人で悩まず、所属会の刑事弁護委員会等に相談し、複数選任の弁護人を選任してもらうようにしましょう。

　なお、公判段階で複数の弁護人が選任された場合には、そのうちの1名を主任弁護人として届け出る必要があり（刑訴法33条、刑訴規則19条）、主任弁護人が代表して裁判所とのやりとりを行います（刑訴法34条、刑訴規則19条、25条）。なお、主任弁護人に事故が生じた場合に備えて、もう1名と副主任弁護人とすることもあります（刑訴規則23条）。

2.裁判員裁判対象事件における争点整理

⑴ 第1回打合せ期日の時期

　公訴が提起され、事件の配点の結果、係属部が決まると、弁護人に対し、早い段階で書記官から連絡があります（通常1週間程度）。その中で、裁判所、検察官、弁護人三者の「打合せ」の日程調整の打診があります。「打合せ」は、刑訴規則178条の15に基づいて行われるもので、被告人が出席する権利を有する正式な公判前整理手続ではありません。しかし、裁判所としてはなるべく早い時期に当事者の主張・立証の予定を知り、先々の予定を立てるため、打合せの日程を設定しようとします。この「打合せ」は、被告人の出頭を要しないことから、打合せの時間が17時以降に設定されることもよくあります。

⑵ 第1回打合せ期日で協議される内容

　第1回の打合せ期日では、裁判所が両当事者に対して、証拠の開示、書面の提出の時期についての見通しを、弁護人に対しては公訴事実について否認する見通しか否かなどを、明示するよう促します（あくまで、「見通し」なので、のちに変えることは自由です、と前置きをして聞いてきます）。

　このときに、はっきり意見を言わないでいると、「○月○日まででいいですね」と、次々締切日が設定されてしまい、後から後悔することになり

ます。そこで、第1回打合せ期日の前に、被告人から聴取した事実関係を前提とした開示請求すべき証拠、これを前提として実施することになるであろう独自調査、さらには、それを前提とした検察官の主張する事実に対する反証、弁護側の主張すなわちケース・セオリーを組み立てるのに必要な時間などをあらかじめ検討して頭に入れておき、時期的な見通しを回答できるよう準備しておくとよいでしょう。たとえば、起訴状記載の公訴事実に争いがない、いわゆる自白事件であれば、検察官の証明予定事実記載書、証拠調べ請求書が提出され、また任意開示証拠が開示されたのち、3週間から、長くとも1か月程度で弁護側の予定主張記載書および請求証拠に対する証拠意見を提出することが可能であることも多く、一般には裁判所もその程度の期間内にこれらの書面を提出するよう求めてきますので、このような対応が可能かをあらかじめ検討しておくとよいと思われます。これに対して、裁判員裁判の経験があまりない場合、そのような見通しを立てて回答することは難しいとは思われますが、その場合には、回答を留保し、もち帰って被告人、関係者等と相談してから次回の打合せで回答すると答えるようにしましょう。もちろん、このように回答した際は、次回期日までにしっかりと被告人と打合せをして、いつまでに予定主張記載書や証拠意見を提出するか、明示できるように準備することが必要となります。

(3) 裁判所による締切日の設定は厳しめである

　裁判所は事件の迅速な進行についても責任を負っているという意識が強いと思われ、締切日の設定はできるだけ「前倒し」に、双方に対して厳しめになされることが少なくありません。

　もちろん手続の迅速な進行は重要ですが、弁護人としては裁判所の勢いに流されることなく必要な検討時間や準備時間をしっかり確保することが重要です。裁判官に対して強く主張するのはなかなか勇気がいることですが、遠慮は禁物です。主張すべきことはしっかりと主張し、必要であれば、回答を留保しつつ、近日中に（早ければ翌週にでも）再度打合せを設定してもらい、それまでに、周りの人に相談して回答を準備すればよいのです。

押し切られてできない約束をすることだけは絶対に避けましょう。

(4) 裁判所は前倒しで争点の把握をしようとする

　裁判所は、「事実上でよいので」、「現時点で言える範囲でかまわないので」、「乗り降り自由ですから」、というような前置きをしてでも、早い段階で弁護人の方針を把握しようとすることがあります。

　しかし、第1回打合せの時点では開示記録の入手も未了であることが多いので、類型証拠の開示が終了し、開示を受けた証拠の精査を行って、被告人にとって不利益な証拠の検討が終わるまでは、原則として、公訴事実を争うか否かを含め、弁護方針を開示すべきではありません。

(5) 打合せ期日の内容の確認

　第1回打合せ期日の終わりには、次回までの双方当事者の書面等の締切日を確認したうえで、第2回打合せ期日の日程を決めることになります。打合せ期日の内容については、公判前整理手続と同様に期日調書が作成されることが通例ですので、期日の後にはそれを謄写して、期日の内容に誤りや漏れがないかを確認することが必要です。

(6) 打合せ期日と公判前整理手続期日のどちらがよいのか

　打合せ期日と異なり、公判前整理手続期日には被告人が出頭することができます。ただ、身体を拘束されている被告人の場合、裁判所へ出頭させる場合の押送の関係などで時間的制約があること（17時以降の期日設定ができません）、複数弁護人の日程と裁判体および検察官の他事件の審理予定の調整が必要となること、外国人事件の場合は通訳の手配が必要となることなどから、被告人がいない打合せ期日のほうが期日の設定を柔軟に行うことができます。また、打合せ期日のほうが、事件の内容に関する協議もスムーズに行える場合があるという利点もあります（被告人がいない法律家どうしでの議論となるため、各当事者が本音で協議しやすい場合があるためです）。

　ただ、被告人とよく相談したうえ、被告人自身が期日への出頭を希望す

る場合には、裁判所に対し正式な公判前整理手続を開くよう求めるべきです。被告人によっては、被告人抜きで打合せが続くことで、裁判所や弁護人に対する不信感をもつ危険性がありますので、打合せ期日で争点整理を進める場合には、弁護人が被告人と十分な打合せをして、信頼関係をもって行う必要があることに留意してください。

現場力のEssence

■ 裁判員裁判では、国選弁護でも複数選任が認められる

■ 裁判員裁判では、公判前整理手続が必要的に行われ、詳細な審理計画の策定と集中審理のスケジュールが組まれる

■ 裁判員裁判の争点整理では、裁判所が争点を把握しようとし、締切日が厳しめに設定される傾向があるので、不十分な準備のまま締切日を設定されないよう、十分注意する

■ 争点整理を、被告人の出席権がある正式な公判前整理手続期日で行うか、出席権のない刑訴規則178条の15の打合せ期日で行うかは、被告人と十分な打合せをして、信頼関係をもって決定することが望ましい

公判段階での被告人との信頼関係維持の重要性

鎌倉弁護士

　捜査段階では接見の必要もあり慌ただしいですが、公訴提起後は落ち着いて弁護活動ができるようになりますね。捜査段階では刑事事件以外の仕事がどうしても滞りがちになるので、通常業務に勤しんで仕事の態勢を立て直すことができるのがこの時期といえるかもしれません。

室町弁護士

　鎌倉弁護士のおっしゃるとおりですが、私は、公訴提起後に接見をしばらく怠っていたら、請求証拠等の証拠が開示された後、久しぶりに接見に行った時に、被告人から苦情を言われたことがあります。捜査段階には、ほぼ毎日接見をしていて、被告人（被疑者）との信頼関係も築けていると思っていたので、ちょっとショックでした。それからは、起訴されることが確実となった時点で、起訴後にはどのような手続となるのか、たとえば公判前整理手続の流れについて説明し、弁護人が頻繁に接見には来なくなるものの、裁判所や検察官との争点整理を行っているので、心配はいらないことを伝えるようにしています。また今どのような段階で何を待っているところなのか、この先どうなるか、などの情報を、定期的に手紙で被告人に伝えるようにしています。

江戸弁護士

　お二人と違って、イソ弁の身としては、捜査段階に連日のように接見に出かけて事務所を空けていると肩身が狭く、公訴提起されて落ち着いてから事務所の事件を頑張ろうと思っていました。確かに、被告人の立場に立って考えてみれば、それまで毎日のように接見に来てくれていた弁護人が急に接見に来なくなって、取調べもないとすれば不安になることも当然だと思います。室町弁護士のアドバイスはなるほどと思ったので、被告人に手紙を書いたり、時間をみつけて接見に行ったりしようと思います。

室町弁護士

　そのほかにも、忙しい弁護人は、裁判所との打合せを、被告人の出席しない打合せ期日で行うことが多くなりがちです。しかし、被告人は打合せ期日への出席権がありませんから、打合せでどのような話がなされているのかは、弁護人から聞くしかありません。被告人よっては、自分を抜きにして打合せが行われることを好まない人もいますので、信頼関係の維持のため、打合せ期日で協議された事項のほか、公判前整理手続がこれからどのように進行していくのか、今は何を準備しているのか等についてタイムリーに丁寧な説明をしておくことが重要です。被告人を単にこれから審理を受ける「対象」とみるのではなく、検察官の主張や証拠を弁護人と一緒に検討していく「チーム」の一員であるととらえることにより、公判に向けた準備がスムーズに行えることが多いと思います。

公判前整理手続対象事件における証拠開示

　検察官から、証明予定事実記載書と証拠調べ請求書が FAX で送られてきた。Q弁護士はとりあえず検察官請求証拠を謄写することにしたが、謄写の手続をしたところ、検察官請求証拠のほかに任意に開示される証拠もあるとのことであった。

　Q弁護士は、この後は類型証拠開示請求をするのだったな、と思い修習生時代のノートを見直してみたが、類型証拠開示請求のところはノートの字が乱れて途中で途切れており、どうもその部分は居眠りをしてしまい講義を聞いていなかったようであった……。

　また、検察事務官と電話で会話をした際に、検察事務官から、「Q先生、一覧表は必要ないですか」と聞かれたが、Q弁護士は一瞬何のことかわからず電話口で固まってしまった。

現場力

1. 証拠開示手続の前に行うべきこと

(1) 起訴状と証明予定事実記載書の検討

　検察官から証明予定事実記載書が提出されたら、まずは内容をよく検討することが重要です。弁護人としては、これまでの弁護活動を通じてさまざまな情報が頭に入っていますが、いったんこれらをリセットして、新鮮な目で証明予定事実記載書を読んでみると、不自然な点や、防御の観点からみて特定が不十分と思われる点などに気づくことができます。

(2) 求釈明等

　検察官から提出された証明予定事実記載書を踏まえて、防御に必要な範囲で起訴状記載の公訴事実等および証明予定事実記載書に対する求釈明を検討します。たとえば、共犯者が誰なのか起訴状の記載からだけでは判然としない、犯罪日時、場所が明確に特定されていない、または実行行為の具体性がないなどという場合は、これらを明らかにするように求めることになります。

　あわせて、余事記載や裁判所に事件について偏見または予断を生じさせるおそれのある事項の記載がなされていないかをチェックし、もしそのような記載があれば削除を求めることが必要です。

2.検察官請求証拠の開示を受ける

(1) 開示されるタイミング

　検察官から証明予定事実記載書の提出と同時に証拠調べ請求書が提出されます。この証拠調べ請求書が提出された時点で、証拠の謄写は可能となっているのが通常ですので、弁護人は、証拠調べ請求書が提出されたら、直ちに（できれば証拠調べ請求書を受け取った当日に）請求証拠を閲覧します。

(2) 任意開示証拠

　請求予定証拠に加え、検察官の側から、当面は請求する予定はないものの、手持ちの証拠のうち、弁護人から開示請求を受けることが予想される等の証拠を任意に開示する旨の任意開示証拠の一覧が交付されるのが通例です。

(3) 謄写の手続

　弁護人は、請求証拠および任意開示証拠につき、検察庁の記録閲覧室にて閲覧、謄写の手続をとります。

　謄写の方法としては、検察庁に常駐している業者（謄写センター等）に依頼して謄写をしてもらう方法、自分でデジタルカメラ（スマートフォン）

を持参して記録を撮影しプリントアウトする方法、証拠閲覧室備え付けのコピー機（有料）を利用する方法があります。当然のことながら、業者を利用すれば、一定の期間と謄写費用を要しますし、自ら撮影し、あるいは、コピーする場合は、自分の時間を割くことになりますから、業者を利用した場合に要する期間と費用を確認したうえ、どの程度急いで証拠資料を入手する必要があるかによって使い分けることになるでしょう。

　なお、取調べ状況の録音・録画媒体については、ブルーレイディスクの複写を求めることになりますが、複写媒体の複写方法や手数料については、各地域で異なりますので、司法協会や地方検察庁の担当部署に確認したうえで必要に応じて請求しましょう（東京では、弁護士会からの強い申入れを受け、近時、複写媒体の作成手数料が大幅に減額されました）。

3. 証拠一覧表の交付請求

(1) 証拠一覧表とは

　証拠一覧表、あるいは「リスト開示」といわれる場合の「リスト」とは、「検察官が保管する証拠の一覧表」（刑訴法316条の14第2項）をいいます。刑訴法316条の14第2項は、平成28年の刑訴法改正により新設された規定で、これにより検察官の手元にある証拠が何かを参考にして類型証拠開示請求を行うことができるようになったという点で、大きな意味をもちます。

(2) 証拠一覧表の読み方

　証拠一覧表に記載されている証拠の情報は、刑訴法316条の14第3項各号に規定されている情報、具体的には、証拠物については「品名及び数量」、供述調書については「当該書面の標目、作成の年月日及び供述者の氏名」、供述調書以外の証拠書類については「当該証拠書類の標目、作成の年月日及び作成者の氏名」に限られており、たとえば、単に「捜査報告書」と記載されているものについては、何に関する捜査報告書なのかはわかりません。したがって、証拠一覧表に同じ日付の「捜査報告書」が何通も記載されているということもあります。

　この点について、かつては類型証拠の開示や任意開示の際に、開示証拠と一覧表記載の証拠との関係がわかるような開示例もみられましたが、検察事務官の事務負担が過大になったことなどにより、最近ではむしろ証拠一覧表の記載事項として法定されている事項以外は記載しないという運用が定着しているようです。証拠開示書と証拠一覧表を見比べて、証拠一覧表上のどの証拠が開示されたのかがわからない場合は、その点について検察官に対し問合せを行い、明らかにするよう求めるべきであると考えられます。

⑶ 証拠一覧表は必ず請求すること！

　Q弁護士はたまたま検察事務官から「一覧表は必要ないですか」と尋ねられましたが、法律上、弁護人から請求をしなければ一覧表は交付されません。請求方法は、各地方検察庁で異なるようですので、事件が公判前整理手続に付されたら、検察庁に請求方法を問い合わせたうえで、必ず証拠一覧表の交付を求めましょう。

4.任意開示に潜む危険性

　実務上、必ずしも類型該当性にとらわれず、検察官から、広く証拠の任意開示が行われています。それ自体は手続の迅速な進行の面から良いことであると思われますが、任意開示を頼りにして類型証拠開示請求の検討（後記5参照）が疎かになってはならないということを肝に銘じるべきです。なぜなら、重要な争点に関する証拠（特に弁護人側の立証に役立つ可能性の高い証拠）については、任意に開示していない可能性が高いからです。

5.類型証拠開示請求
⑴ 類型証拠開示とは

　類型証拠開示請求とは、刑訴法316条の15で認められる証拠開示のことをいいます。検察官の証明予定事実記載書の提示および検察官請求証拠の開示によって検察官の主張および立証の全体像が明らかになった段階で、被告人側の防御方針を決定することができるよう、被告人または弁護

人の請求があった場合に、同条で定める類型に該当する証拠を、一定の要件の下で、被告人側による予定主張の明示や証拠請求の前に、原則として無条件かつ速やかに開示しなければならないものとされたものです。

(2) 証拠一覧表から証拠を拾う作業ではない！

　刑訴法の改正により証拠一覧表が交付されるようになった後に弁護士登録をした若い弁護士の中には、類型証拠開示請求とは、交付された証拠一覧表を眺めて、必要だと思う証拠を拾い出し、類型にあてはめて開示請求する作業だと思っている人もいるようです。

　しかし、前述のとおり証拠一覧表の記載は「証拠の標目」等に限られており、証拠の中身が推測できないものも多くあります。また、証拠一覧表に記載される証拠は「検察官が保管する証拠」に限られますから、たとえば警察官が保管している証拠は証拠一覧表には記載されません。したがって、類型証拠開示請求にあたって、証拠一覧表は参考にするべきものであって、ここから証拠を拾う作業とは異なるということを理解する必要があります。

(3) 検察官の手元にどのような証拠があるかを想像する

　そうすると、まず重要なことは、この請求証拠に関連してこのような証拠があるはずだ、またはこの請求証拠の証明力を判断するためにはこの証拠を検討する必要がある、という発想をもつことです。

　そして、そのためには、この事件について捜査機関がどのような証拠をもっているかを想像することが重要です。検察実務修習を思い出して（読者の中には遠い昔のことだという方もいらっしゃるかもしれませんが）、本件で警察官はどのような初動捜査をしているか、検察官はどのような補充捜査を指示するか、を考えてみることが有益です。

　この点については、司法研修所の刑事弁護教官室作成のテキスト『刑事弁護実務』末尾の「類型証拠開示請求のための参考資料」が参考になります。

⑷「たてよこ」の検討により請求漏れを防止する

　前述のとおり、まずは請求証拠の証明力の判断のためにこのような証拠を見たい、という発想からスタートすることが重要ですが、そのうえで、「たてよこ」の検討ともいわれる検討が有用です。

　つまり、検察官請求証拠の証拠番号に従って、各証拠の証明力を判断するための証拠は何かを検討する「たて」の検討に加えて、類型証拠開示請求の条文（刑訴法 316 条の 15）の各号に従って、いずれかにあたる証拠として何があるかを検討する「よこ」の検討が有用であるといわれています。

　後者は、たとえば、刑訴法 316 条の 15 第 1 項 1 号の「証拠物」としてどのようなものがあるか、同項 6 号の供述録取書等に該当するものは何があるか、という検討の仕方です。

⑸ 捜査手法については不断の研究が必要である

　警察官、検察官が行う捜査手法は日々研究が進められていますので、開示の対象となる証拠の内容も変化していくことが予想されます。そうすると、弁護人としては、最新の捜査手法についての不断の研究・情報収集（判例雑誌や、「警察学論集」等の警察官向けの書籍の分析、「季刊刑事弁護」等の刑事弁護専門雑誌の分析など）が必要だということになります。日々のニュースの中で、事件に関する捜査手法が報道されることがありますが、アンテナを鋭く張っておき、たとえば、その捜査手法は適法なのか、どのような根拠に基づいて行われた捜査なのか、また、その捜査の結果作成される書面はどういったものか、ということを想像することは役に立ちます。

⑹ 広く任意開示がなされていても、「念のため」開示請求する

　すでに検察官により広範な任意開示がなされており、検討のためにその類型に属する必要な証拠は開示されていると思われる場合であっても、すでにすべて開示されているということを確認するために「念のため」開示請求を行うことが必要です。

　弁護人に対し「弁護人の主張に関係しそうなところは任意開示しました

から弁護人のほうで必要な証拠はもう残っていないと思いますよ」という
ような発言をする検察官もいますが、それを鵜呑みにすることなく、特に
被害者や第三者のプライバシーにかかわる証拠など、検察官が任意開示を
したがらないと思われる証拠については、たとえば、検察官が、事件前の
被害者の行動について述べた被害者の友人の供述調書について取調べを請
求している場合には、その友人の他の供述録取書等だけでなく、その友人
と被害者との間の電子メール、LINE、SNS のダイレクトメッセージ等の
すべて（証拠としては証拠物、捜査報告書、検証調書等である可能性があ
ります）の開示を受けてそれらの内容を検討しなければ、上記の検察官請
求に係る供述調書の信用性を判断することができない、というように、類
型該当性と開示の重要性・必要性を具体的に記載して類型証拠開示請求を
行うことが重要です。なお、上で述べた証拠一覧表の交付を受けて、開示
済みの証拠との突合せをできる範囲で行うことで、未開示の証拠がどの程
度あるのかが推認できますので、類型証拠開示の請求前に活用しましょう
（証拠一覧表と類型証拠開示については 5 も参照してください）。

6.主張関連証拠開示請求

(1) 主張関連証拠開示とは

　主張関連証拠開示とは、刑訴法 316 条の 20 で認められる証拠開示のこ
とをいいます。これは、弁護人が刑訴法 316 条の 17 で予定主張を具体的
に明らかにした後、被告人または弁護人の請求があった場合に、被告人側
の主張に関連する証拠を検察官に開示させるもので、「争点関連証拠開示」
とよばれることもあります。

(2) 主張関連証拠開示請求を行うタイミング

　主張関連証拠開示請求（刑訴法 316 条の 20）を行うタイミングは、弁
護人の予定主張の明示（同法 316 条の 17）を行った後です。そして、予
定主張の明示義務が生じるのは、検察官から証明予定事実記載書を受領し、
かつ、類型証拠の開示を受けた後ということになります。ただし、類型証
拠開示請求との関連で、条文上類型証拠には該当せず、検察官が任意開示

にも応じないという証拠の開示を求めたい場合に、戦略的にその部分に関する予定主張を先行して明示し、主張関連証拠開示請求を行うということはあり得ます。

(3) 弁護人の主張明示義務をどのようにとらえるか

　この点について、裁判員裁判制度が始まる前の時期に全国的に行われた模擬裁判において、検察官の主張に対する弁護人の「認否」的な主張を明らかにさせて、「主張対照表」を作成しようとした裁判所があったと聞きますが、現在の実際の運用においてはそこまで極端な訴訟指揮はなされていないと思われます。ただし、公判前整理手続において、裁判所から検察官の主張に対する弁護人の「認否」に近い主張を明らかにさせようとしたり、検察官から「認否」に近い主張を明らかにするよう求められたりすることはあります。基本的な考え方としては、法律上要求されている主張とは、「その証明予定事実その他の公判期日においてすることを予定している事実上及び法律上の主張」（刑訴法 316 条の 17）であることに鑑み、争点および証拠の整理に必要な範囲で主張すれば足りると考えるべきですから、弁護人としては、そのような意見を述べるべきですし、裁判所が強い姿勢で異なる立場を述べてきた場合には、個別の事件のみならず他の事件の手続に影響を与える危険もありますから安易に同調せず、所属弁護士会の刑事弁護委員会等に相談しましょう。

現場力の Essence

■ 検察官から証明予定事実記載書が提出されたら、新鮮な目で内容をよく検討し、不自然な点や防御の観点から特定が不十分と思われる点がないか確認するとともに、必要に応じて求釈明を行う

■ 検察官から開示される検察官請求証拠と任意開示証拠は、必ず閲覧し、直ちに謄写する

■ 任意開示で満足せず、証拠一覧表を請求したうえで、必ず類型証拠開示請求を行い、検察官の手元にある必要な証拠をすべて開示させる

■ 主張関連証拠開示の前提となる弁護人の予定主張は、検察官の証明予定事実に対する認否ではない。争点および証拠の整理に必要な範囲で行えばよく、裁判所から細かすぎる主張明示の要求があった場合には、安易に同調しない

証拠開示は重要

鎌倉弁護士

　かつての刑事裁判では、弁護人の求めに応じて裁判所が検察官に対し証拠開示を命じることは極めて例外的であり、ほとんどの場合、検察官請求証拠のみによって弁護活動を行わざるを得なかったことを考えると、現在の公判前整理手続での証拠開示の条文を読むと隔世の感があります。せっかくこのように整備された証拠開示の制度を生かすも殺すも弁護人次第だから、若い弁護人は心して証拠開示の手続にのぞむべきでしょうね。

室町弁護士

　そうですね。私が弁護士になった頃は類型証拠開示請求や主張関連証拠開示請求はなかったし、その後公判前整理手続が始まった頃に比べると、証拠開示をめぐる裁定請求に至ることがほとんどなくなったという話は聞くことがあります。

　運用が固まったからという理由もあると思いますが、弁護人の側で任意開示を頼りにして、あまり類型証拠開示請求を強く求めなくなったということもあるかもしれません。捜査機関側と弁護人との証拠収集能力のアンバランスさを考えれば、立法論的には証拠の全面開示が望ましいと考えますが、鎌倉弁護士の話を聞いて、今の制度を前提としても、弁護人として証拠開示の場面でも最善を尽くす姿勢が大事だとあらためて思いました。

江戸弁護士

　私は現在の制度ができてから刑訴法を勉強したので当たり前に思っていましたが、証拠開示のしくみにも歴史的な背景があるのだとわかりました。

　検察修習のときに、検察事務官の方が、開示する証拠の整理で大変そうにしているのをみたことがあり、検察官は、「こんなに苦労して証拠を開示してもちゃんと読まない弁護人がいるんだよなあ」と言っていました。きちんと証拠開示の請求をして、開示された証拠はしっかり検討するという当たり前のことが大事だとあらためて思いました。

Scene ⅳ　ケース・セオリーを構築する

Prologue

　Q弁護士は、被告人が「被害者Vから暴行を受けて、その身に危険が生じていたために、自分の身を守るため、手に持っていたカバンを振り回してしまった」という話は本当だと考えた。

　一方、検察側が提出した証明予定事実の記載からは、被告人が、カバンという凶器になり得る物で、Vの頭部という、人の身体の重要な部位を殴打するという極めて危険な行為を行った、という主張が展開されることが予想された。被告人は特段のけがをしておらず、その一方でVは被告人の暴行によって転倒し、死亡している以上、しっかりと被告人の主張を確立しておかなければ、検察の主張どおり、被告人は悪質な行為を行ってVを死亡させたとして、長期間の実刑となってしまいかねない。

　弁護側としては、被告人の正当防衛が認められるためには、どのような主張を組み立てておく必要があるだろうか。

現場力

1．主張の組立てとケース・セオリーの必要性

　弁護人は、Scene ⅰ 4 で記載したとおり、否認事件（公訴事実の全部、もしくは一部を争い、または違法性・責任阻却事由もしくは刑の減免事由を主張する事件）であれ、自白事件（犯罪事実は認める事件）であれ、訴訟活動の指針となるべきものとして、説得的なケース・セオリーを確立しなければなりません。そして、ケース・セオリーは、公判が開始される前に確立されている必要があります。

　なお、自白事件の中には、前提となる事実自体には争いがなく、単に法律の解釈や適用のみが争いの対象となっている場合がありますが、このよ

うな事案でも、事実の評価に争いがある場合もありますので、やはりケース・セオリーによる説明が問題となると考えられます。

2.否認事件のケース・セオリー

⑴ 争点の明確化

　公訴事実を争う、いわゆる否認事件では、検察官の主張する公訴事実を否定する争点（公訴事実レベルでの争点）を明確化する必要があります。

　本件では、まず、検察官の主張する公訴事実のうち、被告人が犯人であること（犯人性）を争うのか、行為自体（たとえば暴行の事実）を争うのか、行為自体は認めつつ、故意を争うのか、公訴事実に記載された事実は認めたうえで、正当防衛を主張するのか、などの公訴事実レベルでの争点を明確にします。そして、そのような公訴事実レベルの争点を、ケース・セオリーで説明することとなります。

⑵ ケース・セオリーに盛り込む内容

ア．証拠に関する説明

　裁判所は、証拠に基づいて事実認定を行います。刑事裁判においては、検察官が犯罪事実の証明責任を負っていますので、検察官は、要証事実を証明するために必要と考える証拠を提出します。弁護側は、この検察官の証拠構造（どのような証拠から、何を立証しようとしているかという構造）を踏まえて、弁護人による証拠評価（立証レベルでの争点）を主張する必要があります。

　たとえば、犯人性を争う事件であれば、検察官が要証事実（犯人と被告人との同一性）を直接証拠（防犯ビデオ映像）で立証しようとする場合、弁護側は、この防犯ビデオ映像の証拠能力を争うほか、証明力（証拠評価）を争い、映像からは犯人と被告人との同一性を立証できていないと考える理由を説明する必要があります。たとえば、映像が不鮮明であり、被告人との同一性が判別できないこと、映像に写った人物の着ている服が被告人の自宅から押収されていないことなどに加え、より積極的に、映像に写った人物の身長が被告人と異なっており、当該人物が被告人とは別人である

ことを説明することとなるでしょう。

イ．不利益な事実や証拠を無視してはならない！

　ケース・セオリーに盛り込む事実や証拠の説明は、被告人にとって有利・不利を問わず、矛盾なく、一貫していなければなりません。また、その説明内容は、裁判員を含む一般国民の視点からみて、シンプルで受け入れが可能な常識に合致する内容となっていなければなりません。

　たとえば、犯人性を争う事件で、検察官が要証事実（犯人と被告人との同一性）を間接事実（現場に残された遺留物に付着した被告人の指紋）で立証しようとする場合、弁護人は、被告人にとって不利な証拠である指紋の存在を合理的に説明するため、被告人が、犯行があった日時とは異なる日に当該犯行現場に赴き、遺留物に触れたことを示し、当該間接事実から被告人が犯人であると主張する検察官の説明を否定する説明をすることが考えられます。

　また、犯人性を争う事件では、「被告人が犯行日時に、犯行現場にはいなかった」という主張だけではなく、被告人が、犯行日時に、犯行現場とは異なる場所で、何をしていたのかを具体的に説明すること（アリバイの主張）により、検察官が主張する犯人性の根拠を否定する説明をすることが考えられます。

　なお、被告人の主張にとって不利益な証拠の存在を無視し、有利な証拠のみで弁護人のケース・セオリーを組み立てれば、不利な証拠の存在により容易に弁護人の主張が崩されてしまいますし、一般国民である裁判員の視点からも受け容れられない不合理な内容となってしまいます。弁護人としては、検察官に対して積極的に証拠開示を求め、できるだけ多くの証拠を検討し、不利益な証拠は無視せず、正面から説明する必要があることに留意しましょう。

ウ．ブレイン・ストーミングが非常に重要

　被告人にとって不利益な証拠は、検察官が積極的に活用する証拠となります。記録を読み込んで、被告人にとって不利益な証拠を把握したら、そのような不利益な証拠の存在を踏まえて、被告人の立場でどのような主張ができるのか、しっかりと検討します。

この検討の際には、被告人にとって有利な事実・証拠、不利益な事実・証拠をそれぞれ拾い上げ、不利益な事実・証拠をどのように弾劾できるのか、また、有利な事実・証拠に基づいてどのような合理的な主張ができるのかを検討する、いわゆるブレイン・ストーミングの手法を活用し、じっくりと考えましょう。

(3) 否認事件におけるケース・セオリーの具体例

ア．設例

以上で述べた説明を踏まえて、否認事件におけるケース・セオリーの検討の具体例をみてみましょう（なお、これは検討の一例であり、この方法が正しい、というものではありません）。

[公訴事実]

被告人は、○年○月○日午後9時頃、東京都○区○町○丁目先路上において、Ｖの頭部を手提げカバンで1回殴打する暴行を加えてＶを転倒させ、Ｖに頭蓋骨骨折、急性硬膜下血腫、脳挫傷等の傷害を負わせ、よって、○年○月○日、同人を死亡させた（傷害致死罪）。

イ．被告人の主張の確認と弁護人としての見立て

弁護人は、起訴状を入手して、被告人から事実関係の説明を受けたところ、被告人は、外形的な事実は認めつつ、Ｖから暴行を受け、自己の身体を守るために公訴事実記載の行為を行ったと説明しました。

弁護人としては、被告人が上記のように説明しているのであれば、被告人は、Ｖから暴行を受け、その身体を守るために公訴事実記載の行為を行ったものであり正当防衛であると主張する事案であると見立てることになります。

ウ．検察官の証拠構造の把握

（ア）開示された証拠

弁護人は、上記見立てを前提に、検察官の証拠構造を確認します。本設例は、裁判員裁判の対象事件である傷害致死被告事件ですから、公判前整理手続の対象事件です。そこで、検察官から証明予定事実記載書が提出さ

れ、そこで言及されている証拠が事前に開示されます。

　本設例で開示された証拠は以下のとおりです。

　①　頭部の頭蓋骨骨折等によりＶが死亡した旨記載された診断書

　②　被告人が、手に持っていたカバンでＶの頭部を殴り、その結果Ｖが
　　　路上に転倒した、というＶの同僚Ａの供述。

　③　Ｖは被告人と言い争っていたが、被告人に暴行を加えてはいなかっ
　　　たという、Ｖの同僚Ｂの供述

　（イ）　証拠構造の把握

　本設例における検察官の証拠構造は、①Ｖが頭骸骨骨折等で死亡したと
いう客観的事実を示す書証、②Ｖの死亡の原因となった暴行を行ったのが
被告人であることおよび被告人の行為が原因となってＶが路上に転倒し、
その後救急車に乗せられたことを目撃した証人Ａの供述調書、③被告人が
正当防衛状況になかったことを示す目撃証人Ｂの供述調書が主要な証拠と
なっていることがわかりました。

エ．争点に関する不利益な事実の確認

　次に、弁護人としては、被告人の主張に対して、不利益な事実や証拠が
ないか精査しなければなりません。

　本設例で、検察官は、「Ｖは被告人と言い争っていたが、被告人に暴行
を加えてはいなかった」、すなわち、被告人は正当防衛をする状況になかっ
たことにつき供述しているＶの同僚で目撃証人であるＢの供述内容が証明
予定事実記載書で記載され、Ｂの供述調書が証拠請求されていますので、
Ｂの供述が、被告人にとって不利益な証拠となることがわかります。

　そこで、弁護人としては、「自己の身体を守るために公訴事実記載の行
為を行った」という被告人の主張と矛盾し、不利益な証拠となるＢの供述
の信用性がないことを説明しなければならないことを意識しながらケー
ス・セオリーを検討します。

オ．ケース・セオリーの前提となる証拠の入手

　本設例は傷害致死事件であり、公判前整理手続が行われますから、任意
開示請求だけではなく、証拠一覧表の交付請求や、類型証拠開示、主張関
連証拠開示が可能です。弁護人としては、これらの方法で十分な証拠開示

を受け、証拠を精査します。

　そして、その作業と並行して、被告人や他の関係者からの事情聴取をするなど、弁護側独自の事実調査を行います。たとえば、被告人から、Ｖが被告人に暴行を加えていたときの具体的な立ち位置や様子を聞き取るほか、同僚Ｂの立ち位置などを聞き取り、のちに開示されるＡやＢの供述調書の記載との相違点を確認する準備をします（なお、この作業は捜査段階の弁護人であればすでに完了している場合も多いと思います）。ほかに目撃者がいなかったかを独自に探す努力をするのもよいでしょう。

カ．証拠の精査

　そして、弁護人は、入手した証拠を精査します。証拠を精査するにあたっては、被告人にとって有利な証拠と不利益な事実・証拠を十分に把握し、特に、不利益な事実・証拠が存在していたとしても被告人の主張を合理的に説明できるかどうかを心にとどめながら読み込みましょう。

　本設例では、被告人への事情聴取の結果、被告人とＶが、対峙した状態でＶが被告人の胸ぐらと手をつかんで被告人を前後にゆさぶる暴行を加えていたことがわかりました。

　また、証拠を精査した結果、Ｖの同僚Ｂが、事件直後に警察で作成した供述調書によれば、ＢはＶの背後にいて、Ｖとは数メートル離れており、しかも携帯電話で話をしながらこちらを見ており、Ｖが誰かと言い争いをしているようだったが、何をしているのかは気にしていなかったこと、気がついたらＶが路上に倒れていたのでびっくりして携帯電話を切って、110番通報をしたことなどが供述されており、Ｖの具体的な暴行についてはよく見えていなかった可能性があることが判明しました。

　さらに、もう１人の同僚Ａの供述調書には、Ｖがけんかっ早く酒癖が悪いこと、被告人とＶが路上で言い争いを始めたので、またＶが絡んでいると思って、巻き込まれないように先に歩いていたものの、気になって振り返ったところ、ちょうど被告人がカバンでＶの頭を殴って、Ｖが倒れたところだったと供述されていました。

キ．ブレイン・ストーミングの結果（例）

　証拠の精査をしたら、証拠に現れた事実を踏まえ、ブレイン・ストーミ

〔図表3〕 ブレイン・ストーミングの結果（例）

被告人の主張 （正当防衛の基礎づけ事情）	不利な事実	有利な事実	不利な事実に対する 弁護人の説明
Vが、大声で会社の悪口を喚き散らしていたため、被告人が、周りに迷惑になるからやめるようたしなめたところ、Vは、被告人に「やんのか、こら。」などと絡んできた。	目撃者Bが、Vが被告人と言い争いをしている様子を目撃していた。（Bの調書）	目撃者Bは、Vの背後にいて、Vとは数メートル離れていたうえ、携帯電話で話をしながら見ていたから、Vが何をしているかは注視していなかった。（Bの調書）	目撃者Bは、Vと被告人が言い争いをしていることを目撃していたが、なぜ言い争いとなったかは目撃していない。Vが絡んできたという被告人供述を覆す目撃証言ではない。
	目撃者Aが、Vが被告人と言い争いをしている様子を聞いていた。（Aの調書）	目撃者Aは、巻き込まれないように先に歩いており、言い争いの声を聞いていただけで、振り返るまでの様子は目撃していない。（Aの調書）	目撃者Aは、言い争いの声を聞いていたが、なぜ言い争いになったのかは聞いておらず、Vが絡んできたという被告人供述を覆す目撃証言ではない。
		Vはけんかっ早く酒癖が悪い。（Aの調書）	Vが酒を飲んで被告人に絡んだことが推認できる。
Vは、被告人を見下ろすような状態で被告人と対峙し、持っている手をつかんで、被告人を前後に激しく揺さぶった。Vは、相当に酒を飲んでいたこともあり、被告人を手加減せずに揺さぶったため、被告人は首が締めつけられ、息をするのがやっとの状態であった。	目撃者Aが、Vが被告人と言い争いをしている様子を聞いていたがVの暴行を目撃していない。（Aの調書）	目撃者Aは、巻き込まれないように先に歩いており、言い争いの声を聞いていただけで、Vや被告人の行動を見ておらず、振り返るまでの間は声のみを聞いていた。（Aの調書）	AはVが胸ぐらをつかんでいなかったことを目撃したわけではなく、被告人がVから暴行を受けていた事実を否定することはできない。
	目撃者Bが、Vが被告人と言い争いをしている様子を目撃していたがVの暴行を目撃していない。（Bの調書）	目撃者Bは、Vの背後にいて、Vとは数メートル離れていたうえ、携帯電話で話をしながら横目で見ていたにすぎず、よく見ていなかった。Vが路上に倒れているのを見てびっくりして110番した。（Bの調書）	目撃者Bは、Vが路上に倒れる前の状況は注視しておらず、Vが被告人の胸ぐらをつかんでいなかったことを目撃したわけではない。被告人がVから暴行を受けていたという被告人供述を否定することはできない。
Vから胸ぐらをつかまれて息苦しく、このままでは窒息しかねないと恐怖を覚えた被告人は、Vにつかまれていた右手を振りほどこうと強く振り上げた。	目撃者Aが、振り返ってみたところ、被告人がカバンでVの頭を殴ってVが倒れた。（Aの調書）	目撃者Aは、被告人がカバンを振り上げる直前の様子は目撃していない。（Aの調書）	被告人がカバンを振り上げた事実は争わないが、被告人がVの暴行から身を守るためにやむなくしたことを否定することはできない。
Vにつかまれていた右手を振りほどこうと強く振り上げたところ、右手に持っていたカバンがVの左側頭部にあたり、そのままVが路上に転倒してしまった。	目撃者Bは、Vが路上に倒れていたのでびっくりして携帯電話を切って、110番通報をした。（Bの調書）	目撃者Bは、Vの背後にいて、Vとは数メートル離れていたうえ、携帯電話で話をしながら見ていたから、Vが何をしているかは注視していなかった。（Bの調書）	被告人が振り上げたカバンがVの側頭部にあたった事実は争わないが、正当防衛が否定されるわけではない。

ングを行います。

本設例に即して、被告人にとって有利な事実・証拠と不利益な事実・証拠を整理してみると、〔図表3〕のようになります。

ク．具体的なケース・セオリー（例）

以上のような考え方に従って確立された、本設例に関する弁護側のケース・セオリーの例としては、以下のようなものが考えられます。

① 被告人は、事件当日、仕事を終え、同僚のVやA、Bとともに居酒屋で飲酒し、帰宅するため駅に向かっていた。

② 一緒に歩いていた際、けんかっ早くて、酒癖の悪いVが、大声で会社の悪口を喚き散らしていたため、被告人が、周りに迷惑になるからやめるようたしなめたところ、Vは、被告人に「やんのか、こら」などと絡んできた。

③ Vは身長が185センチと大柄であるのに対し、被告人は170センチと小柄で、Vから見下ろされるような状態で対峙した。

④ Vは、右手で被告人の胸ぐらをつかみ、左手で被告人のカバンを持っている手をつかんで、被告人を前後に激しく揺さぶった。Vは、相当に酒を飲んでいたこともあり、被告人を手加減せずに揺さぶったため、被告人は首が締めつけられ、息をするのがやっとの状態であった。

⑤ このとき、一緒に飲んでいた同僚Aは、巻き込まれることをおそれて、先に駅へと歩いて行ったため、Vが被告人に暴行をする様子は見ていない。また、もう1人の同僚Bは、Vの背後の数メートル後ろで、携帯電話で自宅に架電し、これから帰宅するなどと話をしていたため、Vが被告人に対して暴行を加えていた様子は見ることができていなかった。

⑥ Vから胸ぐらをつかまれて息苦しく、このままでは窒息しかねないと恐怖を覚えた被告人は、Vにつかまれていた右手を振りほどこうと強く振り上げたところ、右手に持っていたカバンがVの左側頭部に当たり、そのままVが路上に転倒してしまった。

3. 自白事件（情状弁護事件）のケース・セオリー

(1) 量刑に争いのある事件におけるケース・セオリーの考え方

　公訴事実について争いはないものの、量刑を争う事実におけるケース・セオリーの検討方法をみてみましょう。

　公訴事実に争いがないいわゆる自白事件であっても、量刑判断については、必ず争いがあります。量刑判断を争う情状弁護事件について、弁護人は、①証拠に基づき量刑判断の対象となる犯情事実や一般情状事実を主張・立証し、②これらの事実からどの程度の刑が相当であるか、という量刑判断を争点として主張をすることが必要となります。

　弁護人としては、これらの争点につき、事実認定者が弁護人の求める判決をすべき理由をケース・セオリーとして確立する必要があります。

(2) 量刑事実に関するケース・セオリーに盛り込む内容

ア．犯情事実に関する説得論拠

　犯罪事実に関する犯情事実については、行為責任の程度に影響を及ぼす事実のうち、被告人に有利な事実を指摘し、被告人に不利な事実を否定する内容とする必要があります。

　具体的には、次のような事項を主張することが多いと思われます（これはあくまで一例です）。

- ・行為によって生じた法益侵害の程度（被害額、傷害の程度など）が大きいものではないこと
- ・犯行態様が悪質ではないこと
- ・当該行為に及ぶに際して意思決定したことにつき強い非難ができないこと

　被告人に有利な犯情事実については、立証しようとする有利な事実を説明するストーリーが必要となります。

　また、被告人に不利な犯情事実については、検察官が証拠をもって主張する事実につき、この検察官の証拠構造を踏まえて、検察官証拠が信用性や証明力を欠くことを説明する説得論拠を確立する必要があります。

イ．一般情状に関する説得論拠

　一般情状についても、検察側の主張と弁護側の主張が対立することはありますので、このような場合はしっかりとしたストーリーを構築する必要があります。

　たとえば、検察官から、同種前科がある、無職であり再度犯罪を犯すことが予想される等の指摘を受けることが予想される場合です。弁護人としては、このような一般情状についてもしっかりとした主張をすることができるように細部まで目配りをして準備をしておく必要があります。たとえば、次のようなストーリーとそれを裏付ける証拠を準備しておくことが考えられます。

・犯罪関係者の連絡先をすべて削除し、これらの者との関係を絶って、更生することができる環境が整っている。

・再就職の見込みがあり、会社代表者が被告人の雇用を約束する上申書を提出している。

⑶ 量刑判断に関するセオリーに盛り込む内容

　量刑判断についての論拠としては、量刑判断の枠組み（量刑グラフ等）を踏まえて、弁護側の量刑意見が相当であることを説得的に主張することになります。

　量刑判断に関する主張が説得的なものとなるためには、行為責任を基本に据えた量刑基準を示すこと、および公平の観点から、量刑傾向を参考として量刑を決定すべきであることを主張する必要があります。

　具体的には、①量刑傾向（量刑グラフ等）を示したうえで、②犯情事実から、当該事件の行為責任が、上記量刑傾向において、どの程度の幅に収まるかを主張し、③一般情状（被害弁償の有無、社会復帰のための体制ができていることなど）をも踏まえて、この幅の中で何年の刑が相当であるかを示す、ということが多いと思われます。

(4) 具体例

ア．設例

　以上で述べた説明を踏まえて、情状を争う事件におけるケース・セオリーの検討の具体例をみてみましょう（なお、これは検討の一例であり、この方法が正しい、というものではありません）。

> ―［公訴事実］―
>
> 　被告人は、将来を悲観し、認知症の実母Ｖを殺害するとともに自殺しようと考え、○年○月○日午後8時頃、東京都○区○町○丁目所在の被告人方において、木炭等を燃やして生じさせた一酸化炭素を吸引させ、よって、その頃、同所において、同人を一酸化炭素中毒により死亡させたものである（殺人罪）。

イ．検察官の証明予定事実

①　Ｖは、数年前から認知症を患い、2年前からほぼ寝たきりの状態であった。

②　被告人は、Ｖを在宅で介護しながら、アルバイトの収入とＶの年金で生活していた。

③　被告人は、事件の2週間前にアルバイト先を解雇され、収入が途絶えたため、短絡的に将来を悲観して、Ｖを殺害し、自分も自殺することを計画した。

④　被告人は、事件の前日に木炭を購入して、家中の窓に目張りをした。

⑤　被告人は、事件当日、飲酒をしながら、Ｖの部屋に設置した火鉢に入れた木炭に点火をしてＶの部屋の中を一酸化炭素で満たし、Ｖを殺害した。被告人は、苦しくなってＶの部屋から出てしまったため、自殺をするに至らなかった。

ウ．被告人の説明

　被告人の説明と、弁護人の調査によれば、被告人は、20年ほど前から、被害者である実母Ｖと同居してきたが、Ｖが数年前から認知症を患って徘徊するようになり、さらに、2年前に脳梗塞を患ったのちは、被告人の介護の下、寝たきりの状態であったほか、近時、持病の喘息が極端に悪化し、

死期が近いと医師から言われ、毎日、ひどく苦しそうにしていた。これまで母の生活を支えてきた被告人は、Ⅴの介護のために長時間を要し、アルバイトを続けることができなくなったため、会社に申し出て自ら退職していた。被告人は、退職後、公的機関に支援の相談をしたものの、支援を受けられないと回答され、実兄に経済的支援の相談をしたものの、拒否されていた。また、事件の2、3日前からは、終日咳き込み、非常に苦しそうで、「早く楽になりたい」と述べるようになっていた。そこで、被告人は、無収入となり、今後、Ⅴの介護をしながら生活を続けることは不可能であると考え、死期の近いⅤを楽にし、また、自分も楽になろうと考え、Ⅴと一緒に死ぬため、できるだけ苦しまない方法を選んで無理心中を図った。

エ．ケース・セオリーの検討方法

　本設例の争点は、量刑です。検察官の主張は、被告人が、アルバイト先を解雇され、収入が途絶えて、生活がままならなくなったため、短絡的に将来を悲観し、道連れにⅤを殺害した、身勝手な犯行という内容です。

　被告人の話からは、被告人の行為により、Ⅴが死亡したこと自体は争わないものの、Ⅴが認知症であることに加えて、脳梗塞により寝たきりの状態で、医師から死期が近いと言われており、持病の喘息が悪化して医師から死期が近いと言われていたこと、事件の2、3日前からは終日咳き込み、非常に苦しそうであったうえ、「早く楽になりたい」と述べるようになっていたという汲むべき事情がありました。

　また、被告人はアルバイト先を解雇されたのではなく、Ⅴの介護のために長時間を要し、アルバイトを続けることができなくなったため、会社に申し出て辞めさせてもらったというのが事実であり、退職後、公的機関に支援の相談をしたものの、支援を受けられないと回答されており、兄からも支援の要請を拒否されていました。また、いったんは心中をしようと部屋の中で酒を飲んで眠ろうとしましたが、途中でトイレに行こうと部屋の外に出たところで気を失って倒れてしまい、致死量の一酸化炭素を吸入せず生き残ったにすぎないという事情があり、犯行に至る経緯は検察側の主張と異なるものでした。

オ．ブレイン・ストーミングの結果（例）

　本設例に即して、被告人にとって有利な事実・証拠と不利益な事実・証拠を整理してみると、〔図表4〕のようになります。

〔図表4〕　ブレイン・ストーミングの結果（例）

検察官の主張	不利な事実	有利な事実	不利な事実に対する弁護人の説明
身勝手な犯行動機	アルバイトを解雇され、収入がままならなくなったが、短絡的に次の仕事を探さずに将来を悲観した。	解雇されたのではなく、母親の介護をするために自主退職せざるを得なかった。	介護のために働けなくなって次の仕事を探せなかったもので、身勝手に悲観したわけではない。
	死期の近いVを自分の将来を悲観したことの道連れにした。	Vは事件直前に医師から死期が近いと言われ、被告人に対し「早く楽にしてほしい」と述べたりして、苦しんでいた。	死期の近いVの発言や苦しい様子から、将来を悲観したもので、必ずしも自分の将来のみを悲観したわけではなく、やむを得ない。
計画的犯行態様	殺害方法を事前に検討し、計画的に実行した。	刺殺や絞殺ではなく、寝ている間に一酸化炭素中毒による殺害を図った。	一酸化炭素による殺害は、刺殺や絞殺ほど苦痛や恐怖が強くなく、Vのことを思いやったもの。
	結果を回避する努力をしていない。	兄には、相談をしたが、相手にしてもらえなかった。公的機関の援助も受けられなかった。	長期間介護を続け、職も返上したにもかかわらず、兄や公的機関からの援助を受けられなかったもので、万策尽きた状態だった。
結果回避行動をしておらず短絡的思考	殺害などせずに介護すべきだった。	余命が間もないが、事件直前に苦しそうにしており、早く楽にしてほしいと述べていた。	早く楽にしてあげたいと思ったことには、酌むべき事情がある。
自分は逃げ出しており、本当に心中しようとしたかは疑問	自分は生き残った。	心中の着手行為は行っている。	心中行為は行っている。逃げ出したのではなく、トイレに立った際に部屋の外で気を失って倒れただけで、生き延びたのは偶然。

カ．具体的なケース・セオリー（例）

　以上を基にした、弁護側のケース・セオリーとしては、以下のようなものが考えられます。

　①　被告人は、20年ほど前から、母親であるVと同居し、認知症と脳梗塞を患ったVを介護しながら生活してきた。被告人には兄がいたが、母親の介護に関しては被告人に任せきりで、全く手伝おうとはし

なかった。

② 　Vは、数年前から認知症を患い徘徊するようになり、さらに2年前に脳梗塞を患ったのちは寝たきりの状態になったため、仕事をしながら母親の介護をすることは極めて困難であった。そのため、被告人はアルバイトを続けることができなくなり、自主退職した。

③ 　Vには喘息の持病があったところ、医師からは死期が近いと告げられ、2〜3日前からは終日咳き込み、「早く楽になりたい」と述べるようになった。

④ 　被告人は、Vを見るに見かね、一緒に死のうと決意し、木炭を購入し、部屋を目張りして、部屋の中に設置した火鉢で木炭を炊き一酸化炭素中毒で死のうとした。ところが、Vは死亡したものの、被告人は、トイレに立った際に気を失って倒れただけで、死ぬことができなかったものであり、生き延びたのは偶然である。

⑤ 　被告人は、目が覚めた後、動転しつつも警察に110番通報をして、母親を殺してしまったことを告げた。

現場力のEssence

■ 検察官の主張に対する争点を明確に示し、ケース・セオリーを公判前に確立したうえで、弁護人の主張を説明する

■ ケース・セオリーは、ブレイン・ストーミングを踏まえて作成し、被告人にとって不利な事実や証拠を矛盾なく一貫して説明でき、常識に合致する内容でなければならない

■ 情状弁護事件においても、証拠に基づく量刑につきケース・セオリーを確立する必要がある

ケース・セオリーと新しい刑事弁護

鎌倉弁護士

　公判前整理手続が導入される前の刑事裁判では、検察官が証拠請求していない手持証拠の開示が不十分で、かつ、検察官の証明しようとする事実が、公判廷における冒頭陳述まで明らかにされなかったので、公判の始まる前にケース・セオリーを確立することは困難でした。そこで、公訴事実を争う否認事件では、被告人の説明と検察官請求証拠に基づいて一応の主張は準備しつつも、検察官の冒頭陳述と請求証拠の立証趣旨を踏まえて、求釈明を行うなどして、証拠上堅い主張を基に五月雨式に防御方針を決定していくこともありました。

室町弁護士

　証拠開示が拡大された今とは前提が違ったのですね。検察官の請求証拠のみでケース・セオリーを構築してしまうと、検察官が開示していない被告人に不利な証拠による反論を受けるリスクがありますから、検察官の後出しの主張立証に対応する余地を残しつつ、矛盾なく網羅的に防御を尽くさなくてはならない事態に追い込まれることも多かったのです。

江戸弁護士

　今とは全然違いますね。裁判員裁判制度の導入のために創設された公判前整理手続と格段に拡大した証拠開示制度により、弁護活動も大きく変わったのですね。

ダブルスタンダード？

江戸弁護士

　裁判員裁判や公判前整理手続の対象となる事件は、そんなに多くありません。平成 30 年度の司法統計年報によれば、刑事事件のほとんどは裁判員裁判や公判前整理手続の行われない事件です。裁判員裁判や公判前整理手続の対象でない事件については、審理方法に変化があったのでしょうか。

室町弁護士

　検察官は、公判前整理手続に付されない事件においても、手持証拠を任意開示するようになりました。しかし、検察官には、証拠一覧表の交付義務はありませんし、類型証拠開示や主張関連証拠開示を義務的に行う必要もなく、どのような証拠を任意開示するのかについての明確なルールもないので、証拠開示については依然として不十分といわざるを得ないと思います。

　また、一部の裁判体では、裁判員裁判で行われているような、弁護人による被告人質問を先行させる被告人質問先行型の審理や、検察官が証拠を厳選したうえで、証拠の内容を公判廷で詳細に朗読させるなど、口頭主義を重視した審理を行う例もみられます。しかし、これらの審理方法は、いまだ標準的な運用にはなっておらず、依然として供述調書等に依拠した従来型の審理も行われているのが実情です。

江戸弁護士

　裁判員裁判や公判前整理手続の対象となるか否かで審理の進め方が異なるのは面倒ですね。司法研修所では、新しい制度を中心に学んできたので、古いやり方を改め、すべての事件で、新しいやり方をすればよいのにと思います。

鎌倉弁護士

　古いやり方は間違っていて、新しいやり方がすべて正しい、と決めつけるのではなく、被告人のために最善の方法は何かという視点で対応することが必要です。
　現代の刑事裁判においては、裁判員裁判や公判前整理手続の対象となるか否かによって、異なる手続が併存しており「ダブルスタンダード」とよばれています。
　このような異なる審理方法が併存していることを前提に、被告人にとって最善の弁護となるよう、工夫をしなければなりませんね（なお、ダブルスタンダードについて深く知りたい人は、清野憲一「『被告人質問先行』に関する一考察」判例時報 2252 号 3 頁以下、岡慎一＝神山啓史「『被告人質問先行』に関する一考察を受けて②『裁判官裁判』の審理のあり方——ダブルスタンダードは維持されるべきか」判例時報 2263 号 8 頁以下をお読みください）。

Scene
Ⅴ 検察官請求証拠への対応

Prologue

第3回目の打合せ期日で、Q弁護士は、裁判長から、検察官請求証拠に対する意見を明らかにする期限を定められた。Q弁護士は、「えっと、書証に対しては同意または不同意の意見を、証拠物に対しては異議ありまたは異議なしの意見を言うのだったな」と、修習生のときの講義を思い出しながらあらためて証拠を検討してみた。そうしたところ、事件当時の状況について、これまで被告人から聞き取っている内容と微妙にニュアンスが違っている目撃者の供述調書があったり、被告人の供述調書にこれまでの聞き取りでは聞き漏らしていた事項が書かれていたりして、証拠意見の検討は思っていたより大変だな、と考えている。

現場力

1.非供述証拠に対する意見

(1) 証拠に対する意見を述べる時期

弁護人は、検察官から出された証明予定事実記載書を受領し、かつ、検察官請求証拠および類型証拠が開示された後、検察官請求証拠に対する意見を明らかにしなければならないことになっています（刑訴法316条の16第1項）。

(2) 非供述証拠に対する意見の述べ方

非供述証拠については、取調べに異議があるか否かの意見を述べ、異議がある旨の意見を述べる際には、その簡潔な理由も述べるべきです。ここでいう理由とは、請求証拠が自然的関連性を欠く場合（証拠がその証明し

ようとする事実に対して、必要最小限度の証明力を有していない場合。た
とえば、偽造された証拠、取り違えられた証拠、確立されていない科学的
証拠などは自然的関連性がない）、法律的関連性を欠く場合（必要最小限
度の証明力はあるが、その証明力の評価を誤らせるおそれがある場合。た
とえば任意性がない供述証拠、反対尋問を経ない一定の供述証拠は法律的
関連性がない）、または請求証拠が証拠禁止に触れること（たとえば違法
収集証拠にあたること）等を指します。なお、刺激的証拠（遺体や傷痕の
写真など）につき、弁護人としては不同意の意見を述べるという対応が考
えられます。これは、そのような写真を見なくとも、遺体があることや傷
があることは他の証拠（死体検案書、診断書等）から明らかであり不必要
であることに加えて、かかる証拠が量刑判断にあたって、不当に重く作用
する危険性に鑑みたものです。現在は、裁判所もこのような刺激的証拠に
ついては裁判員に対する精神的な影響に配慮し、採用に消極的姿勢である
と考えられますが、検察官は積極的に提出してくることが考えられますの
で、安易に妥協して同意をしないよう注意が必要です。

2.被告人以外の供述調書に対する意見

(1) 同意・不同意

　これに対し、供述調書（供述代用書面）については、証拠として採用す
ることにつき、刑訴法 326 条 1 項の「同意」をするか否か（不同意）の
意見を述べることになります。

(2) 同意・不同意をどう判断するか

　被告人以外の者の供述調書は、同意をすれば原則として証拠になり、裁
判所はそれを判決の根拠とすることができることになります。他方で、供
述証拠について不同意の意見を述べると、検察官はその者を証人として請
求することを検討することになります。

　供述調書に記載された事項が犯罪事実の立証に必要なものである場合
は、検察官はその者を証人として請求し、証人尋問が行われることになり
ます。弁護人としては、その者が公判に証人として登場し、検察官に対す

る主尋問に答える形で証言をすることを想像し、そのことが判断者である裁判官および裁判員に与えるインパクトの大きさを踏まえて同意するか否かを検討すべきです。また、反対に、弁護人として有効な反対尋問をなしうると判断できるのであれば、それは供述調書を不同意にする方向の判断の材料となります。

⑶ 一部不同意の活用

弁護人として、供述調書のうち、この部分はどうしても証拠にしてもらっては困るが、証人尋問を行うことは避けたい、という場合があります。そのような場合には、供述調書のうち、証拠にしてもらっては困る部分について一部不同意の意見を述べることを検討します。

ただし、この場合には、意見を述べる前に検察官と協議を行い、供述調書のうちどこが検察官として立証に必要と考えていて、どこを不同意にしたら検察官が証人尋問の請求をするのかを確認します。弁護人としては、それ以外の部分を不同意にすることで、被告人に不利益となる供述を証拠排除できるのであれば、その部分のみを一部不同意にすることで、証人尋問を避けることができます。

3.被告人の供述調書に対する意見

⑴ 意見の述べ方

被告人の供述調書（供述代用書面）についての意見の述べ方は被告人以外の供述調書に対する意見の述べ方と同様に、まずは刑訴法326条1項の「同意」をするか否か（不同意）の意見を述べることになります。そして、不同意の意見を述べる場合には、あわせて、刑訴法322条1項の任意性を争う趣旨か否かを明らかにする必要があります。

⑵ 被告人質問先行の実務

裁判員裁判については、事実に争いのない事件においても、被告人の供述調書を取り調べる前に被告人質問を先行させることが定着しています。被告人質問により検察官が被告人の供述調書の必要がなくなったと判断す

れば検察官は請求を撤回し、また、裁判所が十分な心証を形成できたと判断すれば、検察官が被告人の供述調書の証拠請求を維持していても、裁判所は供述調書の証拠請求を却下します。

　このような実務の運用は、都市部を中心として、裁判員裁判以外の裁判にも広がりをみせています。

　したがって、弁護人として、被告人質問を先行させて被告人自身により事実を語らせたいと考える場合には、事実に争いのない事件においても、被告人の供述調書について不同意の意見を述べ、あわせて、裁判所に対し、採用を留保し、被告人質問の後に必要性を判断されたい、との意見を述べることになります。

(3) 被告人の供述調書に対する意見を述べる際の検討事項

　被告人の供述調書に対する意見を検討するにあたっては、取調状況報告書の開示を求めて、それと各供述調書を照らし合わせて検討することが必要です。

　また、被告人の取調べについて録音・録画が行われている場合には、その記録媒体を謄写のうえ、内容の確認をしておく必要があります。供述調書と録音・録画の内容では被告人が語っていることのニュアンスが異なるという場合も往々にしてあります。弁護人として録音・録画を吟味しておかないと、被告人質問で検察官から追及された場合に有効な再主質問ができないので、その観点からも録音・録画の吟味は必要な作業です。

4.統合捜査報告書、合意書面を作成する場合の注意

　裁判員裁判においては、特に裁判員に対する「わかりやすさ」を追求するため、検察官がオリジナルな証拠資料である請求証拠に代えて、証拠としての分量を減らし、検察官が立証したい事項以外の記載を省いた統合捜査報告書を作成することがよくあります。検察官の統合捜査報告書について、弁護人は、検察官と打合せを行い、どのような内容・形式にすべきか意見を述べたり、検察官が「案」として作成したものの送付を受けた際に弁護人としての修正意見を述べたりすることにより、被告人および弁護人

側で争いがない内容とするように関与すべきです。

　検察官が裁判員に対して「わかりやすく」説明するため、たとえば長期間のやりとりがなされていた電子メールやチャットのうち、必要な部分のみを抜粋した結果、全体的なニュアンスが異なってくる場合に、弁護人としてはその前後のやりとりも入れるよう申し入れ、これを加えてもらう場合などがあります。また弁護人として説明したい記載が漏れている場合は、これを加えてもらう場合もあります。

　このように、統合捜査報告書の作成は検察官主導にせず、弁護人としても積極的に関与すべきです。さらに、弁護人としては、より主導的な立場を発揮できるよう、双方の合意に基づく書面である「合意書面」の作成を働きかけることも検討すべきです。検察官がその上司にあたる検察官に宛てた報告書である統合捜査報告書と異なり、「合意書面」は、検察官と弁護人が内容について合意のうえで作成する書面です。

現場力の Essence

■ 非供述証拠については、自然的関連性および法律的関連性、証拠禁止への抵触の有無を確認し、問題があれば異議を述べる。

■ 被告人以外の供述調書については、証人として登場することによるインパクトの大きさ、有効な反対尋問の可否を踏まえて意見を述べる。一部不同意を活用すべき場合もある。

■ 被告人の供述調書については、取調状況報告書および録音・録画媒体と突き合わせてから意見を表明する。不同意の意見を述べる場合には、任意性を争う趣旨かを明示する。

■ 裁判員裁判では、被告人の供述調書に同意をしても、通常は採用が留保され、被告人質問が先行される運用に注意する。

■ 検察官の作成する統合捜査報告書は、検察官主導にせず、弁護人もその作成に積極的に関与するとともに、合意書面の作成も検討する。

異論・反論付

検察官から開示された
証拠の被告人への差入れ

鎌倉弁護士

　私は、被告人の手元に証拠を差し入れることはできるだけしないね。弁護人が差し入れた記録を被告人が他に流出させたり、記録中に登場する人物に直接・間接の働きかけをしたりした例があるから。もちろん被告人に証拠の中身を検討してもらう必要はあるけれど、それは、被告人との接見の際に証拠を持参し、アクリル板越しに読ませて確認してもらうようにしています。

室町弁護士

　私は、必ず被告人に対して記録のコピーを差し入れて検討してもらっています。もちろん流出の可能性やプライバシーの問題は考慮する必要がありますが、被告人は多くの場合、最も事案をよく知る人物ですから、記録を読んで弁護活動に有益かつ重要な事実に気がつく、ということもありますし、刑訴法上も、326条1項の同意の主体は「検察官及び被告人」となっているからです。記録を差し入れる場合は、被害者や関係者の個人情報が載ったまま差し入れてしまわないよう、マスキングをするなど、細心の注意を払っています。

江戸弁護士

　私は、被告人自身の供述調書はすべて差し入れていますが、それ以外の証拠についてはケースバイケースで判断するのがよいのかなと思っています。両先生のお話を聞いて、いずれにしても証拠の内容をよく理解してもらうようにはすべきだと思いました。ただ、室町弁護士の刑訴法の条文の根拠は説得力がありますね……。

Scene
Ⅵ　立証計画を立てる

Prologue

　Q弁護士は、弁護側が主張するケース・セオリーを、いかなる証拠によって立証するかを考えた。今回の事件では、正当防衛が争点になるので、どのような状況下で被害者をカバンで殴ったかについては、被告人が最もよく知っていることなので、被告人に話をさせたい。一方で、被害者と被告人のことを現場で見ていた同僚が、被害者は暴行を行っていなかったという供述調書に署名押印しており、この供述調書に沿った証言をすることが予想される。被告人に有利な事実をどのように立証し、被告人に不利益な事実や証拠をどのようにして弾劾するか、事前に準備をしておかなければならない。

現場力

1.立証計画の重要性

　刑事事件においては、犯罪事実の証明責任を検察官が負っています。しかし、ケース・セオリーを構築して、検察官の主張に対する争点を明示したうえで立証活動（証明責任は検察官にありますが、弁護人としては、検察官主張に対する合理的疑いを示す活動は必要であり、このような活動を立証活動とよぶこととします）を行う場合、弁護人としては、単に検察官立証が証明不十分であると主張するにとどまらず、積極的に被告人に有利な証拠を提出し、ケース・セオリーを裏付ける立証活動を行うべきです。

　弁護側が、公判廷において、どのような証拠により、どのような事実を立証するかは、ケース・セオリーを踏まえた最終弁論案から逆算して作成される立証計画に基づいて行われる必要があります。

2.証拠を踏まえたケース・セオリーの構築

　Scene ivで解説したとおり、弁護士はすべての証拠を検討し、証拠から認定される可能性のある有利な事実と不利な事実を整理し、どのような主張が説得力のある主張となるかを踏まえつつケース・セオリーを構築し、それに基づいて検察官請求証拠に対する意見を明らかにし（刑訴法316条の16第1項）、予定主張を明示し（同法316条の17第1項）、これを証明するために用いる証拠の取調べを請求します（同条2項）。

3.ケース・セオリーを裏付ける証拠の収集

⑴ ケース・セオリーと弁護人の立証活動

　弁護人は、裁判所にケース・セオリーを支持してもらい、そこから得られる結論を判決で受け入れてもらうことを弁護活動の目標とします。このケース・セオリーを支える事実の立証と検察官の立証事実の弾劾が、弁護人の立証活動ということになります。

　たとえば、正当防衛の成否が争われている傷害致死事案において、弁護側のケース・セオリーが、Ｖの激しい暴行によって被告人の生命・身体に、急迫不正の侵害が加えられたことから、被告人は自分の生命・身体を守るという防衛のため、とっさにＶにつかまれた右手を振り払ったところ、手に持っていたカバンがＶの頭に当たってしまい、その結果Ｖは路上に倒れ、頭部を道路に打ち付けて頭蓋骨を骨折し、死亡してしまったというものだったとすると、正当防衛を基礎づけるこれらの事実が立証すべき事実であり、これに反する検察官の証拠を弾劾することになります。

⑵ 立証すべき事実を裏付ける証拠の収集と立証計画

ア．証拠の収集

　立証すべき事実を裏付ける証拠の収集は、具体的には、すでに検察官から開示されている証拠の分析・検討から始めることになります。

　弁護人としては、検察官が開示した証拠のすべての中から、ケース・セオリーに合致する証拠を余すところなく拾い上げて、また、主張関連証拠開示や独自の調査によって得た証拠を使って、立証すべき事実を立証する

ことになります。

　たとえば、Ｖの性癖、体格、あるいは、当時の状況を示す証拠、Ｖが激しい暴行を加えた事実を裏付けるような凶器の存在、目撃者の目撃状況に関する供述、目撃者と称する人物の供述の信用性を弾劾する事実、被告人の体に残っているＶの攻撃による痕跡などを見つけ出し、被告人の公判廷での供述を裏付けることが必要です。

イ．具体的な立証計画

　正当防衛が問題となる本件事案では、以下のような立証計画が考えられます。

1．争いがない事実

ア．被告人は、事件当日、仕事を終え、同僚のＶやＡ、Ｂとともに居酒屋で飲酒し、帰宅するため駅に向かっていたこと

イ．Ｖが、大声で会社の悪口を喚き散らしていたこと

ウ．Ｖは身長が185センチと大柄であるのに対し、被告人は170センチと小柄であること

2．被告人の正当防衛を基礎づける事実

ア．被告人がＶに対し、周りに迷惑になるからやめるようたしなめたところ、Ｖは、被告人に「やんのか、こら。」などと絡んできたこと（被告人供述）（ＡおよびＢの供述調書を不同意にしたうえでの反対尋問）

イ．被告人はＶから見下ろされるような状態で対峙したこと（被告人供述）（ＡとＢの身長に関する捜査報告書等）

ウ．Ｖは、右手で被告人の胸ぐらをつかみ、左手で被告人のカバンを持っている手をつかんで、被告人を前後に激しく揺さぶったこと。Ｖは、相当に酒を飲んでいたこともあり、被告人を手加減せずに揺さぶったため、被告人は首が締めつけられ、息をするのがやっとの状態であったこと（被告人供述）（ＡおよびＢの供述調書を不同意にし

たうえでの反対尋問）

エ．同僚Aは、巻き込まれることをおそれて、先に駅へと歩いて行ったため、Vが被告人に暴行をする様子は見ていない（Aの警察における供述調書を不同意にしたうえでの主尋問または反対尋問）

オ．同僚Bは、Vの背後の数メートル後ろで、携帯電話で自宅に架電し、これから帰宅するなどと話をしていたため、Vが被告人に対して暴行を加えていた様子は見ることができていなかったこと（Bの警察における供述調書）

カ．Vから胸ぐらをつかまれて息苦しく、このままでは窒息しかねないと恐怖を覚えた被告人は、Vにつかまれていた右手を振りほどこうと強く振り上げたところ、右手に持っていたカバンがVの左側頭部に当たり、そのままVが路上に転倒してしまったこと（被告人供述）（AおよびBの供述調書を不同意にしたうえでの反対尋問）

⑶ **被告人側の主張を妨げる証拠が存在する場合の対応と立証計画**

ア．弁護側の主張を妨げる証拠がある場合の対応

　被告人が、要証事実（たとえば犯人性）を争う場合、検察官が主張する間接事実のうち、被告人に不利益な事実自体は争わないものの、その間接事実からは、要証事実（被告人と犯人との同一性）は推認することができないと主張する場合、これらの間接事実を反対仮説（要証事実が存在しないとする仮説）により、合理的に説明することを示す主張が必要となります。

　このような主張は、立証されていないとしても仮説として最終弁論で主張することが可能ですが、要証事実を推認する間接事実が強力なものである場合は、反対仮説は抽象的な可能性にすぎないとして、裁判所には支持されないという結論となりかねません。これに対し、反対仮説が立証できれば、弁護側の主張するストーリーが真実である蓋然性を高めることができます。

イ．具体的な立証計画

　（ア）被告人供述以外の証拠で立証する場合

　たとえば、強盗致傷事件で、犯行現場近くの防犯ビデオカメラ映像に、被告人が写っていることを示す被告人に不利益な証拠がある場合の立証計画としては以下のようなものが考えられます。

1．争いない事実

　ア．犯行現場近くの防犯ビデオカメラ映像に映っている人物が被告人であること

2．弁護側のケース・セオリーを妨げる証拠への対応

　ア．防犯ビデオカメラが設置してある場所から、強盗行為が行われた犯行現場までは相当の距離があること（地図）

　イ．犯行現場に近接する位置に存在する防犯ビデオカメラ映像に被告人が写っていないこと（防犯ビデオカメラ映像の解析報告書）

　ウ．被告人が、犯行時間に近接した時間帯に、犯行現場とは異なる方向に向かって歩いていたことを示す他の防犯ビデオカメラ映像があること

　（イ）被告人供述で立証する場合

　強盗致傷事件で、ほかに被告人の姿をとらえた防犯ビデオカメラ映像などの客観証拠がない場合は、被告人供述のみで立証をする必要があります。

1．争いない事実

　ア．犯行現場近くの防犯ビデオカメラ映像に映っている人物が被告人であること

2．弁護側のケース・セオリーを妨げる証拠に対する対応

　ア．被告人は本件犯行現場近くに居住している者であり、犯行現場近

くの防犯ビデオカメラに写っていることは自然なことであること

イ．犯行のあった日時に、被告人は自宅からコンビニに向かって歩い
ていたこと

ウ．検察官が提出する防犯ビデオカメラ映像は、コンビニに行く際の
被告人の姿を撮影したものであること

エ．被告人は、財布を忘れたためにコンビニには入らず自宅に戻り、
その後もう一度出かけるのが億劫であったため、自宅でテレビを
見て過ごしていたこと

4．証拠の選択

(1) 被告人以外の供述・証拠

　弁護人側は、被告人供述以外の証拠、たとえば客観証拠である物や、被
告人以外の第三者供述によってケース・セオリーを立証する場合がありま
す。このような客観証拠や、第三者供述は、証拠の証明力が高いといえる
ので、被告人供述以外に、これを裏付ける証拠があることは、弁護側のケー
ス・セオリーを立証するうえで非常に重要です。

(2) 被告人の供述による立証

　弁護側は、ケース・セオリーを基礎づける証拠として、被告人の供述を
選択することも多いと考えられます。被告人の供述によって立証する事実
は、公判廷において、被告人質問で立証することになります。この場合、
被告人の法廷供述が、物証などの客観的な証明や、証明力の高い第三者供
述と整合している場合は、信用性が高いと評価されます。仮に、被告人供
述が第三者供述などと、一見すると整合しないという場合も、両者を矛盾
なく説明できる（整合しない理由を合理的に説明できる）のであれば、被
告人供述の信用性が損なわれることはないといえます。

　なお、公訴事実に争いがない事件で、被告人が公訴事実等を認める供述
調書が存在している場合（いわゆる自白事件）であっても、証拠調べ請求
されている供述調書の採否を留保し、被告人質問をまず行って、その後に

供述調書の採否を決するという方式（被告人質問先行方式）が行われることがあります（なお、行わないことを明示する裁判体も一部存在します）。この場合には、被告人質問後に、検察官が供述調書の証拠調べ請求を撤回することが多いと思われます。書面に頼らず、被告人に、自ら事実関係を明らかにさせるこの方式は、被告人の主張を、より直截に裁判所に伝える方法として、望ましいものと考えられます。

現場力のEssence

■ 立証計画とは、立証をめざす事実につき、いかなる証拠方法で立証するか定めること

■ 裁判所にケース・セオリーを支持してもらうことが弁護活動の目標であり、このケース・セオリーを支える事実が、立証すべき事実となる

■ 被告人が要証事実を争う場合、検察官主張の間接事実自体は争わず、この間接事実を反対仮説により合理的に説明するストーリーを主張する方法がある。反対仮説が立証できれば、弁護側主張のストーリーが真実である蓋然性が高まる

■ 客観証拠や第三者供述は証拠の証明力が高く、被告人供述以外にこれらの証拠があることは、弁護側のケース・セオリーの立証にとって重要

■ 被告人供述により立証する事実は、公判廷における被告人質問により立証する

弁護人は証拠を
どのようにして集めるか

室町弁護士

　被告人にとって有利な証拠はどのようにして収集するのか検討してみましょう。第1に、被告人から情報を得て、証拠を収集することが多いです。事件の経緯や状況を最もよく知っているのは被告人ですから、被告人自身から、その主張を裏付けることのできる物証や人証の存在を聴取して、これを収集しておくことが最も効率的です。ほかには、たとえば、検察官から開示された証拠の中に、被告人にとって有利となる証拠が含まれていることがあるので、これを丹念に検討するということがあげられます。特に、公判前整理手続に付される事件では、検察官請求証拠のほかにも、類型証拠や主張関連証拠が開示されるようになっていますので、被告人にとって有利となる証拠が含まれている可能性が高いと思います。

鎌倉弁護士

　現場を確認することなどは当然行うべきだね。犯行現場に行くことで、検察官の主張の矛盾点に気づいたり、新たな物証を発見したりするということもあり得るので、できる限り現地は確認すべきだよ。

江戸弁護士

　現場付近でいわゆる聞き込みを行うといった方法が有効な場合もあると思います。警察官もあらゆる目撃者をすべて網羅的にあたっているとは限りませんから、たとえば事件のあった時刻と同じ曜日の同じ時間帯に現場でビラを撒くなどして目撃者がいないか探すというような手法もあり得ると思います。

　また、証拠収集のツールとしては、インターネットも結構使えます。逐一、専門書などの文献にあたっている余裕がないときも、インターネットで検索をかけてみると意外な事実が判明するということもあります。強盗致傷の事案で、被害者が所持していた薬が証拠開示された事例があったのですが、その薬の効用を検索してみたところ、お酒と一緒に飲むと眠気を引き起こし、注意力・判断力低下につながるということがわかりました。捜査段階での被害状況に関する被害者の供述があいまいで、その信用性を弾劾したかったのですが、飲酒前に薬を服用していたことを被害者の法廷供述で引き出すことができ、結果的に意識がもうろうとしていたために、よく覚えていないという供述を得ることができました。

Act

III

公判の場面にて

Monologue

　公判前整理手続が終了した。公判前整理手続の結果、争点とこれに対する検察官、弁護人の主張、提出する証拠の確認や証拠の整理が進められ、公判は令和△年〇月〇日から、判決言い渡し期日は〇月×日と決定された。

　最後の公判前整理手続の期日が終了した際、Q弁護士はこの事件が終わったかのような気持ちになったが、実際にはまだ審理は何も始まっていない。本当の裁判はこれからなのだ。

　裁判員裁判の場合、裁判官による裁判とは異なることがいくつかある。たとえば、裁判員の選任という手続は裁判員裁判ならではであり、また冒頭陳述や弁論も裁判官のみの裁判と比べてよりわかりやすいものが求められる。証人尋問はどうだろうか。普段どおりの尋問をして、はたして裁判員に弁護側の意図が伝わるのだろうか。冒頭陳述、証人尋問、被告人質問の準備をしっかりとしなければならないし、最終弁論の準備も必要となる。ほかの仕事に手をつける時間的な余裕は全くなさそうだ。

　また、今回の裁判では無罪を主張しているが、この主張が認められない場合には有罪となり、実刑を言い渡される可能性もある。判決後の対応についても確認しておく必要もありそうだ。

　これからのことを考えて不安になったQ弁護士は、公判手続や判決言い渡し後の対応について、確認することとした。

Scene ｉ 公判手続を概観する

Prologue

　Ｑ弁護士は、公判に向けて、準備を怠っている点はないか確認をすることとした。まず、どの手続でどのようなことを行うのか確認すべく、公判手続の流れを再度確認した。また、被告人も裁判所で発言が求められる場面もあることから、公判手続の流れについては、被告人にあらためて説明しておきたいと考えている。そこで、Ｑ弁護士は、公判手続がどのような順序で進むのか、被告人に対してはどのような点を注意するように説明すればよいのか、検討することにした。

　さらに、Ｑ弁護士は、裁判員等選任手続の翌日に、冒頭陳述を行うことになっており、話すべきことを一所懸命記憶し配布用にＡ４判サイズ１枚のメモを作成したが、繰り返し練習をしている中で、冒頭陳述の内容はこれでよいのかということについて不安になってきた。そこで、冒頭陳述の目的や役割、注意点について、あらためて確認することにした。

 現場力

1.公判手続の流れ

　第１審公判手続は、冒頭手続、証拠調べ手続、弁論手続を経て判決が言い渡されます。

　起訴後の弁護活動は、公判での弁護活動とそのための事前準備が中心となります。公判において充実した弁護活動を行うとともに、より良い事前準備を行うためには、公判手続を理解しておくことが必要ですし、被告人自身にも理解しておいてもらう必要があります。

　また裁判員裁判の場合、公判に先立って裁判員等選任手続があります。

〔図表５〕　公判手続の流れ

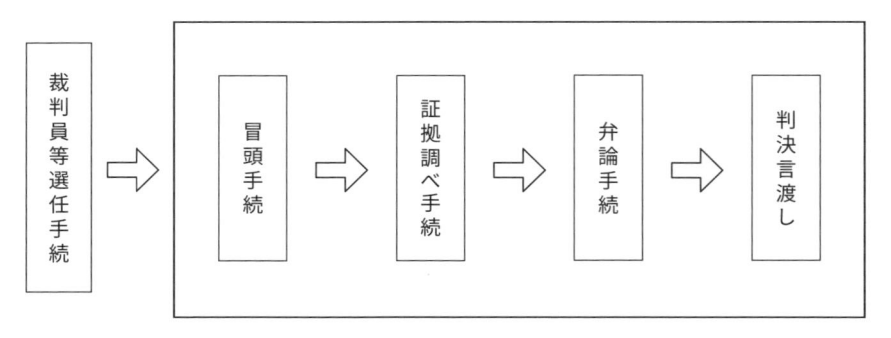

２.冒頭手続を確認する

(1) 冒頭手続の流れ

　冒頭手続は、人定質問、起訴状朗読、黙秘権の告知、被告人・弁護人の被告事件についての意見陳述の順序で行われます。

〔図表６〕　冒頭手続の流れ

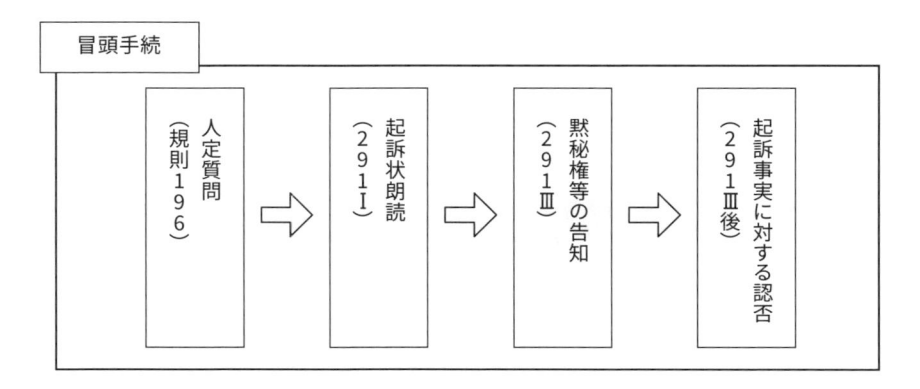

(2) 人定質問

　裁判官が、被告人の氏名、生年月日、職業、住居、本籍について質問をして、起訴状に記載された被告人と法廷の人物とが同一人物であるのかを確認する手続になります。そのため、弁護人としては、被告人との間で、起訴状に記載された氏名、生年月日等に誤りがないか、誤りがあれば、その旨裁判所で説明をするよう、確認しておく必要があります。また、本籍を忘れている被告人もいるので、何も見ずに言えるよう、確認しておくとよいでしょう。

(3) 起訴状朗読

　起訴状朗読は検察官が起訴状に記載された公訴事実、罪名および罰条を朗読する手続です。朗読後、裁判官による黙秘権等の権利の告知に進むことが多いですが、たとえば、公判前整理手続に付されていない事件などでは、起訴状記載の公訴事実の内容に不明確な点や疑問点がある場合、裁判官に対して、釈明のための発問を求めることになります。起訴状については事前に入手しているので、釈明を求める必要があれば、あらかじめ検察官に対して連絡をして打合せをしておく（刑訴規則178条の6第3項1号）、または求釈明申立書を作成しておく、といったことも検討すべきです。

(4) 黙秘権の告知

　黙秘権は憲法上の重要な権利ですので、裁判官から被告人に対して、黙秘権が保障されている旨の説明がなされます。もっとも、これに続く被告人事件の陳述にもかかわりますので、弁護人は、被告人に対して、事前準備の段階で黙秘権の内容について説明をしておく必要があります。

(5) 被告事件についての意見陳述

　被告事件についての意見陳述は、検察官の起訴状朗読に対し、被告人側に弁解、主張等をする機会を保障する手続になります。これは、被告人や弁護人に対して与えられた権利であって、義務ではないので、陳述をするか否か（「留保する」という対応もあります）、何をどの程度陳述するか、ということについては、被告人や弁護人の自由とされています。陳述の対

象としては、公訴事実に対する意見（罪状認否）に限られず、公訴事実に対する法的評価の主張、違法性・責任阻却事由、訴訟条件に関する主張や、その他の訴訟手続に対する申立ても可能とされています。

　弁護人としては、あらかじめ、被告人との間でどのような発言をするか打合せをしておく必要があります。公訴事実に争いがない事件であれば、「間違いありません」と回答してもらえば必要かつ十分ということが多いと思われますが、否認事件や事件が複雑な場合には、入念な打合せが必要となりますし、陳述すべき事項を書面にしておき、公判廷で書面に基づいて陳述することも検討する必要があります。

　弁護人の意見陳述については、「被告人と同意見です」と回答する場合も多いですが、被告人に続き弁護人が意見陳述をするのは、公訴事実に対する専門家としての意見を求められているわけですから、公訴事実に対する認否、法律上の主張を、法律の専門家としての言葉で述べることが望ましいといえます。

3.証拠調べ手続を確認する

(1) 証拠調べ手続の流れ

　証拠調べ手続は、冒頭陳述、検察官立証、弁護側立証の順で行われます。また被告人質問は、通常は弁護側立証の後に行われます。

〔図表7〕　証拠調べ手続の流れ

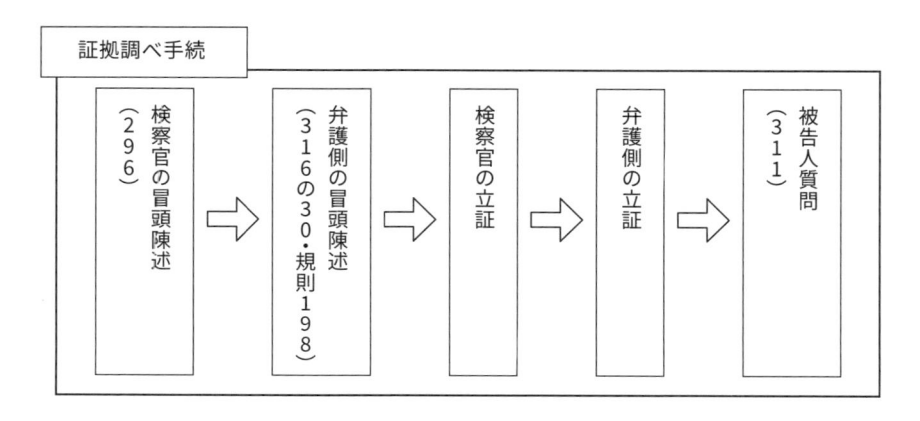

証拠調べ手続

検察官の冒頭陳述（296）　⇒　弁護側の冒頭陳述（316の30・規則198）　⇒　検察官の立証　⇒　弁護側の立証　⇒　被告人質問（311）

【書式例2】 冒頭陳述メモ（Q弁護士が作成した配布用）

平成○年合（わ）第　　　　号　　傷害致死被告事件

被告人

冒 頭 陳 述

弁護人○○○○

第1　弁護人の意見

被告人は<u>無罪</u>

> ・VとAは会社の同僚
> ・Vの身長185cm
> ・Aの身長170cm

酒癖の悪いVがAに「やんのか、こら」と絡んでくる

↓

Vは、右手で被告人の胸ぐらを、
左手でAのカバンを持っている手をつかみ前後に揺さぶった

↓

Vから胸ぐらをつかまれて息苦しく、
このままでは窒息しかねないと恐怖を覚える

↓

つかまれていた右手を振りほどこうと 強く振り上げた

↓

右手に持っていたカバンがVの左側頭部にあたり、Vが路上に転倒

正当防衛が成立する

第2　証拠調べで聞いていただきたいこと

　　Aさんの話
　　　どこで本件犯行を見たのか。

　　Bさんの話
　　　当時、何をしていたのか。

以上

(2) **冒頭陳述**

証拠調べ手続は、検察官による冒頭陳述から始まります。検察官は、冒頭陳述を行うことにより、証拠によって証明しようとする具体的な事実を明らかにします。

冒頭陳述では、証拠に基づかない事実を示したり、供述調書の内容を引用することは、裁判所に予断を生じさせる危険があるため許されません。弁護人としては、証拠に基づかない冒頭陳述がなされた場合には、直ちにその場で異議を述べて、違法不当な部分の撤回や削除を求める必要があります。

冒頭陳述は、弁護側も行うことができます（刑訴規則198条1項）。また、公判前整理手続を経た事件については、検察官の冒頭陳述の後に、弁護側も冒頭陳述をしなければならないと規定されております（刑訴法316条の30）。裁判員裁判の場合には、公判前整理手続を経ることになるので、弁護側も必ず冒頭陳述を行うことになります。

弁護人が冒頭陳述をする目的は、これから行われる証拠調べ手続の中で、弁護側が主張する事件の構図や主張を裁判所に示すこと（ストーリーの提示）、どのような証拠に基づいて主張をしているのかにつき判断権者である裁判官や裁判員に示すこと（証拠の存在の提示）にあります。また、正当防衛が成立するといった法律上の主張を行う場合には、その説明も必要になります。

冒頭陳述の方法としては、通常は冒頭陳述書や冒頭陳述要旨といった書面を作成し、これを朗読するといった方法によりますが、裁判員裁判の場合、冒頭陳述メモをＡ4判あるいはＡ3判で作成し、配布資料とするといったことが行われています。また、陳述の方法についても、弁護人席で話をする、証言台の前で話をする、書面を読み上げる、書面を見ずに話をする、などさまざまな工夫がなされています。

(3) **検察官立証**

冒頭陳述が終了した後、検察官は証拠調べ請求を行います。証拠調べ請求は、証拠等関係カードの書式でなされるのが通常です。なお、裁判員裁

判など公判前整理手続を経ている事件については、すでに証拠の採否を終えているので、公判前整理手続の結果を検出する、という手続がとられます。

証拠等関係カードに記載されている証拠については、事前に弁護人に開示されているのが通常ですので、弁護人としては、証拠調べ請求に対して、書証については同意・不同意の意見を述べ、証拠物や証人については、異議あり、異議なし、しかるべく等の意見を述べることになります（検察官請求証拠に対する対応については Act Ⅱ Scene ⅴ を参照）。

検察官が請求した証拠が採用された場合には、証拠書類の朗読（要旨の告知）、証拠物の展示、証人尋問を実施します。

⑷ **弁護側立証**

弁護人が証拠調べを請求する場合も、検察官と同様、証拠調べ請求書を提出し、証拠が採用された場合には、証拠書類の朗読、証拠物の展示、証人尋問を実施することになります。

⑸ **被告人質問**

弁護人からの被告人質問は、通常、証拠調べ手続の最終段階で実施しますが、必ずしも最後にしなければならないというものではなく、また義務的なものではありません。

被告人質問を行う場合には、弁護側のケース・セオリーを語らせることになりますので（ケース・セオリーについては、ACT Ⅱ Scene ⅳ を参照）、被告人質問を通じて立証したい事実がある場合や、被告人自身による説明が必要な証拠が存在する場合には、被告人質問を行います。被告人の犯行当時の認識や被告人が自らの犯罪について反省していることなど、被告人自身の認識を明らかにするためには、被告人質問を行う必要性が高く、その結果、多くの裁判では被告人質問が実施されています。しかしながら、被告人質問を行わずともケース・セオリーが十分に説明できている場合や、反対尋問にさらされることで供述の信用性が大きく減殺されることが容易に想定される場合、事実関係には争いがないものの被害者に対する悪感情

が強い場合など、被告人質問を行うことでかえって不利になる場合には、被告人質問を回避する、ということも考える必要があります。

4. 弁論手続を確認する

(1) 弁論手続の流れ

弁論手続は、検察官の論告、弁護側の弁論、そして被告人の最終陳述の順序で行われます。

〔図表8〕　弁論手続の流れ

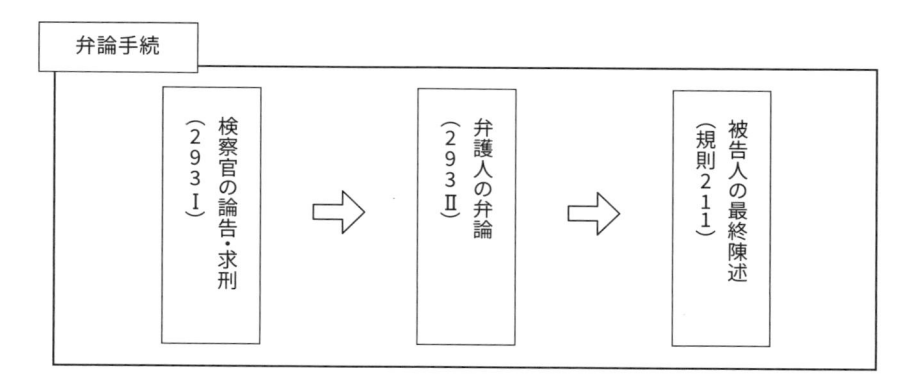

(2) 論告・弁論・陳述

証拠調べ手続が終了したのち、検察官は事実認定および法律の適用について意見を述べ、弁護人も意見を述べます。検察官の述べる意見を論告といい、弁護人の述べる意見を弁論といいます。

なお、被害者が参加している場合には、検察官の論告の後、被害者の意見陳述がなされる場合もあります。

検察官、弁護人の意見陳述の後、被告人の最終陳述を行います。この発言は、証拠として扱われるわけではないものの、被告人が自由に発言することができる機会ですので、弁護側として求める判決や事件に対する防御方針を踏まえて、どのようなことを述べるべきか、被告人と打合せをしておく必要があります。

5.判決言渡しを確認する

このような手続を踏まえた後、裁判所の判断として判決が言い渡されます（刑訴法 342 条）。言い渡された判決に不服があれば控訴することになり、判決言渡し後 14 日間以内に控訴しなければ、判決は確定します。

保釈中の被告人については、禁錮以上の刑が言い渡され、しかも全部執行猶予の判決が言い渡されない場合には、何もしないと即日、刑事施設に収容されてしまいます（刑訴法 343 条、98 条）。そのため、引き続き身体拘束をされないためには、判決言渡し日に再保釈の手続をとる必要があります。

現場力の Essence

■ 公判手続は冒頭手続、証拠調べ手続、弁論手続を経て判決が言い渡される

■ 被告人に対して、公判がどのように進むか、どのような準備が必要かを具体的に説明する

■ 冒頭手続では、起訴事実についてどのように陳述するか、被告人と打合せしておく

■ 被告人の最終意見陳述ではどのようなことを述べるべきか、被告人と打合せしておく

■ 弁護側も冒頭陳述を行う場合があり、特に裁判員裁判の場合には陳述の仕方に関して工夫が必要である

弁護人の冒頭陳述

鎌倉弁護士

　江戸弁護士は、今回の冒頭陳述を必死に丸暗記していたけれども、いったい何のためにそのようなことをしていたのかね。別に紙を見ながら説明をしたっていいはずだし、緊張して何を言うか忘れてしまってはかえって印象が悪いのではないか。また、証言台のところまで来て話をしていたけれども、裁判所はパフォーマンスの場ではないわけであって、弁護人の席から淡々と説明すればよかったのではないか。それに、話す内容を要約したメモを配布しているのも理解できない。読み上げた原稿をそのまま渡せばいいじゃないか。いろいろと省略したメモを配布してしまうと、弁護側が言いたいことが誤って理解されてしまうのではないか。

江戸弁護士

　鎌倉弁護士の考えは少し古いです。裁判員裁判でそんなことしたら、「弁護人はやる気がない」という印象を与えかねません。裁判員裁判は、連日開廷・集中審理ですので、よほどの事件でない限り、数日のうちに判決が言い渡されます。裁判官裁判と違って、書面をじっくり読んで審理するということがないので、裁判員の目の前で、口頭で、しかも短時間で弁護側の言いたいことを理解してもらう必要があります。

　そのためには、弁論要旨をただ棒読みするのではなく、弁護人の話を直接聞いてもらうよう裁判員に語りかける必要もあると思います。また、日本人は話を聞

くときに紙があったほうがわかりやすかったり、紙に
メモをとりたい人が多いので、主張のポイントを絞っ
た簡潔なメモを配ることも効果的だと裁判員対象のア
ンケートで読んだことがあります。その際、メモを配
るのであれば、検察官のメモと比較されて、また「弁
護人はやる気がない」と思われてしまわないよう、手
は抜かずしっかりつくることに留意する必要がありま
すね。

室町弁護士

　冒頭陳述に型があるわけではないので、どれが正解
というものはないのですが、限られた時間の中で、必
要かつ十分な情報を、わかりやすく裁判員に伝えるに
はどうしたらよいか、という観点から、どのような方
法で冒頭陳述を行うのか検討するのがよいと思います。
たとえば、今回の事件では、Ｖと被告人とのやりとり
について、すべて文字にしてこれを配布する、という
方法をとりましたが、動作をより強調したいというこ
とでしたら、配布した資料に加えて、プレゼンテーショ
ン・ソフトを利用することも考えられますね。

Scene
ⅱ 尋問をする

　Q弁護士は、2日目の公判で予定されている、被告人質問の準備をしている。主尋問の時間は40分とされている。今回の事件では、検察官が同僚AやBを証人として申請しており、またこの2人以外に、犯行当時、現場で被告人とVとのやりとりを目撃していたという人物もいなかったため、被告人とVとの間でどのようなことがあったのか、ということを被告人の供述によって明らかにするほかにない。そのため、Q弁護士は被告人質問の出来・不出来は、判決に及ぼす影響が大きいと感じている。裁判官や裁判員に、被告人の言葉は伝わるだろうか。

　Q弁護士は、被告人質問を含めて、弁護側が証人尋問を申請した場合、主尋問の準備としてはどのようにすればよいか考えながら、尋問事項を検討することにした。

　また、公判期日では、被告人質問の前に、同僚のA、Bに対する証人尋問が実施される。被害者であるVが死亡していることから、当時現場にいたのはこの2人であり、BはVが被告人に対して暴行を加えていないと証言することが予想されているため、Q弁護士は、Bの証言が信用できない、と主張するため、この証言を弾劾したいと考えている。しかし、まだ主尋問を聞いていないのにどのように準備をしたらよいのだろうか。「反対尋問は反射神経がすべて」だとか、「根性だ」といったことも聞いたことがあるが、きちんと事前に準備をしておきたい。

　さらに、被告人質問に対する検察官の反対質問に対して、適切に異議を述べることができるか不安なので、可能な限り準備をしておきたい。限られた時間でどこまで準備ができるだろうか。

現場力

1.なぜ尋問を行うかを考える

　証人尋問は、証人が過去に経験した事実を法廷において報告させる手続であり、法廷で語られた証言が証拠となります。そのため、弁護人は、①弁護側から申請した証人については、弁護側のケース・セオリーを事実認定者（裁判官や裁判員）に受け入れてもらうために必要な証言を法廷で語らせ、可能な限りでその証言が信用できることを印象づけることが目的となり、②検察側から申請された証人に対しては、証言または証人に対する弾劾をするか、もしくは弁護側のケース・セオリーとの関係で積極的に用いることができる事実を引き出すことが目的となります。証人尋問の結果は、判決に重大な影響を及ぼす可能性が高いことから、適切な尋問を行い、裁判官や裁判員に聞かせたい事実を効果的に引き出すことが必要になります。

2.証人尋問のルールとは

　証人尋問について、刑事訴訟法は民事訴訟法と比較して、詳細なルールを定めています。

⑴ 尋問の順序を確認する

　刑事訴訟法上は裁判官がまず尋問をしたうえでその後に当事者が尋問するということになっていますが（刑訴法304条1項）、実務上は、当事者が尋問をしたのちに、裁判官が補充尋問をする、という扱いで行われていることが多いです。

　当事者の尋問は、まず証人尋問を請求した者が立証すべき事項およびこれに関連する事項、証人の供述の証明力を争うために必要な事項について尋問を行い（主尋問）、次に反対当事者が主尋問に現れた事項およびこれに関連する事項、証人の供述の証明力を争うために必要な事項について尋問を行い（反対尋問）、さらに必要があれば主尋問を行った側が再度尋問

を行い（再主尋問）、これらの当事者の尋問の後に裁判官が補充的に尋問をします（補充尋問）。なお、再主尋問に対する再反対尋問をするには、裁判長の許可が必要です。

(2) 証人尋問の方法について確認をする

証人尋問をするにあたっては、できる限り個別的かつ具体的で簡潔な尋問をする必要があります（刑訴法199条の13第1項）。そのため、複数の質問を含むような質問や、1回聞いただけでは何を質問しているのかわからない質問は許されません。

(3) してはいけない尋問を確認する

主尋問および再主尋問については、尋問者が希望しまたは答えを暗示する質問（誘導尋問）は、例外的に認められるものを除いて許されません（刑訴規則199条の3第3項、199条の7第2項）。例外としては、たとえば本件のように事件現場に争いがない場合に、事件現場がどこであるのか、といったことを確認する場合のような、実質的な尋問に入るに先立って明らかにする必要のある準備的な事項に関するもの（同規則199条の3第3項1号）、被告人と被害者とが会社の同僚であるといった、訴訟関係人に争いのないことが明らかな事項に関するもの（同項2号）などです。

また、主尋問・反対尋問のいずれについても、威嚇的または屈辱的な尋問は許されません。さらに、重複尋問、同僚に対して被告人がもっぱら被害者を攻撃する意思で殴っていたと思うかといったように、意見を求める尋問、議論にわたる尋問、証人が直接経験しなかった事実についての尋問は、正当な理由がある場合を除き、主尋問・反対尋問のいずれにおいても許されません（刑訴規則199条の13第2項）。

(4) 物や書面を利用して尋問をする方法を確認する

民事裁判と異なり、刑事裁判では証人に対して物や書面を利用して尋問を行うことについては、刑事訴訟規則に規定があります（同規則199条の10〜12）。

　書面または物に関して、その成立や同一性などについて尋問をしようとする場合に、当該書面や物を示すことができないと、尋問の目的を達成することができません。そのため、このような場合には当該書面または物を示すことができます（刑訴規則199条の10第1項）。

　たとえば、事件当日仕事を終えて会社を出た時間について、同僚Aに質問したところ、正確には覚えていないが、会社を出るときにVに対してメールを送信したので、そのメールを見ればわかるという証言がなされた際に、当該メールが添付された捜査報告書を示して尋問する、という場合のように、証人の記憶が明らかでない事項について、その記憶を喚起するために書面や物を示して尋問をする必要があるときは、書面や物を示して尋問をすることができます（刑訴規則199条の11）。

　この場合は、不当な暗示を与えるものを提示しないよう、書面や物を示すことについて裁判長の許可が必要であり、また供述録取書を示すことはできません（刑訴規則199条の11）。さらに、不相当な誘導にならないようにする必要があります（同条2項）。

　たとえば、被告人がVと言い合いになっていたときに、同僚Bがこれから帰ると自宅に電話していた時のBの位置について、現場見取図に書き込んでもらう場合のように、証人の供述を明確にするために必要がある場合には、裁判長の許可を得たうえで、図面、写真などを利用して尋問することができます（刑訴規則199条の12）。

3.主尋問について考える

⑴ 主尋問を行う目的を確認する

　弁護人が請求する証人や被告人質問は、弁護人が主尋問を行うことになります。主尋問は、証人を通じて、弁護人のケース・セオリーに含まれる事実を語らせることを目的としています。

⑵ 証人や被告人に事実を語らせること

　弁護人が証人や被告人に主尋問を行う場合、これらの者は弁護側にとっ

て有利なことを述べてくれるのですから、証人や被告人に自分の言葉で事実を説明してもらうことが重要です。そのためには、次のようなことに注意をする必要があります。

ア．誘導尋問を極力行わないこと

　上記のとおり刑事訴訟規則では、主尋問で誘導尋問をすることは原則認められていません。実際、証人が、弁護人の主尋問に対して、ただ「はい」としか言わないというのでは、事実認定者である裁判官や裁判員の心には何も残りません。証人や被告人の言葉で事件を語ってもらうということが重要であるという観点からも、事実認定者に聞いてほしい重要な部分については、誘導尋問することなく、証人や被告人本人の言葉で説明してもらいましょう。

イ．場面を設定して聞くこと

　一方、さまざまな回答が想定される質問をすると、回答する側も何を答えてよいのかわからず、尋問者の想定と異なる証言がなされ、結果として事実認定者である裁判所も尋問の意図を把握できなくなります。そのため、「いつ」、「どこで」、「誰が」、「何を」、「なぜ」、「どのように」といったことを質問で明示することで、証言をコントロールする必要があります。

ウ．構成を確認する

　尋問の構成については、事実認定者が聞いていてわかりやすい構成であることが必要です。一般的には、①自分が何者であるかを語ってもらったうえで、時系列に沿って、②尋問する事項（何について聞くのか）を明確にして、③どのような場面であったのか、④その場面で何があったのかという順序で聞いていくとわかりやすいとされています。

4.反対尋問について考える

(1) 反対尋問の目的を考える

　弁護人は、検察官が請求した証人に対して反対尋問を行います。反対尋問は、証人の弾劾と、有利な事実を引き出すという目的があります。

　弾劾する事項としては、証人の利害関係、偏見、予断などの証人の信用性に関する事項と、証人の観察力、記憶力または表現の正確性等、証言の

信用性に関する事項とに分類することができます（刑訴規則199条の6）。

　有利な事実を引き出す例としては、弁護側のケース・セオリーとの関係で積極的に用いることができる事実を引き出す場合、弁護側に有利な証拠の信用性を高める事実を引き出す場合、または相手方に有利な証拠の信用性を低下させる事実を引き出す場合などがあります。

　民事の裁判であれ、刑事の裁判であれ、証人の証言を論破しようとするだけの尋問、主尋問を聞いていて思い浮かんだ疑問を聞くだけの尋問、とりあえず聞いてみて、かえって相手方に有利な証言を引き出してしまう尋問を行ってしまう例が見受けられますが、意図のわからない尋問は、判決に全く反映されず、また裁判員には「尋問の意図がわかりにくい」という印象を与えてしまいます。

　証人尋問の目的は何か、対象となる証人がどのような意図で申請されているのか、当該証人の証言をどのように弁論で用いるか、といったことを常に念頭におき、意味のある反対尋問を行うことが必要です。

⑵ 反対尋問の聞き方を考える

ア．誘導尋問を有効に使う

　反対尋問を行う場面では、証人と尋問する弁護人は対立関係にある以上、どのようにでも答えられる質問をした場合に弁護側に有利な証言が得られる可能性は極めて低いといえます。そうすると、答えが想像できる質問、すなわち「はい」か「いいえ」だけで答えられる質問（誘導尋問）をすることで、証人の証言を弁護側が獲得したい目標に向かって誘導していくことが必要になります。

イ．事実を細分化して聞く

　証人の証言を獲得したい目標に向かって誘導していくためには、弁護側として主張したい事実を可能な限り細分化し、証人から確実に「はい」という回答が得られるような質問を繰り返し行い、事実を積み上げていくことが必要になります。

ウ．短い質問をする

　質問が長くなれば、証人にもすべてを肯定することはできず、おのずと

145

「はい」とは言いにくい状況になりがちです。証人によけいな疑問をもたれないためにも、質問内容を短くして、質問を重ねていくことが必要になります。

エ．満足のいく回答が得られたらそれ以上追求しない

　せっかく質問を重ねて、得たいと思っていた証言が得られたにもかかわらず、「今話してもらった事実からすると○○ということですね」といった念押しの質問をしてしまうと、証人は、「いいえ違います。××ということです」といった弁解をする機会を与えてしまうことになりかねません。弁論で議論するだけの証言が得られたらそこで満足し、次の質問に移ることが必要です。

(3) 事前準備について考える

　「反対尋問はセンスだ」という意見もあります。もちろんセンスのある方もいると思いますが、実際は、入念かつ要点を押さえた準備をすることができたか否かが、尋問の成否を左右します。

　当該証人が供述調書で述べている内容を把握したうえで、当該証人の供述内容の一貫性や客観的事実や証拠との整合性、当該証人の供述に不自然・不合理な点がないか、当該証人と被告人・被害者との関係などを仔細に検討し、どの点を追及すれば求める証言が引き出せるかを考えて、反対尋問にのぞむことが大切です。

(4) 文献はあくまで参考である

　尋問技術に関する文献は数多く出版されており、反対尋問の対象となる証人の属性（被害者、目撃者、警察官）ごとの検討や、場面に応じた尋問方法などが細かく紹介されています。いずれも大変参考になりますが、何よりも大切なことは当該事件の記録を読み込んで、事実を細かく分析することです。そのうえで、より有効な尋問方法がないかを確認するために、文献を参照することもよいでしょう。

5.証人尋問における異議

⑴ まずは「異議がある」と申し立てること

　尋問に対する異議事由については、刑事訴訟規則で定められています。典型的なものは主尋問における誘導尋問（刑訴規則199条の３第３項）、誤導尋問（同条３項・５項）です。またおよそ尋問においては、威嚇的・侮辱的な尋問、重複尋問、意見を求め議論にわたる尋問、証人が直接経験しなかった事実に関する尋問が禁止されます(同規則199条の13第２項)。異議事由を正確に述べる必要があり、条文内容を頭に入れておくべきです。

　しかしながら、尋問を詳細に分析して異議事由に該当するか否かを検証し、そのうえで異議があると申し立てていては、証人に証言されてしまい、異議のタイミングを逸しかねません。問題のある尋問がなされたと思ったら、ひとまず異議がある旨申し立て、証人の証言を遮り、それから異議事由を簡潔に述べるようにすべきです。

⑵ 効果的な異議申立てとは

　実際の証人尋問を細かく分析すると、異議の対象としうる尋問は多数存在します。しかしながら、そのすべてについて逐一異議を申し立てる必要はありません。たとえば主尋問における誘導尋問であっても、一定の例外的な場合は認められていますし、仮に認められない誘導であっても、それに異議を出したからといって弁護側にとって特段有利にはならないということも多いでしょう。

　これに対して、検察官が請求した証人が争点に関する事実について証言をしようとするときに誘導尋問がなされた場合や、弁護側が請求した証人に対する反対尋問の際に、主尋問で証言したことと異なる事実を前提として尋問した場合などは、弁護人のケース・セオリーを維持するため異議を述べる必要があります。このように、効果的な異議を述べる場面を考えて異議を述べることも大切です。

⑶ 異議を述べる場面を予想しておくこと

　検察官の立証構造、弁護側のケース・セオリーを前提とした場合に、当

該証人に対して予想される検察官の尋問事項を想定することで、異議を述べるべき場面を予想することができます。

　たとえば、同僚が、被告人の殴った瞬間は、携帯電話で話をしていて見ていないと明確に供述調書で述べているにもかかわらず、目撃証人として証人尋問をするという場合、検察官は、「被告人が被害者を殴ったとき、あなたはその様子を見ていましたか」と尋問をすることが予想されます。同僚が「何をしていたか」がとても重要な場面であるのに「見ていたか」という検察官が獲得したい証言内容を質問の中に入れて、同僚に「はい」と証言させる可能性があります。もしそのような尋問がなされた場合には、直ちに誘導尋問にあたり許されないと異議を述べよう、といった予想を立てることができます。

　効果的な異議申立てをするためには、主尋問に関しても、反対尋問と同様、事前準備をしっかりと行い、不相当な証言をさせてはいけない場面を把握しておくことが必要です。

現場力の Essence

■ 目的を意識した証人尋問を行う

■ 尋問の方法を理解し、裁判所にもわかりやすい尋問を心がける

■ 主尋問では、証人本人の言葉で事実を語らせる

■ 反対尋問は、誘導尋問を用いて、目標とする事実を証言させる

■ 異議申立事由を頭に入れ、効果的な異議申立てをする

■ 効果的な尋問や異議申立てをするには、事前の準備が不可欠

証人尋問と弁護士倫理

江戸弁護士

　刑事訴訟法では申請予定証人の住所や氏名を開示することになっているし（刑訴法 299 条）、刑事訴訟規則は弁護人の準備内容として、「被告人その他関係者に面接する等の方法によって事実関係を確かめておくこと」を求めています（刑訴規則 178 条の 6 第 2 項 1 号）。V の暴行を目撃していないと認識している A と面談して「V が被告人の胸ぐらをつかんで殴っていた」と証言してほしいと依頼することは問題ないでしょうか。私は、証言するのは A なのだから、脅迫や恐喝にあたるような態様でなければ特に問題はないと思います。

鎌倉弁護士

　被告人に有利な証言をするよう依頼する行為は、弁護士職務基本規程 14 条、75 条に抵触するでしょう。また、ここまで露骨な申し出でないとしても、たとえば「出廷するのをやめてほしい」、といった要請についても、職務基本規程に直接抵触するわけではないが、対応いかんによっては証人威迫罪（刑法 105 条の 2）にも該当するおそれがあり、すべきではないでしょう。刑事弁護で倫理の問題というと、国選弁護人の対価受領の問題や身代わり犯の問題といったことが取り上げられることが多く、証人との関係での倫理的な問題はそれほど問題視されてきてはいないと思いますが、民事弁護の中では証人汚染という問題が指摘されています。たとえば、日弁連法務研究財団が実施したアンケー

ト調査によると、「証人が不利な証言をしようとしている場合、より有利な証言に変えるようにアドバイスをすることがありますか」という質問に対して、「よくある」が 4.4%、「ときどきある」が 30%弱という回答結果だったそうです。これは「弁護士は、偽証若しくは虚偽の陳述をそそのか」してはならないと定める弁護士職務基本規程 75 条に抵触するおそれがあるし、証人が偽証する相談に乗るもしくはその援助をする行為は、弁護士職務基本規程 14 条の定める不正な行為の助長を禁止する規定に抵触するおそれがあるね。刑事裁判の証人も民事裁判と同じだと思うよ。

室町弁護士

　私の経験では、私が担当していた被告人と、他の者との共犯事件を扱っていたときに、私が担当していた被告人から「共犯者の弁護人がいろいろと差し入れてくれていたのだが、ある時その共犯者の弁護人が接見しに来て、『共犯者に有利な証言をしてくれ』と依頼された」と聞かされたことがあります。その被告人は共犯者の弁護人からの申出を断ったけれども、物や金銭で証言を買うような行為は弁護士職務基本規程 14 条、75 条に抵触して許されないといえるでしょう。

Scene
ⅲ 情状弁護をする

Prologue

　被告人質問が終わり、最終弁論を行えば判決を待つだけとなった公判3日目の終了後、被告人がQ弁護士に対して、次のようなことを言ってきた。「先生、毎日法廷で一所懸命私のために弁護をしてくれてありがとうございます。先生が法廷で主張しているのを聞いていると、なんだか正当防衛の主張が認められる気がしてきました。でも、正当防衛の主張が認められない場合、私は有罪判決となってしまうわけですが、その場合にはいったいどのような判決が言い渡されるのでしょうか。そもそも、裁判官や裁判員は、どのようにして刑の長さを決めているのでしょうか。示談をしていない、ということは判決にどのような影響を与えるのでしょうか」。

　正当防衛の主張が認められそうだという言葉とは裏腹に、被告人は正当防衛の主張が認められないのではないかと不安に思っているのではないか、と思ったQ弁護士は、「正当防衛の主張が認められれば無罪なのですから、量刑については考えなくてもよいでしょう」と言いながらも、量刑の考え方について説明をすることにした。

現場力

1.情状弁護の意味を考える

　情状弁護という言葉を聞いたときに、どのような弁護活動を想像するでしょうか。争いのない事件について「情状が問題だね」と言われることがあります。そのためか、情状弁護とは「一般情状についての弁護活動」という意味で用いられることもあると思います。

　確かに、従来は、事実関係に争いのない事件の場合、犯行後の被告人の反省といった事情（一般情状）が中心となりがちでした。しかし、そもそ

も情状とは、量刑を決める際にどのような事実を考慮すべきか、ということを意味するものであり、決して一般情状のみを意味するものではありません。また、裁判員裁判が始まり、量刑判断において行為責任主義（犯罪行為にふさわしい刑事責任を科す）が強く主張されるようになった結果、裁判官による裁判においてもその影響が少なからず及んでいるように思われます。そのため、弁護人もそのような裁判所の変化を理解して弁護活動を行う必要があります。

　以上のような理由から、「情状弁護」とは当該事案において弁護人として最善と考える量刑を獲得するための弁護活動、ととらえることが、刑事裁判実務に合致するものとなります。

2.量刑事情を確認する

　量刑事情には、犯行手段・犯行態様、犯行動機・犯行に至る経緯、共犯者との関係（主体的な立場だったのか、従属的な立場だったのか）、結果・被害の程度など、犯罪に関する事情（犯情）と、被告人の年齢（若年か）や生活環境、前科前歴の有無、反省の有無や程度、示談・被害回復の有無など、犯情以外の事情（一般情状）があります。

3.量刑判断の考え方を理解する

　弁護人が、最善と考える量刑を獲得するため、量刑判断における考え方、特に裁判員裁判において説明されている量刑判断の考え方について概観しましょう。

⑴ 判断枠組みを理解する

　量刑の本質は、被告人の犯罪行為にふさわしい刑事責任を科すことにあります（これを行為責任主義といいます）。したがって、量刑判断とは、被告人の犯罪行為の重さを量ることを意味します。量刑の量り方は、①法律がその法益をどの程度強く守ろうとしているか、そしてこれをどの程度毀損する行為をしたのか、また、どの程度危険性の高い侵害行為をしたのか（犯罪の客観的な重さ）、②その行為をしたことについて、被告人をど

の程度非難できるか（犯罪行為の意思決定への非難の程度）を検討することになります。

　その一方で、刑罰には犯罪を予防する目的や被告人を更生させて社会復帰を図る目的もあるので、これらの目的を踏まえて、二次的要素としてその他の事情（一般情状）を検討します。

⑵ 判断過程を理解する

　刑法は、1つの構成要件の中にさまざまな類型があることから、通常、幅広い法定刑を定めています。そのため、被告人の犯罪行為にふさわしい刑事責任を明らかにするといっても、具体的な事件において、法定刑から直ちに量刑を決めることは難しく、刑法の条文そのものは、量刑を定める際には、その上限と下限を定めているという程度の意味しかありません。

　そこで、個別の事案における量刑判断に際しては、まず、動機・行為態様・結果に着目して、被告人の犯罪行為を類型化し、その類型における大まかな量刑判断の傾向を把握します（〔図表9〕参照）。

〔図表9〕　大まかな量刑判断の傾向（検索条件：(処断罪) 傷害致死・犯行態様○○）

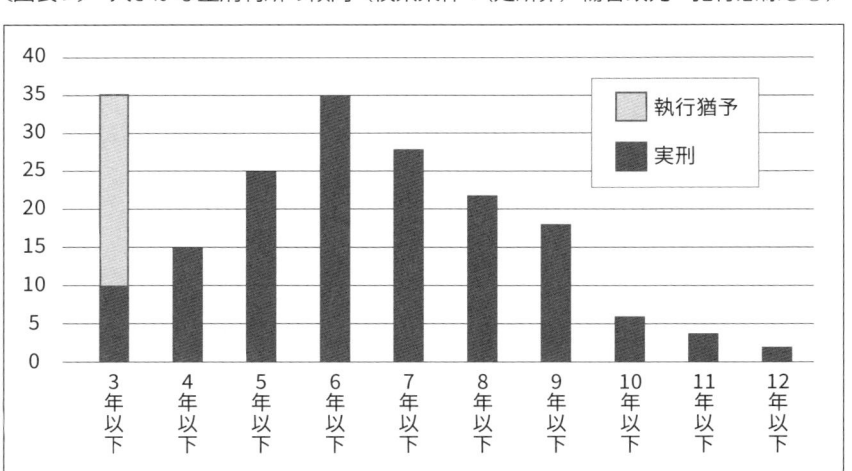

（注：イメージ図であり実際の量刑傾向とは異なります）

　次に、大まかな量刑の傾向を踏まえたうえで、犯罪の客観的な重さや、

意思決定への非難の程度を表す事実などの重要な犯情の観点から、被告人が行った犯罪行為が、量刑傾向の中でどのあたりに位置づけることができるか（重い部類に属するのか、軽い部類に属するのか）を考え、本件被告人が行った犯罪行為にふさわしい量刑の幅を設定します。

〔図表10〕　量刑傾向の中での被告人の犯罪行為の位置づけ（検索条件：（処断罪）傷害致死・犯行態様○○）

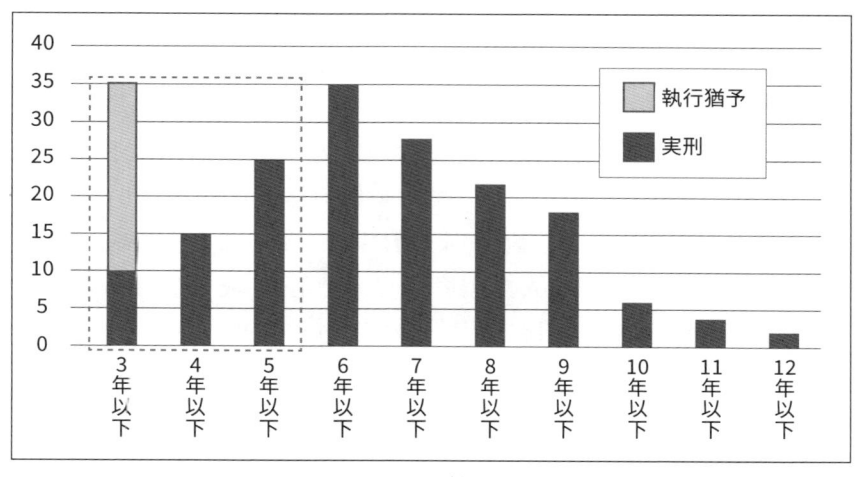

（注：イメージ図であり実際の量刑傾向とは異なります）

　そして、犯行後の被告人の反省といった一般情状を考慮して、量刑の幅の中でどのあたりに位置づけるのが適切かを決めることになります。

4.情状について注意すべきことを確認する

(1) 犯情

　犯情について注意すべき点は、各要素のうち当該犯罪においてどの事実が重要視されるかは犯罪によって異なる、ということです。たとえば、人の死の結果を犯罪の構成要件とする殺人罪の量刑を考えるうえで犯罪結果を重要視しても、量刑を画定させることはできませんし、財物奪取ということを目的とする強盗致傷罪では、犯行目的を重要視しても量刑を画定させることはできません。殺人罪の場合は、保険金目的の殺人や介護疲れを

理由とする殺人といったように、犯行動機による分類がなされているように、社会的類型を画定させるうえで「犯行動機」が重要といえます。また強盗致傷罪においては、致傷結果の軽重や凶器の有無を含む「犯行態様」が、社会的類型を画定させるうえで重要とされています。このように、各犯罪についてどの犯情が重要視されているかを意識した情状立証活動が重要です。

(2) 一般情状事実

　一般情状の検討には、当該事実が量刑を決めるに際してなぜ意味があるのか説明できなければ、一般情状として掲げても意味がないことを意識しておくことが重要です。

　たとえば、被告人が若ければ直ちに量刑が軽くなるのかといえばそのようなことはなく、被告人の更生可能性が高いことや再就職が見込まれ早期の社会復帰が可能といった観点から被告人が若いということが有利に働くという具体的な説明が必要となります。

5.量刑事情を評価してみる

　Q弁護士が担当している傷害致死罪の事件で、正当防衛が認められなかった場合を前提として、量刑事情を評価してみると、次のような説明が可能です。

　傷害致死罪は、傷害罪の結果的加重犯として規定されていますので（刑法205条）、死の結果を招来する危険性の程度（凶器の有無や種類、行為の態様）、犯行に至った動機などを基に、犯罪行為を類型化し、大まかな量刑判断の傾向を把握します。本件の場合は、凶器となり得るカバンを使用して殴打した事案という類型化が可能です。

　次に、本件事案における重要な犯情から、本件の被告人の犯罪行為が量刑傾向の中のどのあたりに位置づけることができるのかを検討することになります。本件の場合は、暴行に至った原因がもっぱら被告人にのみ存在する事案ではないこと（むしろ被害者の側に原因があること）、カバン自体は本来、凶器として死の結果を発生させる危険性が高い物ではないこと、

顔面を意図して狙ってカバンを一振りしたわけではないこと、といった事実が認定されれば、死の結果が生じたのは偶然によるところが大きく、被告人を強く非難することはできず、類型化した中では軽い部類に該当するといえます。

　そのうえで、一般情状を検討して量刑を調整し、ふさわしい量刑を選択する、ということになります。

　なお、このように量刑を検討するにあたっては過去の量刑データをまとめた量刑資料を参照することが必要となります。裁判員裁判においては裁判所で提供している量刑検索ソフトを使用することで情報を獲得することができます。一方、裁判員裁判の対象ではない事件については、裁判所が量刑資料を提供していませんので、弁護士会などが発行している量刑資料集などを利用して、量刑の傾向や幅を把握することが重要となります。

現場力の Essence

■ 情状弁護においては、弁護人として最善と考える量刑を獲得するための弁護活動を行う

■ 情状弁護においては、量刑についての考え方を踏まえて、弁護人として最善と考える量刑を説得できる情報を提供する

■ 犯情については、当該犯罪においてどのような要素が量刑上重要視されているかを踏まえて主張を組み立てる

■ 一般情状に関しては、当該事実を情状として取り上げる意味を意識して主張を組み立てる

示談の可否と量刑に与える影響

江戸弁護士

　今回の事件で正当防衛や過剰防衛が認められずに被告人が有罪となった場合に、被害者遺族との間で示談が成立したか否か、ということは判決にどのような影響を及ぼすのでしょうか。私は、示談も一般情状の一つの事情でしかなく、一般情状は量刑を選択する際の調整要素でしかないと考えます。そのうえ、この事案だと凶器がカバンであること、被害者が絡んできた事案であること、通常は死の結果が生じるとは考えがたい事案だということを考えると、量刑の判断に示談の成否は影響しないと考えます。そもそも正当防衛を主張しているのに示談をすること自体、矛盾していると思うのですが。

鎌倉弁護士

　財産犯や重篤な後遺障害が残存しないような傷害事件では、示談の成否は極めて重要な情状事実であり、判決への影響も大きく、実際には調整要素といった程度では説明がつかない要素ではないかと思う。今回も示談ができなければ、執行猶予がつかないのではないかな。正当防衛の主張をしていたとしても、それはあくまで違法性が阻却されるというだけであって、被告人の行為によって被害者を死に至らしめたという事実は変わらないのだから、示談をすること自体は問題ないし、むしろ積極的に示談を進めるべきだと思うよ。

室町弁護士

　確かに、犯行後に示談をしたことから正当防衛が成立しない、という結論にはならないので、正当防衛を主張しながら示談をする、ということも考えられなくはないでしょう。ただ、裁判所からは、正当防衛の主張に自信がないように受けとられかねませんね。私自身は、正当防衛を主張する以上は示談をすべきではないと考えますが、正当防衛の成否の見込みも影響するように思えます。難しい問題ではありますが、弁護人が責任をもって見解を示す必要があるところですね。お二人は、「示談の成否が判決にどのように影響するか」という観点から議論していて、このこと自体に問題はないのですが、一般情状が調整要素であるからといって、たとえば「この事案では、示談をしなくても執行猶予がつくから示談をしない」などという考え方が出てくると、それは正しい考え方とはいえないと思います。量刑の判断はあくまで結論であって、弁護人は最善と考える量刑を獲得するために必要な弁護活動を、できうる限り行う必要があります。結論に影響を与えないと思われるということを口実にして、示談を行わないというのは、手抜きと評価されても反論はできませんね。

Scene iv 最終弁論と最終陳述

Prologue

　証拠調べが終わり、残る手続は検察官の論告、弁護人の弁論、そして被告人の最終陳述のみとなった。不安だった尋問もできる限りのことはしてみた。同僚 A や B の供述の信用性を弾劾するような事実も引き出すことができたし、何より被告人は公判で堂々と話をしてくれた。

　疲れはピークだが被告人の主張が認められるよう、できる限りのことがしたい。今日も徹夜で頑張ろう、と決意を新たに Q 弁護士は最終弁論の最終点検にとりかかっていた。

　冒頭陳述と同様、Q 弁護士は、最終弁論も書面を読むことなく行おうと考えている。また、最終弁論にあたっては、冒頭陳述と同様、Ａ４判サイズ１枚のメモを配布することにしている（作成したメモは 160 頁）。連日徹夜で準備をしているため、テンションは非常に高いのだが、この最終弁論が被告人の運命を握っていると考えると、本当にこの内容で裁判官や裁判員に納得してもらえるのか、不安で仕方がない。

　そこで、Q 弁護士は、弁論の最終点検として、あらためて最終弁論の役割や主張すべきことを整理し、十分な内容に仕上がっているか、確認をしようと考えている。

　また、当日の最後には、被告人の最終陳述が予定されているが、被告人が明日、しっかりと話すことができるのかも気になるところである。被告人質問であれだけ堂々と話をしていた被告人なので、特に問題はないと思うが、できれば明日の公判前に打合せをしておきたいと考えている。そこで Q 弁護士は、最終陳述に向けてどのようなアドバイスをするか、ということも考えることにした。

【書式例3】　最終弁論用メモ（Q弁護士が法廷で配布するために作成したメモ）

<table>
<tr><td colspan="2" align="center">最終弁論</td></tr>
<tr><td colspan="2" align="right">弁護人</td></tr>
</table>

| ○○さんには正当防衛が成立する。 |

| ○○さんの話
「Vから胸ぐらをつかまれて息苦しく、この
ままでは窒息しかねないと恐怖を覚え、
つかまれていた右手を振りほどこうと強
く振り上げたところ、右手に持っていたカ
バンがVの左側頭部に当たり、Vが路上に
転倒」
・頭部の外傷は極めて軽傷
・ほかに暴行を働いた痕跡がない
…………… | Aさんの証言
「○○○○」
………… |

↓（Aさんの証言）→ 信用できない

Bさんの証言
「○○○○」
…………

↓ 信用できる　　↓ 信用できない

○○さんが話すとおり、このままでは窒息しかねないと恐怖を覚えて右手を振り
ほどこうとして強く振り上げただけであり、カバンが左側頭部に当たったこともV
が路上に転倒したことも予想外の結果

↓

素手のVに対して素手で対応したと評価

↓

急迫不正の侵害に対して自己または他人の権利を防衛するため、「やむを得ずし
た行為」（刑法36条1項）

○○さんは無罪

現場力

1.最終弁論の意義を確認する

⑴ 条文上の根拠を確認する

刑事訴訟法は、証拠調べが終わったのち、検察官は事実および法律の適用について意見を陳述しなければならず、被告人および弁護人は、意見を陳述することができる（刑訴法 293 条）とし、また刑事訴訟規則は、裁判所は被告人または弁護人に最後に意見陳述をする機会を与えなければならない（刑訴規則 211 条）と規定しています。

⑵ 弁論の目的を確認する

最終弁論は、冒頭陳述において提示した認定されるべき事実およびこれに対して適用されるべき法的評価が正しいことを、証拠調べの結果に基づいて主張する機会です。したがって、弁護人が最終弁論を行う目的は、裁判官・裁判員にも、弁護人が考える結論と同じ結論にたどり着いてもらうこと、その結論に至るまでの論拠を裁判官・裁判員に示すことにあるといえます。

⑶ 証拠の議論をする

最終弁論の目的は、結論に至るまでの論拠を裁判官・裁判員に示すという点にあり、結論に至るまでの論拠は証拠に基づいたものでなければなりません。このように、最終弁論は証拠に基づいた議論をする場であり、決して、冒頭陳述において説明したストーリーを復唱する場ではありません。

⑷ 説得力のある主張を行う

最終弁論においては、主張できることはどんな些細なことでも主張するという弁論の方法もあり得ますが、採用される見込みの薄い主張や証拠の議論をいくら積み重ねても、求める結論に至ることは難しく、説得力に欠ける弁論になりかねません。そこで、主張すべき事実を取捨選択し、意味

のあるまとまりを意識して主張することも重要です。

(5) 決まった型があるものではないこと

　最終弁論には、特に決まった型があるわけではありません。重要なのは型ではなく、弁護側が主張する内容が裁判官や裁判員といった事実認定者に認められることであり、そのための説得的な主張を尽くすことです。

2.公訴事実に争いがある事件の最終弁論を考える

(1) 検察官の主張や不利益証拠に対する弾劾をする

　公訴事実に争いがあり、公訴事実の全部または一部につき無罪を主張する事案の場合、問題となる争点ごとに、弁護側の主張と論拠を示すことが必要になります。たとえば、被害者が行った暴行行為の有無という争点において、被害者や目撃者の証言が問題となる場合には、どの証言の信用性を問題とするのか特定したうえで、その主張を裏付ける事実や証拠を指摘します。問題点を特定しないまま、ただ単に証言が信用できないということを論じても、説得力のある弁論にはなりません。

　また、検察官が状況証拠（間接事実）から構成要件（主要事実）を推認しようとしている場合は、個々の間接事実の存否の問題（そのような間接事実はないという主張）なのか、間接事実の評価の問題（個々の間接事実の推認力がないという主張）なのかを特定して、その主張を基礎づける事実や証拠を指摘する必要があります。

　そのうえで、たとえば供述の信用性が争いになる場合は、①客観的証拠あるいは動かしがたい事実との整合性、②供述内容の自然性、合理性、③供述内容の変遷、④虚偽供述の動機といった視点などを示しつつ供述の信用性を弾劾することになります。

　問題点を特定するためには、検察官がどのような立証構造に基づき、被告人が有罪であると主張しているのか分析することが必要です。この分析をするうえでは、検察官の作成する証明予定事実記載書や、冒頭陳述のメモが役立ちます。この検察官の主張と立証構造を分析して、検察官の立証構造を1つずつ潰すことが必要となるのです。

⑵ 被告人の主張と裏付けとなる証拠の援用

　争いのある事件においては、検察官の主張を弾劾するだけではなく、被告人の主張を展開し、検察官が主張する事実関係とは異なる事実関係が証拠と矛盾なく成り立つこと、被告人の主張にとって不利に考えられる証拠についても説明可能であることを論じることで、裁判官や裁判員の心証を被告人側に引き寄せる必要があります。

　このように、公訴事実に争いのある事案においては、検察官の主張を潰したうえで、さらに弁護側の主張を組み立てることが、説得力のある弁論には不可欠といえます。

3.無罪弁論以外の事件の最終弁論

　無罪を主張している事件を除いては、事実関係に争いがある場合でも、量刑について言及する必要があります。詳細は情状弁護をする（Scene iii 参照）に譲りますが、犯情に着目して量刑の幅を設定し、そのうえで一般情状について論じることで、弁護側が求める量刑がなぜ適切なのか、主張を尽くすことになります。

4.裁判員裁判における最終弁論

　裁判員裁判の場合には、一般市民である裁判員に弁護人の主張が伝わるよう、さまざまな工夫が試みられています。

⑴ 配布資料

　裁判官裁判の場合には、弁論要旨を作成し、これを読み上げて裁判所に提出するのが一般ですが、裁判員裁判の場合には、Ａ３判、あるいはＡ４判の用紙１枚程度に弁論の要点をまとめ、これを裁判員に配布する場合が多いようです。

　また、プレゼンテーション・ソフト、パネルといったビジュアルエイドを活用するといった工夫もなされています。

(2) 話し方

　裁判官裁判の場合には、弁護人席でそのまま弁論要旨を読み上げるということが多いですが、裁判員裁判の場合、証言台の前に立ち、紙を持たず、あるいは紙をバインダーや譜面台において、裁判員1人ひとりと目が合うようにして話す弁護人が多いようです。

　また、裁判員に最後まで集中して聞いてもらえるよう、声に抑揚をつける、スピードを変える、間をもたせるといった工夫がなされています。

(3) 表現への配慮

　裁判員裁判の場合、殺意、正当防衛における防衛の意思といった専門用語を「人が死ぬ危険性の高い行為をそのような行為であるとわかって行った」とか、「相手方を殺さなければ自分はさらに危害を加えられるという認識」といった平易な言葉で言い換えるといった表現への配慮も検討する必要があります。

5.最終陳述に関する助言

　検察官の論告、弁護人の最終弁論が終わったのち、審理を終結する（結審）に際して、被告人には最終陳述の機会が与えられます。

　最終陳述の機会があることを被告人に伝えていないと、突然裁判長から声をかけられ、「最後にこの法廷で何か言っておきたいことはありますか」と聞かれても、「特にありません」としか答えられない場合がほとんどです。すでに証拠調べが実施され、検察官・弁護人の意見が述べられている段階で、被告人の最終陳述によって、裁判所の心証形成に何らかの影響が生じることは考えがたいものの、被告人にとって自分の意見を述べる最後の機会ですので、短くとも、「自分は無実である」、「迷惑をかけた方に申しわけなく思う」、「これからしっかりと更生する」など、自分の思いを述べることができるよう、陳述内容を検討しておいてもらう必要があります。

現場力の Essence

■ 最終弁論は弁護人の主張を裏付ける証拠を示して議論を尽くす

■ 些細な主張を羅列することなく、争点ごとに骨太の主張を心がける

■ 公訴事実に争いのある事件については、問題点を特定して、弁護側の主張が正しいことを証拠を示して説明する

■ 公訴事実に争いのない事件については、求める量刑が相当である根拠を、犯情、一般情状の順に述べる

■ 裁判員裁判の最終弁論では、裁判員に弁護人の主張が伝わるよう意識する

予備的主張

鎌倉弁護士

　本件でQ弁護士は当初の予定どおり正当防衛が成立するから無罪、という弁論をしたのだね。仮に、弁護人が、同僚AやBの証言を崩せそうもなくて、正当防衛が成立しないかもしれないと思い、被告人に相談したものの、被告人は、過剰防衛や、有罪を前提として情状を主張することはやめてほしい、と主張している場合、弁護人が独自の判断で、正当防衛の主張のほかに、過剰防衛の主張や正当防衛も過剰防衛も成立しない前提で情状弁護を予備的に主張することは許されるだろうか。また、被告人本人が了承したときはどうだろう。私は、最終弁論の内容は弁護人の固有権として、被告人の意見に拘束されるものではないし、結果として被告人に有利な主張であったとすれば、許される場合もあるように思うのだが、どうだろうか。

江戸弁護士

　被告人が、過剰防衛や情状弁護をしてほしくない、と言っている以上、被告人の意に反する主張は当然許されず、誠実義務に反しており、許される余地は皆無だと考えます。仮に、本人が了承したとしても、正当防衛が成立するという主張で一貫して弁護活動をしてきた以上は、過剰防衛の主張であればまだしも、有罪を前提とした情状弁護主張をすべきではないと考えます。そもそも、身を守る行為を行ったにすぎないと被

告人が主張しているのに、被告人に対して「実は正当防衛が成立しそうもないのだが……」ともちかけること自体、問題ではないでしょうか。

室町弁護士

　被告人が過剰防衛や情状弁護はしてほしくないと言っているという前者の場合は、被告人が第1審公判の終盤で従前の供述を翻して全面的に否認する供述をするようになったが、弁護人が被告人の従前の供述を前提にした有罪を基調とする最終弁論をして、裁判所がそのまま審理を終結した、という事案で、第1審の訴訟手続に法令違反はないとした最高裁判例（最判平成17年11月29日刑集59巻9号1847頁）があるため、問題ないと考えている人がいるのかもしれません。しかし、この事案はかなり特殊であることに加え、あくまで訴訟手続の法令違反の有無しか判断していないのだから、この最高裁判所の判断を理由として被告人の意に反する弁論をすることが許される、と考えるのは誤りでしょう。江戸弁護士が言うとおり、このような弁護活動は弁護士倫理上、許されないと考えます。被告人が了承しているという後者の場合は、実際には最終弁論直前ではなく、起訴後に証拠開示を受けて証拠を検討したところ、正当防衛の主張が難しい可能性も高いが、弁護方針をどうするか、という場面で問題になることが多いと思います。誠実義務との関係からすれば、被告人の意に従って最善を尽くすのが弁護人としての使命ですので、正当防衛を主張しつつも、その防衛行為がいきすぎてしまった過剰防衛と判断されることは十分あり得る以上、被告人と話し合い過剰防衛を主張するということで方針がまとまれば過剰防衛が

成立する旨を主張することは許されると考えます。そして、過剰防衛が成立する場合は有罪判決となるのですから、まさに情状立証が不可欠な事案となり、情状に関する主張は積極的になされなければならないということになります。このようなことを考えると、前に議論をしたことですが、正当防衛を主張している場合でも、示談や被害弁償が必要な場合もあると思います。

Scene Ⅴ 判決に対応する・受刑者の処遇を知る

Prologue

　最終弁論が終わり、あとは判決を残すのみとなった。Q弁護士としてはやるべきことはすべてやったという充実感に浸っていた。

　被告人から、「Q先生、今日までありがとうございました。先生の最終弁論を聞いていたとき、感動で涙が出そうでした。私自身は無罪判決が言い渡されると信じています。ただ、正当防衛の主張が認められないうえに実刑判決だった場合、私はいったいどうなってしまうのか、直ちに刑務所に行くことになってしまうのでしょうか」と言われた。裁判員裁判は短期間で判決の言渡しとなってしまうため、必要な準備はすでに行っていたが、Q弁護士は判決言渡しに向けて行うべきことをあらためて説明することにした。

　また、Q弁護士は、被告人から、「自分がもし実刑判決で確定した場合、どこの刑務所に行くのでしょうか」、「家族は自分がどこの刑務所に行ったのかわかるのでしょうか」、「仮釈放はどんな制度でどのくらいで出所できるのでしょうか」といった質問を受けた。どのように答えたらよいだろうか。

現場力

1.判決言渡し前になすべきこと

(1) 被告人に説明をしておく

　弁護人は、被告人に対して、予想される判決の内容と判決言渡し後の対応について説明をする必要があります。

　まず判決の内容については、公訴事実に争いがある場合には、争点における主張が認められたときにどのような結論となるのか（無罪判決が言い渡される、殺人罪との公訴事実に対して、傷害致死罪との判決が言い渡さ

れるなど）、有罪判決となるときは、どの程度の刑となり執行猶予がつく可能性があるのか、罰金刑のときはどの程度の金額が言い渡されるのか、といったことを説明する必要があるのです。

判決言渡し後の対応については、無罪判決の場合、実刑判決の場合、執行猶予付きの判決の場合、罰金刑の場合のうち、当該刑事事件で関係のある場合について説明する必要があります。

裁判員裁判の場合、連日開廷となる公判後、速やかに判決が言い渡されますので、公判が始まる前に、一連の公判手続とともに説明しておいたほうがよいでしょう。

(2) 事前の準備をする

弁護人としては、無罪や執行猶予付きの判決が言い渡された場合の家族対応や、実刑判決が言い渡された場合の対応、および実刑判決となった場合に再保釈をする際の注意点を説明しておくことが必要です。

無罪や執行猶予付きの判決が言い渡された場合、勾留の効力が失われ（刑訴法345条）、釈放となりますので、家族や友人に対してどこで釈放されるか、といったことを打ち合わせておくとよいでしょう。

一方、実刑判決が言い渡された場合、保釈や勾留の執行停止はその効力を失うことになるので（刑訴法343条）、何もしなければ法廷に待機している検察事務官や司法警察員によって連行され、収監されることになります。そのため、被告人が収監を免れるためには、即日、再保釈を請求する必要がありますので、弁護人としては、実刑判決が言い渡された場合に再保釈を請求する予定であれば、判決言渡し以後の時間の確保、保釈請求書や身元引受書といった必要書類の準備、保釈保証金が増額された場合に新たに用意すべき保証金を準備しておく必要があります。

一方、保釈されているものの実刑が見込まれる事案で控訴する意思がない場合などについては、収監されることを前提として着替え等の準備をすることとなります。

なお、再保釈の請求は、控訴の申立てに先行して行うことも、控訴の申立てと同時に保釈請求をすることも可能です。ただし、国選弁護人の場合、

再保釈の請求は可能だとしても、控訴の申立てをしてしまうと国選弁護人としては活動が終了し（刑訴法 32 条 2 項参照）、保釈の申立てができなくなってしまいますので、まずは保釈請求をすべきであることに注意が必要です。

2.判決言渡し期日の対応をまとめる

民事裁判とは異なり、刑事裁判では、判決書は必ずしも判決宣告時に作成されている必要はなく（刑訴法 342 条、最判昭和 25 年 11 月 17 日刑集 4 巻 11 号 2328 頁）、判決言渡し後直ちに判決文が手に入るとは限りません。また、判決謄本を入手する場合には申請をする必要があり、しかも有料です。意図していた内容どおりの判決が言い渡された場合であればともかく、無罪を主張していたのに有罪判決が言い渡された場合や、執行猶予を主張していたのに実刑判決となった場合には、裁判官が言い渡す判決内容を聞き、メモに残す必要があります。

たとえば覚せい剤等の違法薬物については没収の言い渡しがされますが、本来 3 袋没収すべきところを 2 袋しか没収していないような場合、判決期日が終了する前までに誰かが気づかないと、控訴審の判決によってしか訂正ができなくなってしまいます。したがって、言い渡される判決については、その内容をよく聞いておく必要があります。

3.判決言渡し後の弁護活動

無罪判決が言い渡された場合、刑事補償法に基づいて身体拘束に対する補償を請求したり刑事訴訟法 188 条の 2 に基づいて出頭するための旅費、日当、宿泊費、弁護人の報酬についての補償を請求することができます。

身体拘束に対する補償や費用補償の請求は、無罪判決を言い渡した裁判所に対して申立書を提出することにより行います（刑訴法 188 条の 3 第 1 項）。

刑事補償法に基づく身体拘束の補償は、1 日あたり 1 万 2500 円が上限です。また、費用補償の申立ての趣旨は、具体的な金額を明示する必要はなく、「請求人に対し、無罪の裁判に要した費用の補償として相当額を交

付するとの裁判を求める」という程度でも問題ありません。

　保釈されていた被告人が実刑判決を受けた場合、保釈の効力が失われ、被告人はそのまま収容されることになります。そのため、控訴をする予定がある場合等については、再保釈の請求を行うことができます。再保釈の場合、通常は保釈保証金が増額されます。第1審判決で実刑判決となった以上、逃亡等のおそれが増大したというのがその理由と考えられますが、これを即日納付できるよう、準備をしておく必要があります。

4．判決確定後の流れを知る

　判決が確定してからの刑事弁護活動は通常、想定されておりません。また、受刑者の処遇について詳しく知らないという方が大半ではないかと思います。しかしながら、判決確定後に自分がどうなるのかということは被告人にとっての関心事の一つですので、被告人との間の信頼関係を築くという観点からも、ある程度のことは知っておいたほうがよいと思います。

5．刑事施設

　実刑判決が確定した場合、受刑者は刑事施設に収容されます。『犯罪白書〔平成30年版〕』によると、平成30年4月1日現在、刑事施設は、本所が76庁（刑務所62庁（社会復帰促進センター4庁を含む）、少年刑務所6庁、拘置所8庁）、支所が108庁（刑務支所8庁、拘置支所100庁）存在しています。

　受刑者には、犯罪傾向の進度によって、次の指標に分類されます。
A：犯罪傾向の進んでいない者
B：犯罪傾向の進んでいる者
また、受刑者の属性によって、次の指標に分類されます。
W：女子
F：日本人と異なる処遇を必要とする外国人
I：禁錮受刑者
J：少年院への収容を必要としない少年
L：執行すべき刑期が10年以上である者

Y：可塑性に期待した矯正処遇を重点的に行うことが相当と認められる
　　26歳未満の成人
M：精神上の疾病または障害を有するため医療を主として行う刑事施設等
　　に収容する必要があると認められる者
P：身体上の疾患または障害を有するため医療を主として行う刑事施設等
　　に収容する必要があると認められる者

　また、それぞれの刑事施設には、どのような受刑者を収容するかという
ことについての役割が与えられています。

　このような受刑者の属性および犯罪傾向の進度に加え、矯正処遇の種類
および内容も考慮のうえ、収容先の刑事施設が決まります。

6.収容先は弁護士に知らされない

　収容先は、弁護人にも親族にも知らされません。被告人の家族や友人か
ら、どこに収容されるのか教えてほしいといった質問があったり、受刑者
本人から自分の収容先を家族や友人に知らせてほしい、という要望がなさ
れることはありますので、あらかじめ被告人に、収容後、収容先を手紙で
知らせるように説明しておく必要があります。

7.外部との連絡

　受刑者やその家族から、受刑者と連絡がとれるのか、面会はできるのか、
といった質問がなされることがあります。

　受刑者との手紙のやりとりは、原則として誰でも可能です。ただし、犯
罪性があると施設が判断した人物や、受刑者が手紙を発受することにより、
施設の規律および秩序を害し、または受刑者の矯正処遇の適切な実施に支
障を生ずるおそれがあると施設が判断した人物については、手紙の発受が
禁止されることがあります（刑事被収容者処遇法128条）。また、受刑者
が懲罰中などの場合には手紙の発受ができないことがあります。

　受刑者が手紙を受け取る回数に制限はありませんが、受刑者が手紙の発
信を申請する回数は、受刑者が指定されている優遇区分に応じて異なりま
す（受刑者の優遇措置に関する訓令参照）。

　受刑者との面会については、親族や民事訴訟や再審請求などについて委任を受けている弁護士といった一部の者のほか（刑事被収容者処遇法111条1項）、その者との交友関係の維持その他面会することを必要とする事情があり、かつ、面会により、刑事施設の規律および秩序を害する結果を生じ、または受刑者の矯正処遇の適切な実施に支障を生ずるおそれがないと認められた者であれば、面会が認められます（同条2項）。ただし、面会できる回数は、受刑者が指定されている優遇区分に応じて異なり（受刑者の優遇措置に関する訓令参照）、また面会時間や、1人の受刑者と同時に面会できる人数についても制限があります（刑事被収容者処遇法114条）。

8.収容施設で行うこと

　収容施設では、物品の生産や職業訓練、施設内における炊事や洗濯、建物の修繕といった刑務作業、薬物依存離脱指導、性犯罪再犯防止指導、犯罪被害者遺族による講話や窃盗防止教育などの改善指導、学力の向上を目的とした教科指導が行われます。これらは原則として平日に行われます。

9.仮釈放

　懲役または禁錮に処せられた者に改悛の情があり、有期刑についてはその刑期の3分の1を、無期刑については10年を経過した場合に、行政官庁（地方更生保護委員会）の判断によって仮釈放が認められることがあります。平成30年版の犯罪白書によると、平成29年の仮釈放率（出所受刑者に占める仮釈放者人数の割合）は58％であり、また大部分の受刑者が、刑期の5分の4以上を経過してからでないと、仮釈放を認められていないようです。

現場力のEssence

■ 判決の見込み、期待に反する判決が出た場合の対応については事前に説明しておく

■ 判決の内容はよく聞いてメモをとる

■ 保釈中の被告人に対して実刑判決が言い渡された場合、再保釈の請求を行うか検討しておく

■ 判決確定後の流れについても把握しておく

異論・反論付

保護観察制度

鎌倉弁護士

　仮釈放や刑の一部執行猶予制度との関係では保護観察の制度についても理解しておくことが望ましいね。

江戸弁護士

　保護観察の制度については、犯罪白書に詳しく書かれています。保護観察の対象となるのは、仮釈放を許されて保護観察に付されている者や刑の執行を猶予されて保護観察に付されている者です。保護観察は、保護観察対象者に通常の社会生活を営ませながら、保護観察官と、法務大臣から委嘱を受けた民間のボランティアである保護司が協働して実施します。保護観察官や保護司は、面接等の方法により行状を把握したうえで、遵守事項および生活行動指針を守るよう必要な指示、措置をとるといった指導監督、住居の確保や就職の援助等自立した生活ができるようになるための補導援護を行います。

　保護観察対象者は、保護観察期間中、遵守事項を遵守しなければならず、これに違反した場合には、仮釈放の取消し等のいわゆる不良措置がとられることがあります。遵守事項には、すべての保護観察対象者が守るべきものとして法律で規定されている、住居を定めること等に係る一般遵守事項（更生保護法50条）と、個々の保護観察対象者ごとに定められる特別遵守事項

（同法 51 条）とに分かれます。

室町弁護士

　特別遵守事項は、①犯罪または非行に結びつくおそれのある特定の行動をしないこと、②健全な生活態度を保持するために必要と認められる特定の行動を実行または継続すること、③指導監督を行うため事前に把握しておくことが特に重要と認められる生活上または身分上の特定の事項について、あらかじめ、保護観察官または保護司に申告すること、④特定の犯罪的傾向を改善するための専門的処遇を受けること、⑤社会貢献活動を一定の時間行うことの中から、保護観察対象者の改善更生のために特に必要と認められる範囲内で具体的に定める、とされています。

Act IV

上訴審の場面にて

🔊 Monologue

　　被害者側が原因となった事案であることや、被害者の暴行から逃れるために行った行為であることなどを主張して無罪を主張した被告人の傷害致死事件について、Ｑ弁護士としては、できることはすべてやり尽くし、被告人にも弁護方針、捜査段階での対応、身体拘束からの解放の方法、公判段階での検察から請求された証拠への認否、弁護方針、主張すべき事実、これを裏付ける証拠の提出などについて、すべて理解を得て行ってきたつもりであった。

　　その結果、被告人には、過剰ではあったけれども防衛行為であったことが認められ、執行猶予付き判決が宣告された。

　　初めて経験した当番弁護士から始まったこの事件の弁護活動について、Ｑ弁護士としては、十分満足できるものと考えていた。

　　ところが、判決後、執行猶予付き判決によって釈放された被告人と裁判所で面会した際、被告人は、「先生、自分は因縁をつけられたから必死で振りほどいただけです。執行猶予付き判決にはなりましたが、やっぱり有罪という結論には納得がいきません。どうにかならないのでしょうか」と言っていた。

　　Ｑ弁護士としては、納得のいく判決だと思っていたが、本人が不満をもっている以上、控訴するかどうかについて相談する必要がある。

Scene
i 控訴する

　不満をもったままの被告人と別れるのは気が引けたが、今日のところは、明日、事務所で会う約束をしていったん被告人と別れて事務所に戻った。

　このことをボス弁に相談したところ、まずは、今日受けた判決の内容を検討したうえで、被告人と控訴するかよく相談する必要があると言われた。そこで、Ｑ弁護士は、明日の打合せに向けて、今日、判決を受けたときに書き取ったメモを読み直したところ、確かに、こちらの主張のすべてが認定されているわけではなく、不満があるといえば不満がある判決ではある。でも、その不満が控訴をすれば必ず解消できるとは限らないように思うし、控訴審は、第１審とは異なる事後審という裁判手続であり、被告人が思っているような手続が行われるとは限らないような印象がある。

　そこで、Ｑ弁護士は、控訴審がどのような手続なのか、また、控訴を申し立てた場合のこれまでの実績に関する一般的な実情を説明することにしようと思い、資料の検討を始めるとともに、今回の判決で控訴した場合にどのような結果が想定されるのかを具体的に説明できるように判決書を検討することとした。なお、当然のことながら、明日以降になるにしても、判決書は裁判所から１日も早く受け取って、より正確な判決による認定内容を確認できるようにすることとした。

現場力

1.控訴の意義

　控訴とは、第１審の未確定判決に対する不服申立てです。控訴は、当事者である検察官と被告人以外にも、法定代理人、保佐人、原審における代理人または弁護人等法の定める権利者が行うことができます（刑訴法 351 条〜 355 条）。

　平成30年度の司法統計年報によれば、第1審判決に対して控訴がなされた事件は約11.8%、全控訴事件5710件中、被告人控訴が5627件（約98.5%）、検察官控訴が69件（約1.2%）、双方控訴が14件（約0.3%）となっており、被告人が申し立てる場合が圧倒的に多いといえます。

2.1審判決を理解し被告人に説明する

　被告人が控訴するかどうか検討できるよう、1審弁護人は、1審判決を理解し、被告人に説明しなければなりません。裁判員裁判事件のように、マスコミ用の判決要旨が事前に作成され、書面で交付される場合もありますが、多くの刑事事件の判決書は、民事事件と違って判決書宣告後に作成され、すぐに入手することができません。そこで、1審弁護人は、裁判官が朗読する判決内容をしっかりとメモし、判決書が作成される前に被告人と十分な協議ができるように準備する必要があります。

　そのうえで、判決宣告後速やかに（できれば、直後に）被告人と面会（接見）し、判決内容を説明しましょう。

　詳しい内容は別途判決書ができあがってから確認するとしても、重要な争点などについて、裁判所がどのような事実認定をしたのかを速やかに被告人に説明し、判決内容を被告人が理解し、控訴をするか否かを早期に決定できるよう、助力すべきでしょう。

3.控訴審の実情を説明する

　被告人の中には、「控訴すれば軽くなる」と同じ場所に勾留されている者に言われたことを真に受けている人もいますので、控訴審の実情について、きちんと説明しておくべきだと思われます。

　控訴審の実情については、司法統計年報などをみるとわかりますが、一般的には、以下のような実情があります。

① 　自白事件の場合は控訴棄却がほとんどであること

　　自白事件の場合は、控訴棄却がほとんどであり、判決後の情状による破棄を別として、量刑不当が認められることは少ないこと。

② 　否認事件を控訴審で破棄することは難しいこと

平成30年度における原判決破棄の数は控訴審の全判決5710件中、576件（9.6%（うち自判は約9.4%））にとどまること。
③　破棄事件（被告人側申立て）の内訳
113件（19.6%）が判決後の情状による破棄（刑訴法393条2項）であり、量刑不当が456件（77.7%）、事実誤認が178件（30.3%）、法令適用の誤りおよび訴訟手続の法令違反が合わせて107件（18.6%）であること。

4.控訴審に要する期間と未決勾留日数の算入

被告人の中には、控訴をすることによって、控訴審における未決勾留日数全部が算入されると誤解している人がいるので、説明する際には注意しましょう。

控訴が申し立てられると、控訴趣意書の提出期限が定められます。刑事訴訟規則236条では、控訴趣意書を差し出すべき最終日を指定する通知が控訴申立人に送達された日の翌日から起算して21日目以降の日でなければならないとされていますが、おおむね1か月後くらいを期限とすることが多いようです。その後、第1回公判期日が指定されます。控訴趣意書の提出期限の最終日の延期は、事案が複雑、記録が膨大など、特殊な事情がない限り、なかなか認められず、第1回公判で結審し、第2回公判で判決宣告となるのが一般的です。控訴の申立てから3か月から4か月程度で控訴審が終了することが多いと理解しておくべきでしょう。

控訴審判決に関する未決勾留日数については、検察官が控訴を申し立てた場合には、控訴申立て後の未決勾留日数が全部法定通算されますが（刑訴法495条2項1号）、被告人が控訴を申し立てた場合には、取扱いが異なります。

被告人が控訴を申し立て、控訴棄却の判決がなされた場合、控訴審での未決勾留日数のみが算入の対象となり（算入しうる期間は、控訴申立てのあった日から控訴審判決日の前日まで）、算入の基準は、当該事件の控訴審の審理に通常必要な期間（一般的には60日前後とされています）を超えた部分に限るとするのが実務の大勢（一部算入説）です。

5.控訴申立ての意思決定

(1) 控訴申立ての意思決定と手続

　控訴は、不服の申立てですから、控訴申立てをするか否かは被告人の意思によります。そこで、1審弁護人が上で述べたような説明をして、被告人が、1審判決に納得できない場合には、控訴をして争うように助言することとなるでしょう。

　控訴の申立ては、被告人が判決謄本と同時に交付を受ける申立書の書式に記入して提出すればよいので、被告人に提出してもらうことでも足りますが、被告人が控訴をするか否か決心がつかない場合や、被告人が控訴申立書を提出できるか不安がある場合、あるいは、被告人の責任能力に疑問がある場合や死刑判決の場合などは、被告人の意思にかかわらず1審弁護人が控訴申立書を提出すべきでしょう。

　被告人が最終的に控訴を希望しないということになれば、被告人が控訴を取り下げることもできますから、1審弁護人としては、被告人が控訴審で争う権利を失わないようにすることがポイントです。

(2) 手続の引き延ばし要請

　自らの執行猶予期間の満了が迫っている被告人から、控訴の申立てをすることで引延しを求められることがあります。第1審で言い渡された判決が、前の判決の執行猶予期間が経過するまでに確定しなければ、執行が猶予された刑が消滅して今回の判決と合わせて刑罰を受けることを回避することができるからです。

　依頼者である被告人の意向であるため、弁護人としては、可能な範囲で助力することとなりますが、執行猶予期間の満了日は裁判所も認識しており、要急事件として処理されるので、控訴をしたとしても、執行猶予期間満了までに控訴審の手続を終えて判決がなされ、刑が確定してしまう可能性があることを説明することが必要です。

　また、控訴審の弁護人は、弁護士倫理上の問題が生ずるような無理な引延しには応じることができない立場にあることも説明しておくとよいと思われます。

6.控訴申立書を提出するタイミング

　控訴をするには、判決宣告の翌日から起算して 14 日以内に、控訴申立書を第 1 審裁判所（控訴審裁判所ではありません！）に提出して行います。

　控訴提起期間は、判決が宣告された日から進行しますが（刑訴法 358 条、342 条）、判決宣告日は 14 日に含まれず、期間の末日が日曜日、土曜日、一般の休日等にあたるときはこれを期間に算入しないものとされています（同法 55 条）。弁護人の不注意で、控訴申立書を提出しないまま期間を徒過することのないよう、注意してください。弁護人の不注意でこのような事態になると、被告人から損害賠償請求を受けたり、懲戒を申し立てられたりする危険があります。

　また、被告人による控訴については、不利益変更禁止の適用がありますが（刑訴法 402 条）、検察官控訴にはそのような制限がありません。検察官が控訴をするか微妙な事件において、検察官の結論が出る前に被告人側が控訴すると、検察官の控訴を誘発するのではないかといわれており（検察官控訴の手続については Intermezzo 参照）、そのような事件では、控訴の申立てを控訴期限の直前にするなどの工夫をする人もいます。

7.控訴審における保釈には要注意！

⑴ 保釈の効力

　本件では問題になりませんが、1 審で保釈を受けていた被告人が、1 審判決で実刑判決となった場合には、保釈の効力が失われ、再度の保釈がなされない限り、身体拘束を受けることとなります。被告人が引き続き保釈を希望する場合には、1 審の有罪判決後、直ちに、再度の保釈を請求する必要があります。

⑵ 再度の保釈請求の準備

　再度の保釈は、第 1 審判決後控訴審裁判所に訴訟記録が到達するまでの間は第 1 審裁判所が判断することになりますので（刑訴法 97 条、刑訴規則 92 条）、実刑判決が見込まれ、早期に再度の保釈を希望する場合には、事前に検察官と裁判官に、判決宣告直後に再度の保釈請求をすることを連

絡したうえで、判決直後に再保釈の請求を第 1 審裁判所に提出し、再保釈
の審査がスムーズに行われるようにしておくことが大切です。

(3) 再度の保釈の要件

　控訴審においては、1 審で実刑判決となった場合には権利保釈の適用は
なく（刑訴法 344 条）、裁量保釈を求める必要がありますので、裁量保釈
の相当性を論じなければなりません。罪証隠滅のおそれがないとの主張の
みで権利保釈を求めるような請求書を作成しないよう、注意しましょう。
なお、裁判所により保釈が却下された場合は、抗告（同法 419 条）を申
し立てることになります。

(4) 再度の保釈の保証金

　再度の保釈の場合には、第 1 審において決定された保釈保証金よりも高
額の保釈保証金が決定されることが多く、保釈保証金の積み増しが必要と
なる場合がありますので、あらかじめ被告人およびその関係者にその旨を
連絡したうえで、保釈保証金の希望金額を再保釈の請求書に記載し、裁判
所と面談（または電話面接）を希望する旨を付記しておく必要があります。

現場力の Essence

■ 第 1 審判決の内容を理解し問題点を把握しよう

■ 控訴を申し立てたからといって思いどおりの結果が得られない可能性が高い

■ 控訴を申立てした場合相応な時間がかかる

■ 被告人が悩んでいたらまず控訴する

■ 保釈の要件は厳しくなり、保釈保証金は高くなる

控訴の判断

江戸弁護士

　弁護人が控訴を早い時期にすると、検察官のほうも、量刑が軽くなる方向にだけ審査が行われることを嫌って、控訴をしてくるのではないかという人がいます。

鎌倉弁護士

　検察官は、いくら独任官庁だからといって、1人の判断で訴訟活動を行うことはできないのだから、そんなことはないのではないか。

室町弁護士

　その話をするときに、検察官、検察庁では控訴するかしないかの判断をどのようにしているのかを知る必要があると思います。問題判決が出た後、マスコミの取材に対して、地方検察庁の次席検事が、「上級庁と慎重に検討を行って適正に対処いたします」というようなコメントをすることがあります。あれは、高等検察庁のことをいっていると思われます。まず、問題判決が出ると、地方検察庁の中で控訴審査が行われることになります。そのメンバーは、東京のような「公判部」がある「部制庁」の場合は、「公判部長」「公判部担当副部長」「公判部担当検察官」「刑事部担当副部長」「刑事部主任検察官（平たくいえば、起訴状に署名した検

事)」が必須で、その他、公判部に所属している出席可能な検事だそうです。部制庁でなければ、検事正、次席、公判担当検察官と、当該地方検察庁の全検察官が可能な限り参加することになっているそうです。

そこでは、公判（部）担当検察官から、問題判決の原因を分析した資料と、今後、補充捜査、追加立証を遂げた場合、原因を除去できるかどうかが報告されるそうです。だから、控訴審査までに、原因の分析と対処方法の検討がなされていなければなりません。それで、皆の意見を聞いたうえで、部制庁では部長が意見を決め、さらに、次席、検事正に審査をお願いすることになるのだそうです。部制庁以外では、検事正が意見を決めることになるようです。

この時点で、地方検察庁の意見は決まるので、それを高等検察庁に報告し、控訴するという意見であれば、高等検察庁での控訴審査が行われることになります。その際は、公判（部）担当検察官が説明に行くそうですね。高等検察庁で控訴審査の結果、控訴ということになれば、高等検察庁の次席検事、検事長の了解を得て、初めて、控訴することができるようです。

江戸弁護士

ずいぶん大変なのですね。私なんか、依頼者と相談して、判断するだけなのにこんなに悩んでいるのに。

鎌倉弁護士

　そうだとすると、弁護人がどのような活動をしているかとか、控訴しそうかどうかなどということは、気にしている暇はないと思うよ。

江戸弁護士

　よくわかりました。ありがとうございました。でも、不安は解消しないな。

室町弁護士

　そうであれば、控訴する方針が決まったとしても、期限ぎりぎりに控訴申立書を提出すればよいと思います。ただ、被告人側と検察官の双方が控訴した事案は、平成30年度の司法統計年報によれば、5710件中14件しかないけれどね（現場力・1参照）。

Scene ⅱ 控訴趣意書を作成して公判にのぞむ

　被告人は、やはり、自分の主張が十分に認定されていないことを不満に思い、Q弁護士からも不服があるのであれば、他の裁判官の目で事件を見直してもらうことも被告人自身が納得するためには重要であるという助言を受けて控訴を申し立てることになった。

　Q弁護士は、被告人から、捜査段階、第1審で自分の言い分をよく理解してくれて、これを主張するためにすごく頑張ってくれたことに感謝していること、第1審の判決についても、Q弁護士の努力が実って執行猶予付き判決になったことを高く評価していること、さらに、判決後にもらった助言についてもわかりやすく、自分の気持ちをきちんと整理することができたこともあるので、控訴審でも引き続き国選弁護人として活動してほしいと言われていた。そこで、控訴審も自分を弁護人に選任してもらうように裁判所と法テラスに上申書を提出した。しかしながら、裁判所の判断でQ弁護士は控訴審の国選弁護人には選任されず、R弁護士が国選弁護人として選任された。おそらく、Q弁護士以外の弁護士の眼で記録をみて新たな観点も含めて主張、立証をすることが肝要であるということが理由であろう。

　R弁護士は、これまで、第1審の弁護人の経験はあったが、控訴審の割当てを受けるのは初めてのことであった。

　R弁護士は、「初めての控訴審がきたぞ」と気合いが入った。そして、控訴審における手続が第1審とはかなり違っていることを、以前、学んだことを思い出し、文献や書式を見直しながら控訴趣意書を仕上げることとした。

現場力

1. 第1審国選弁護人は控訴審の国選弁護を担当できるか

　本件において、第1審の国選弁護人であったQ弁護士は、控訴審の国選弁護人に選任されませんでした。

　第1審の国選弁護人は、必要性と相当性を記載した要望書を法テラスに差し入れ、裁判所が認めれば選任される可能性があります。しかし、弁護人は審級ごとに選任されること、第1審の審理のあり方や弁護のあり方を、異なる視点、批判的な視点からみて組み立てるのも上訴審の目的であるとの考え方などから、東京では、原則として、第1審の国選弁護人は控訴審の弁護人に選任されません。

　もちろん、引き続きの選任が認められる場合がないわけではありませんし、裁判所が選任を認めない場合であっても、第1審の弁護人が、私選弁護人として控訴審の弁護を担当することはあり得ます。

2. 控訴審弁護人に選任された場合に行うべきこと

⑴ 裁判所での記録の閲覧と第1審弁護人からの記録の借り受け

　R弁護士のように、第1審の弁護を担当せずに、控訴審弁護人に選任されたら、早急に法テラスから交付された原判決を読み込んだうえで第1審の記録を閲覧しましょう。また、公判記録に編綴されていない証拠（不同意となった証拠や、公判前整理手続での開示証拠、統合証拠の原証拠など）があるので、できるだけ早く第1審の弁護人に連絡し、第1審弁護人が持っている証拠等の一件記録を借り受けることが必要です。控訴審における証拠開示も検討する必要があるでしょう。

　なお、第1審弁護人には記録を貸し出す義務はないので、事情を丁寧に説明すること、借受けの申入れはお願いベースでの話であること、記録の送付は着払いで受けることやお礼状の発出など、第1審弁護人に対する礼を失することのないよう、十分に気をつけましょう。

⑵ 被告人との接見・面会と不満の聴取が重要

　原判決と第1審記録等の閲覧をしたら、被告人に接見・面会をして被告人の不満を聴取しましょう。被告人が控訴をするのは、1審判決に不満があるからですが、ときには、第1審の弁護人の弁護活動に不満がある場合もあります。控訴審の弁護人としてはできるだけ早く被告人と接見・面会し、控訴審に関する正確な知識に基づいて、被告人の不満の原因を把握し、控訴趣意書に記載する控訴理由を特定しなければなりません。

　なお、記録の閲覧や借り受けに時間を要する場合や被告人が遠方に収監されている場合には、被告人に弁護人に就任したことと接見までに時間を要することを手紙や電報で通知したり、閲覧前に接見したりして、被告人の不満が生じないようにするとよいこともあります。このような対応により、被告人との間のトラブルの発生の確率はかなり下がります。他の事件と同様、依頼人である被告人の気持ちを考えて、先回りしたコミュニケーションをしてあげるとよいでしょう。

3. 控訴審の特徴を理解しよう

⑴ 控訴審に関する正確な知識をもとう

　控訴事件の弁護人が、刑事事件の控訴審について法律の定める限界を理解せず、法的に成り立たない主張をすると、被告人の面前で裁判所からその旨の指摘を受けることとなり、被告人の信頼を失うばかりか、被告人によっては、そのような法的知識を欠く弁護人に対して苦情や懲戒が申し立てられるなどの無用な紛争を招くことにもなりかねません。

　控訴審の弁護人として最初に被告人と面談する場合には、控訴審に関する十分な知識をもっている必要があることに留意すべきでしょう。

⑵ 控訴審は事後審であることを理解しよう

　控訴審は、原判決の手続および内容を事後的に審査し、判断する「事後審」です。控訴審が事後審であることによる特徴としては、

① 　例外的な場合を除き、裁判所は自ら事件について心証を形成しないこと

②　裁判所の判断基準時が原判決言渡時であり、例外的な場合を除き、
　　判断資料は1審（原審）が用いたものに限定されること
などがあげられます。

　①および②における「例外的」とは、当事者救済の観点から、第1審で
やむを得ない理由により取り調べることのできなかった事実や証拠、第1
審の開廷後に生じた新たな事実や証拠（第1審の弁論終結後になされた示
談の成立など）を取調べの対象に加えて審理し、控訴審裁判所がこれらの
新たな事実や証拠に基づいて自ら判断する自判がなされる場合などが、代
表的な例としてあげられます。

　第1審に不満のある被告人の中には、控訴審においても、第1審と同様
の立証活動を繰り返すことができると誤解している人もいます。被告人に
対しては、控訴審の性質を丁寧に説明し、被告人の不満を適切に控訴審裁
判所に伝えることのできるよう、被告人との意思疎通を心がけましょう。

4.控訴趣意書を作成する

(1) 原判決に対する不服申立てであることを理解する

　控訴審弁護人の攻撃対象は原判決であり、その問題点を攻撃するのが控
訴趣意書です。

　控訴審の弁護人は、第1審における検察官と弁護人の主張を踏まえて宣
告された原判決の問題点、すなわち事実誤認、量刑不当、訴訟手続の法令
違反等に対する不服を控訴趣意書に記載し、不服を申し立てるものであり、
第1審の論告に対する反論や、第1審の弁論を強調することを目的とする
ものではないことに注意しましょう。

　ただし、第1審判決が前提を誤った第1審の論告を前提として事実を認
定した場合や、第1審の弁論で触れるべき点を触れなかったために判決に
おいて事実の認定を欠いている場合などがありますから、第1審の手続の
経過について慎重に分析する必要は当然にあります。

(2) 控訴理由を明示する

　控訴趣意書には、控訴の理由を簡潔に明示しなければなりません（刑訴

規則 240 条）。

　控訴理由は、刑事訴訟法に定められていますが、破棄理由として多い順に並べると、

① 　判決後の事情（刑訴法 393 条 2 項）

② 　量刑不当（刑訴法 381 条）

③ 　事実誤認（刑訴法 382 条）、訴訟手続の法令違反（同法 379 条）

④ 　法令適用の誤り（刑訴法 380 条）

⑤ 　絶対的控訴理由（刑訴法 377 条、378 条）

となります。

(3) 被告人の主張を法的に構成する

　控訴趣意書を作成するにあたっては、被告人の主張や不満を十分に踏まえなければなりません。

　弁護人としては、被告人の主張や不満が、どの控訴理由につながるのかを意識し、法的に構成しましょう。

(4) 原審記録を丁寧に読み込み重要な点に絞ること

　原判決の問題点を指摘するためには、原審記録を丁寧に読み込み、真の争点や重要な論点を意識した記述をしましょう。

　原審記録の検討が不十分なまま、重要な点に絞らずに総花的な主張に基づく趣意書を作成すれば、裁判官の注意が重要な点に集中されず、本来争うべき部分の説得力が減少するといわれています。

　また、原判決の問題点を指摘しない趣意書、原審の弁論をなぞっただけの趣意書、原判決に指摘のない原審の弁論や論告に記載された事実を主張する趣意書など、検討不十分な趣意書を作成しないようにしましょう。

(5) 事後審であることを正確に理解する

　控訴趣意書では、原判決の認定・判断が、論理則、経験則等に照らして不合理なことを、具体的に原審の証拠を踏まえて指摘することが求められており（最判平成 24 年 2 月 13 日刑集 66 巻 4 号 482 頁）、控訴審が事後

審的性質を有することを近時の最高裁判例が確認しています。

　裁判所がよく指摘する問題として、以下のようなものがあります。

ア．原審記録の援用がないもの

　事実誤認を争う場合に、原審記録および証拠の援用（刑訴法 379 条、382 条等）をしないまま主張を記載するものです。援用は、原審記録や証拠の丁数（記録 1 枚 1 枚につけられた番号）の特定で十分で、起案の見直しの際にも役に立ちますので、必ず心がけましょう。

イ．刑訴法 382 条の 2 のやむを得ない理由の疎明がないもの

　原判決に全く現れていない事実や証拠に依拠した主張を趣意書に記載する場合に、第 1 審の弁論終結前に取調べ請求することができなかったやむを得ない事由（典型的なものは、原審判決後に生じた事実）を全く記載していないものです。

　やむを得ない事由は、その旨を記した被告人の手紙や弁護人の報告書、事実取調べ請求書などの疎明資料をつけることで行うこととなります。

ウ．原判決後の情状のみを記載した量刑不当の記載

　量刑不当を争う場合に、原判決後の情状のみを記載して量刑不当を論じる主張や、事実取調べ請求なしに原判決後の情状のみを主張するものです。刑訴法 393 条 2 項の破棄を求める場合でも、原審判決の量刑が重すぎて不当であることを、原審において取り調べられた証拠に基づいて主張しなければならないことに注意しましょう。

(6) 違法収集証拠と控訴理由

　原審において違法収集証拠の主張がなされ、裁判所がその主張を排斥して証拠として採用した場合、どのような控訴理由となるでしょうか。

　違法収集証拠の主張にもかかわらず、そのような証拠が採用され、原判決の事実認定に使用された場合の控訴理由は、事実誤認と訴訟手続の法令違反（刑訴法 379 条）となります。この点、違法収集証拠を採用したことを法令適用の誤りであると主張してしまう誤りが多いと裁判所から指摘されていますので、注意しましょう。

(7) 憲法違反の主張

　最高裁判所の判例によれば、控訴審で審判の対象とならなかった事項を上告理由として主張することは許されません（最大判昭和 59 年 11 月 18 日判例集未登載）。

　そこで、上告審において憲法違反や判例違反を主張する場合には、控訴審で憲法違反や判例違反の主張をしなければならないものと考えられています。

　したがって、上告審に備え、控訴趣意書の中で憲法違反や判例違反の主張を展開する場合でも、控訴趣意書では、法令解釈適用の誤りや訴訟手続の法令違反の主張の中で、憲法違反や判例違反を論ずる必要があるとされています。

　ただ、裁判官に話を聞くと、上告審での憲法違反や判例違反の主張は、説得力のないものも多く、無理にそのような主張を加えることで、他の重要な主張の説得力を弱めてしまう可能性があり、注意が必要との指摘もなされていますので、記載する際には、重要な主張の説得力に悪い影響を与えないよう、注意が必要です。

(8) 被告人による控訴趣意書の作成

　多くの事件では、弁護人が控訴趣意書を作成し、被告人に内容を確認してもらったうえで提出します。

　ただ、それまでの接見の際のやりとりなどにより被告人が控訴審の弁護人に対する不信感をもっており弁護人が作成する書面の提出だけでは満足しない事案や、被告人の主張を控訴審の弁護人として趣意書に記載することが難しい場合（上記のような法律的に書くべきではない主張や、ほかに悪い影響を与える主張など）など、被告人に内容を確認したうえで、当該書面は、弁護人名の控訴趣意書として提出し、それとは別に、被告人自身が独自に控訴趣意書を提出するという場合もあり得ます。

　弁護人の主張と被告人の主張が相互に矛盾する場合には、被告人の主張が優先するものと考えられますので（被告人の明示の意思に反することはできないとすることについて東京高判昭和 60 年 6 月 20 日高等裁判所刑

事判例集 38 巻 2 号 99 頁）、できるだけ事前に被告人と調整する必要があります。もし、事前の調整が難しいことが見込まれる場合（たとえば、被告人が弁護人と相談せずに控訴趣意書を別途提出することが予想される場合）には、弁護人の控訴趣意書中において、被告人の主張が弁護人の主張と矛盾する場合には被告人の主張が優先することを付記しておくとよいでしょう。

　また、被告人の主張が、弁護人の主張と一致しているにもかかわらず、被告人が別途控訴趣意書の提出を希望した場合や、被告人が控訴趣意書の提出期限を徒過した後に独自の書面を提出することを希望した場合には、被告人の控訴趣意書としてではなく、陳述書として書証で提出することも考えることになります。被告人の希望を十分に聴取して、被告人ができるだけ満足する適切な方法で書面を提出しましょう。この際、このような事情を裁判所に説明しておくと、控訴審裁判所においても、被告人が独自の意向をもって裁判に対応していることを理解し、被告人の意向を踏まえた対応がなされる場合もあります。

⑼ 期限の延長

　記録が膨大であるなどの特殊事情がある場合には、控訴趣意書の提出期限の延長を求めることが可能とされています。また、量刑不当を理由とする場合において、原判決後の事情に基づく事情（示談交渉の成立の見込みの見通しを示した具体的事情）を理由として、提出期限の延長を求めることもあります。そこで、弁護人としては、期限に提出することが困難な事情があれば、まず、裁判所に延長を求めましょう。

　ただ、控訴趣意書の提出期限は、刑事訴訟規則 236 条に基づき、通常控訴趣意書を提出するために必要な期間を考慮したうえで定められたものですから、その延長が認められるには、高いハードルがあります。したがって、期限に提出することが困難な事情は、通常事件とは特に異なる事情であることが必要ですし、安易に延長が認められることを前提にスケジュールを組まないように気をつけましょう。

⑽ **控訴趣意書補充書の活用**

　控訴趣意書は、いったん提出した後であっても、これを補充する書面の提出が認められます。

　まず、裁判所が決定した控訴趣意書の提出期限前であれば、控訴趣意書で主張しなかった新たな控訴理由を追加提出することが可能です。

　他方で、提出期限後は、新たな主張を追加することはできず、提出済みの控訴理由の内容を敷衍、補足する内容しか主張できないので注意してください。また、内容を敷衍、補足することが可能といっても、補充前の控訴趣意書において実質的な主張を記載しておく必要があります。たとえば、事実誤認や法令解釈適用の誤りといった抽象的な見出しのみを記載して実質的内容を記載しない控訴趣意書を提出する場合、適式な控訴趣意を包含するものではないとの指摘もあります。

　そこで、仮に、時間の制約上、控訴趣意書で実質的な主張ができないままに提出せざるを得ず、補充書によって詳細な主張をする場合には、その旨を趣意書に記載したうえで、補充書を早急に提出するようにしましょう。場合によっては、提出の見込みを裁判所に具体的に伝えるなどの工夫をしておくべきです。このようにして提出した補充書について、控訴審裁判所は、無視することはなく審理にあたってこれを踏まえた訴訟指揮を行うことになります。したがって、公判の直前に補充書を提出した結果、裁判所が内容を十分に検討できないような事態は絶対に避けましょう。

5.事実取調べ請求をする

⑴ 刑事訴訟法 393 条 1 項による事実取調べ請求

　すでに述べたとおり、控訴審が事後審的性格を有することから、裁判所は新たな証拠の取調べに消極的といわれており、そのような運用がなされています。

　そこで、弁護人としては、実体的真実の発見、具体的妥当性の追求の面で、その証拠を取調べないことで第 1 審においてどのような誤りが看過されていたのかに主眼をおき、説得力のある主張をする必要があります。

　証人や被告人であれば、第 1 審での証言や供述に他の証拠あるいはその

後判明した事実との間、あるいは、証言相互もしくは証言と被告人供述の間で矛盾があるとか、その後取り調べた証拠との関係で確認すべき点があるといった点が主張になりますし、却下された証拠の請求の場合にも、第1審での重要性の判断が不適切であったとか、その後取り調べた証拠との関係で取調べの必要があることが明確になったといった主張になると思われます。

(2) 刑事訴訟法393条2項の取調べ

第1審判決後の刑の量定に影響を及ぼすべき情状についての取調べであり、被告人の反省を深めている状況や、第1審判決後の示談や被害弁償などです。これらは、控訴審の職権ないし裁量に委ねられており、当事者の申出は裁判所の職権発動を促すにすぎないものの、明らかに必要性がないとか、取調べに長時間を要するものでない限り、取調べの必要性を認める運用がなされています。

(3) 事実取調べ請求の方法

各高等裁判所によって扱いは異なりますが、東京高等裁判所では、事実取調べ請求をするためには、第1回公判期日前に、係属部の書記官室に事実取調べ請求書と証拠写しを5部提出します。裁判所が処理方針を決める前にできるだけ早く提出しましょう。

人証請求をする場合には、尋問により証言を得ようとしている内容について陳述書を作成して書証として事実取調べ請求をすることが多いようです。なお、第1審と違い、被告人質問についても、立証趣旨、所要時間を明記した取調べ請求書を求められます。

なお、書証については、検察官に証拠意見の見込みを事前に確認しておくことは当然として、検察官が不同意の意見を述べる場合には、証拠として取り調べられるべき必要性、重要性を具体的に説明して、できるだけ同意となるように促します。また、同意をする場合であっても、裁判所が事実取調べ請求の必要性や重要性を認め、証拠を採用するよう、必要な活動をすべきです。弁護人としては、裁判官の立場に立って、想定される審理

時間内にどのような訴訟活動を行うと、事実取調べを取り上げてもらえるかを考えて活動する必要があります。

⑷ 量刑不当を主張して破棄を求める場合の事実取調べ請求

　量刑不当を主張して、原判決後の刑の量定に影響を及ぼすべき情状について主張・立証をして、いわゆる刑事訴訟法 397 条 2 項に基づき原判決の破棄を求めていく場合を考えてみましょう。

　原判決後の情状の立証については、検察官の抵抗を受けることは多くなく、裁判所も採用することが多いと思われます。主張・立証にあたっては、被害弁償や、被害感情の緩和、更生環境の整備や生活態度の改善、被告人の反省の深まりなどを具体的に主張・立証します。

　ただ、事後審の原則がありますので、具体的な事実に基づき、原判決の量刑が破棄に値する不当なもの、たとえば、他の裁判例に比べて明らかに重すぎる判決であることを説得的に論ずる必要があります。また、この点に絞った被告人質問を求められることになりますので、立証趣旨や尋問事項を書面で提出し、準備をしましょう。

6.控訴審の公判

⑴ 公判への出頭義務はない

　控訴審では、被告人は出頭義務を負いません（刑訴法 390 条）が、出頭した場合には、人定質問が行われます。ただ、控訴審は事後審であって、事件そのものが審判の対象ではないことから、起訴状の朗読や被告人の陳述や黙秘権の告知は行われませんし、そもそも人定質問を行わなくてよいものと理解されています。

⑵ 第 1 回公判

ア．控訴趣意書に基づく弁論

　控訴を申し立てた当事者（被告人控訴の場合は弁護人、検察官控訴の場合は検察官）が、控訴趣意書に基づいて弁論をする（「控訴趣意書記載のとおり」と述べる）のが一般的ですが、長文の控訴趣意書などの場合には、

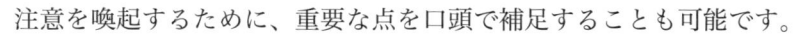

注意を喚起するために、重要な点を口頭で補足することも可能です。

イ．裁判所の釈明と相手方の答弁

　控訴趣意書に基づく弁論に対して、裁判所から記載されている内容が具体的にどのような控訴理由と結びつくという主張なのかを明らかにする説明を求めるために釈明がなされる場合があります。この場合、提出した控訴趣意書の記載が、裁判所に正確に理解されていない危険がありますので、正確な理解が得られるように丁寧に説明する必要があります。

　特に釈明がなされない場合には、相手方の答弁がなされます。

　答弁書が提出された場合には、「答弁書記載のとおり」と述べ、答弁書が提出されていない場合には、「本件控訴は理由がなく、控訴棄却が相当である」などと口頭で述べることが多いようです。

　なお、被告人控訴の事件で、検察官は答弁書の提出をしないことが多く、複雑な事件、事実取調べを要する事件、裁判所からの指示を受けた事件などで、答弁書を提出します。

　検察官が答弁書を提出することがあまり多くないことから、答弁書が提出されると、弁護人は、「もしかして被告人に有利な判決の可能性があるのではないか」などと期待をしてしまいそうです。

　ただ、高等裁判所が検察官に答弁書の提出を求める場合、検察官から意見を聞いておいたほうが判断しやすいという趣旨のことが多く、必ずしも弁護人に有利な結論を考えているわけではないようです。

　また、検察官控訴の事件では、弁護人は、裁判所からの指示があろうとなかろうと、控訴趣意書に対する答弁をきちんと書面で提出し、控訴審で逆転されないようにしっかりと準備をすることが必要です。

ウ．証拠調べが却下された場合の異議申立て

　裁判所が事実取調べ請求を認めれば、その後、証拠調べ（ほとんどが、原判決後の事情に限った短時間の被告人質問）がなされますが、裁判所が事実取調べ請求を認めず、証拠調べ請求をすべて却下して弁論を終結することもよくみられます。

　なお、弁護人が苦労して事実取調べ請求をしても、裁判所が弁護人の事実取調べ請求を認めず、却下することはよくあります。弁護人としては、

このような場合には、しっかりと異議を申し立て、記録に残すようにしましょう。

　証拠調べ請求の却下に対する異議の申立て（刑訴法309条1項、刑訴規則205条1項本文）については、違法性がなければなりませんので、何が違法なのかをきちんと意識した異議申立てとなるように準備します。

　弁護人による刑事訴訟法382条の2に該当する事実取調べ請求が却下された場合には、同法393条1項ただし書の「刑の量定の不当又は判決に影響を及ぼすべき事実の誤認を証明するために欠くことのできない場合」に該当するにもかかわらず、これに該当しないものと誤って判断したことの違法についての異議申立てを行うこととなります。

　他方、刑事訴訟法393条1項本文（裁量的取調べ）に基づく事実取調べ請求が却下された場合には、少し工夫が必要です。393条1項本文の裁量は一定の要件が存在する場合には一定の行為をすることが要求されるという範囲で限定された覊束裁量であるとの解釈をとったうえで、裁判所の判断には覊束裁量の逸脱の違法があるという法律構成をして、異議の申立てをする必要があります。

⑶ 第2回公判以降

　第1回で終結されなかった場合には、第2回は続行期日となり、事実取調べ等の審理が行われます。事実取調べが行われる場合、実施された事実取調べに基づき、弁論をすることができますので、主張する内容を書面に整理して準備をしておきましょう。これに対し、第1回で終結した場合には、第2回で判決宣告となります。

⑷ 判決期日──再度の保釈を受けているときは要注意！

　控訴審では、被告人に出席の義務がないため、被告人が欠席をしても判決宣告がなされます。なお、控訴審においては、第1回公判で結審し、即日判決が宣告される場合もあります。控訴審の判決に際して気をつけたいのは、第1審で実刑判決を受け、再度の保釈を受けている被告人の場合です。控訴棄却の判決によって、法律上は、再度の保釈の効力がなくなりま

すので、保釈中の被告人は直ちに収監される可能性があります。

　この点、被告人が公判に出頭せずに、控訴棄却の判決が宣告される場合、上告審での再々保釈がなされない限り、追って検察庁から呼出状が送付される運用となっているので、直ちに収監されることはありません。他方、被告人が控訴審に出頭し、即日判決で控訴棄却を受けた場合は、高等検察庁によって取扱いが異なるようですが、直ちに収監されてしまう庁もあることが報告されています。したがって、各高等検察庁においてどのような運用がなされているのか調べておく必要があります。

　また、収監されてしまう可能性があることや、その場合の不便、不都合（たとえば、しばらくの間差入れができないため、着替えができないことなど）を説明しないまま、被告人を出頭させたところ、即日控訴棄却判決がなされて収監されてしまうと、弁護人との間の信頼関係にも悪影響が生じますので、注意すべきです。

⑸その他、弁護士会に寄せられた控訴審での問題事例

　その他、控訴審での問題事例として、以下のような事例が報告されています。いずれも、ちょっと気をつければ回避できる問題ですので、気をつけたいところです。

- ・被告人の確認を得ないで国選弁護人が控訴趣意書を提出し、当日になって初めて内容を説明したため、公判廷で被告人からクレームを受け、解任された事例（後に弁護士会から懲戒処分もなされた）
- ・市販の解説本やテンプレートを使った控訴趣意書を作成したが、内容が薄く、当該事案に対する不服申立てとして甚だ不十分な内容であった事例
- ・他事件で使用した控訴趣意書を基にして趣意書を作成したものの、事案と無関係な記述を削除することを忘れてしまい、裁判所からの釈明で訂正を求められた事例
- ・法的に執行猶予を付することのできない事件で執行猶予を求めてしまった事例
- ・法的に不可能であるのに、被告人に最終陳述をさせようとした事例
- ・事実取調べが却下され、証拠調べをしていないのに最終弁論をしよう

とした事例

現場力のEssence

■ 控訴審は、事後審であり、1審とは異なる規律がある。1審との違い
をしっかり把握し、不適切な活動とならないように気をつけよう

■ 1審判決後の再保釈、控訴審判決後の再々保釈は、タイミングを誤る
と面倒なことになるので気をつけよう

■ 控訴審は、被告人の不服の申立ての場であることに留意し、被告人の
不服内容を十分に聴取し、被告人の不満が控訴審の裁判官に伝わるよ
う、被告人とのコミュニケーションに配慮しよう

■ 控訴趣意書は、裁判所から示された最終日までに必ず提出しよう

■ 控訴趣意書の記載内容を補足するための補充書を活用しよう

■ 控訴審における新たな証拠調べには、1審と異なる制約がある。制度
を正確に理解して適切な訴訟活動をしよう

■ 控訴審で再度の保釈を受けている被告人を判決期日に出頭させる場合、
保釈の効力が切れた場合のリスクに配慮しよう

上訴審で大切なこと

鎌倉弁護士

　日本の刑事訴訟では、上訴審は事後審であり、第1審での証拠調べとは異なるさまざまな規律があるから、まずは、専門家として、このような刑事訴訟のしくみをきちんと理解し、使えるようにしておくことが大切です。裁判所は、上訴審での弁護人の活動をかなり厳しくみつめているから、専門家として恥ずかしくないよう、しっかりした準備をしてのぞむべきだと思います。ほかには、上訴審が、不服申立ての機会であり、被告人が、原判決に不満をもっていることを意識することが大切だと思います。上訴審では、裁判所の誤った判断を正したいと期待する被告人がほとんどですから、弁護人としては、そのような被告人の気持ちに寄り添い、できるだけ、被告人の不満が上訴審の裁判所に伝わるように活動してあげることも大切だと思います。もちろん、被告人の期待や希望が強すぎると、すべてに応じることはできません。第1審同様、裁判と関係のない頼まれごとなど、弁護人としてできないこともあり、限界はあると思います。ただ、裁判に関連する主張であれば、弁護人としていったんはその主張を受け入れ、その主張が成り立たないのか、検証しなければならないでしょう。

室町弁護士

　荒唐無稽な主張を受けた場合にも必ず検討しないといけないのか、という問題があります。自分の経験でいえば、荒唐無稽と思われる被告人の主張を何とか形にするために、控訴審で海外出張までして証拠を集めた結果、破棄差戻しとなり、無罪になったことがあります。旅費は、法テラスに事情を話したら、出してくれました。最近は、法テラスも必要性を認めれば交通費は出してくれるから、相談するとよいと思います。

　そのほかにも、第1審の弁護人が荒唐無稽だとして取り上げなかった主張を控訴趣意書で取り上げ、地方の受刑者に面会するなどして事実取調べを準備し、被告人にも陳述書を書かせて提出して被告人の主張を尽くしたことで、被告人が控訴棄却判決を受け入れて、上告せずに受刑したこともあります。このときの被告人に後で聞いたら、第1審の弁護人に無視された主張を控訴審で主張できて、それに対して裁判所が丁寧に判断を示してくれたことで、あきらめがついたと言っていました。

鎌倉弁護士

　被告人の荒唐無稽な主張に対して、どこまで対応するかについては、考え方が分かれそうですね。でも、室町弁護士の経験した事件のように、無罪につながる事件もあるわけだし、いったんは、被告人の話をしっかりと聞いて、その主張が客観的証拠から成り立ち得ないのか、最低限検討すべきでしょう。話を聞いただけで取り上げないという姿勢は慎むべきだろうね。

江戸弁護士

　弁護人は、不満のある被告人の主張を信じ、できるだけのことをしてあげるべきなのですね。費用対効果などを考えて手を抜くのはもってのほか。被告人を信じる気持ちと最善弁護のための努力と熱意が大切だとわかりました。

Scene

ⅲ 上告審にのぞむ

Prologue

　被告人の控訴は棄却され、上告した。S弁護士は、上告審の弁護人として選任され、初めて上告審の弁護を担当することとなった。「さぁ、上告審だ。上告審は、法律審だから、勝手がわからないな。しっかり勉強して、いい書面をつくろう」と思い、文献や書式を検討しながら、上告趣意書を作成して提出することとした。

 現場力

1.上告とは

　上告審は、控訴審の未確定判決に対する不服申立てです。上告審は、三審制の最後の場であり、第1審や控訴審とは異なる特徴があります。

　特に、上告理由が憲法違反と判例違反に限定され、憲法裁判所としての機能と、法令の解釈統一を図るための機能があります（刑訴法405条、406条）。

　さらに、当事者の具体的救済のため、下級裁判所の判断の著しい不正義を是正する機能もあり、職権で破棄する機能があります（刑訴法411条）。

2.上告審の特徴

(1) 事後審であること

　上告審では、口頭弁論に基づいて判決がなされるのが原則でありながらも（刑訴法43条1項）、上告の申立ての理由がないことが明らかであると認められるときは、弁論を経ないで上告を棄却することができます（同法408条）。

　また、原判決を破棄する場合や、死刑事件などを除けば、口頭弁論が開かれることはなく、被告人の召喚も不要です（刑訴法409条）。上告審は、事後審であり、控訴審に関する手続が準用されますので、上告趣意書を提出するまでの手続は、控訴審とほぼ同じです。

　したがって、弁護人の多くの活動は、上告趣意書の作成となります。

(2) 上告審への期待をもつ被告人

　平成30年の司法統計年報によれば、上告審事件（取り下げられたものを除く）の99％以上の事件が上告棄却となり、上告から3か月程度で終結します。また、適法な上告理由（憲法違反や判例違反）を有する事件は少なく、ほとんどの事件では、「上告趣意書記載の上告理由は、いずれも、刑事訴訟法405条の上告理由に当たらないことは明らかである」という判決（いわゆる1行判決）がなされます。

　控訴審の弁護人の中には、「まだ最高裁がある」と言って、被告人を励ます人がいますが、そのようにして励まされた被告人の中には、上告審に強い期待をもっている人も少なくありません。

　上告審を担当する場合には、そのような被告人とのコミュニケーションを円滑に行い、被告人の希望が適切に反映されるような弁護活動をできるように努力しましょう。

　なお、上告趣意書の提出最終日の指定とその延長の方法については、控訴審で述べた場合とほぼ同様です。延長をなかなか認めてもらえないことも同様です。安易に延長がされる前提で準備しないように気をつけましょう。

3.上告審での弁護活動

(1) 訴訟記録の閲覧

　上告審の弁護人に選任されると、最高裁判所から上告趣意書提出最終日の連絡書が送付されます（国選弁護の場合には、選任命令とともに送付されます）。

　まずは、最高裁判所の記録閲覧室に行って、訴訟記録の閲覧・謄写をし

ましょう。なお、最高裁判所の記録閲覧室には、コピー機があり、自分で
コピーをとることができますが、業者や事務員に記録の謄写を依頼する場
合には、事前に担当書記官に連絡し、打合せをしておきましょう。

(2) 被告人との接見・面会

　記録の閲覧後、被告人と打合せをしましょう。なお、身体拘束を受けて
いる被告人の場合、東京高等裁判所で判決を受けた場合以外は、各高等裁
判所および同支部の拘置所にそのまま勾留されますので、面会に出向く必
要があります。国選事件の場合には、法テラスと事前に協議し、勾留場所
までの交通費が支給されることを確認しましょう。支給されない場合には、
郵便等で意思確認をすることになりますが、被告人の意思が十分に反映で
きるように配慮しましょう。

　被告人との打合せでは、上告審の特徴を説明し、当該事件で適法な上告
理由がない場合には、控訴審判決の事実認定の問題点を指摘して、「著し
く正義に反する判決を是正する」方針をきちんと説明しましょう。その際、
上告趣意書での主張が通らない場合には、職権発動がなされないために、
「上告趣意書記載の上告理由は、いずれも、刑事訴訟法 405 条の上告理由
に当たらないことは明らかである」という判決がなされることを説明して
おくとよいでしょう。

(3) 上告趣意書の作成
ア．憲法違反

　憲法違反の主張としては、自白の任意性（憲法 38 条）、刑事訴訟法
321 条 1 項 2 号の検察官面前調書の採用の問題（憲法 31 条、37 条 2 項）、
国際人権 B 規約違反、などがあげられることが多いようです。

イ．判例違反

　判例の事件番号、判決日、出典を記載し、具体的にどの部分が判例違反
となるかを記載します。記載を欠くと不適法となり、棄却されます。

ウ．憲法違反・判例違反がみつからない場合

　裁判官や、経験のある弁護士からは、無理な憲法違反や判例違反をこじ

つけて記載するよりも、職権判断を求めるための、原判決の問題点を丁寧に論じたほうがよいとの指摘があります。

　ただ、被告人が弁護人に不信感をもっている場合など、憲法違反や判例違反を記載しないことで、後日クレームをされる場合もありますので、被告人とのコミュニケーションを踏まえて記載方法を工夫しましょう。

エ.　控訴審で審判の対象とならなかった事項

　Scene ⅱ 4⑺で説明しましたが、最高裁判所の判例によれば、控訴審で審判の対象とならなかった事項を上告理由として主張することは許されません（最大判昭和 59 年 11 月 18）。したがって、被告人が上告趣意書に記載を希望する主張が、このような事項に該当する場合には、裁判所から、排斥される可能性があることを十分に意識して記載しましょう。

　なお、控訴審の規定が準用されているので、ほとんど取り上げられることはありませんが、事実取調べ請求も可能です。

⑷ 提出方法

　最高裁判所の刑事事件受付に、署名または記名捺印した正本 1 通、謄本 2 通を提出します。郵送する場合には、期限内に到着するように提出しましょう（受領日がわかるように、書留にしておくとよいと思います）。持参する場合には、提出する際に、副本を持って行って、受領印を押してもらえばよいでしょう。

⑸ 異議・判決訂正の申立て

　執行猶予期間の満了が迫っているなど、上告をする被告人の中には、少しでも手続を長く延ばしたい人がいます。

　上告棄却の場合でも、決定の送達から 3 日以内に異議の申立てが、判決の宣告日から 10 日以内に判決訂正の申立てができ、判決の確定を少しだけ遅らせることができますので、助言をしてあげましょう。

　ただ、上告棄却は、ほとんどの場合、決定で行われるので、その送達から 3 日以内に異議を申し立てなければならず、接見してからの提出では間に合いません。あらかじめ被告人に書式を差し入れるなどして、被告人自

身が申し立てられるように準備しましょう。

⑹ 再審制度の紹介

　上告審での見通しが難しい事件の場合、被告人には、再審制度を説明しておくことが適切な場合もあります。再審には国選弁護人が付されません。熱心に再審支援をしている団体があり、日本弁護士連合会も、再審支援をしていますので、これらを紹介するなど、被告人が判決後に相談できる窓口を紹介してあげるとよいでしょう。

現場力のEssence

■ 上告審も控訴審と同様、事後審であることに留意しよう

■ 被告人にとって三審制の最後の機会なので、十分に被告人の意思が反映できるよう、コミュニケーションに注意しよう

■ 憲法違反や判例違反がみつからない場合には、無理にこじつけないで、職権判断を求める主張を説得的に論ずることも1つの作戦と心得よう

■ 上告趣意書は、提出裁判所から示された最終日までに必ず提出しよう

■ 必要に応じて、異議申立てや判決訂正の申立ての制度の教示、再審手続も紹介しよう

Act

V

外国人事件の場面にて

Monologue

　　Q弁護士は、大学時代に英語を第一外国語、中国語を第二外国語として専攻し、夏休みを利用して1か月間、バックパッカーとして東南アジア、東アジアなどを旅していた。そのときに知り合った外国人に誘われてヨーロッパに短期語学研修に行った際の海外生活の楽しさが忘れられず、いずれは留学するか海外で勤務したいと考えている。現在は、修習時代にお世話になった一般民事を中心とする法律事務所で働いているので外国人と接する機会は少ないものの、できれば日常的に外国人と接したり、外国語を話す機会をつくったりしたいという気持ちもあり、外国人の刑事弁護を受任する機会があればいいなと思っている。

Scene ⅰ 外国人を弁護する

Prologue

今日は土曜日だが、Q弁護士の被疑者国選待機日である。最近は事件数自体が減っているのか、国選事件の配点も少なくなっており、せっかく待機していてもなかなか電話はかかってこない。Q弁護士がちらっと壁の時計に目をやると、そろそろ夕方 17 時 30 分になろうとしている。「今日も事件なしか……」近所の立ち飲み屋で一杯やってから帰ろうと思って帰り支度をしていると電話が鳴った。「法テラスです。Q先生に事件の受任をお願いしたいのですが。被疑者は Z 国籍です。被疑事実の要旨は……」

来た！ 初めての外国人事件だ。一杯やるのは接見後までお預けになったけれど、仕事の後の一杯も悪くないなと思った。

 現場力

１．全刑事事件のうち、外国人事件の占める割合

⑴ 人数

平成 30 年版の犯罪白書によると、外国人による刑法犯の検挙人員は、平成 11 年から増加し、平成 17 年に 1 万 4786 人を記録した後、平成 18 年から減少し続けていましたが、平成 25 年から増減を繰り返し、平成 29 年は 1 万 580 人（同 1．6 ％減）でした。

平成 29 年における刑法犯検挙人員総数（21 万 5003 人）に占める外国人の比率は 4．9 ％で、そのうち、来日外国人による刑法犯の検挙人員は 6113 人でした（警察庁統計）。

(2) 罪名

　平成 29 年における来日外国人による刑法犯の検挙件数の罪名別構成比をみると、窃盗が 63.2% を占めており、強盗は 0.5%（59 件）、殺人は 0.3%（35 件）でした（警察庁統計）。

　来日外国人による窃盗、強盗、傷害・暴行等について、検挙件数の推移（最近 10 年間）をみると、窃盗の検挙件数は、平成 17 年をピークに 18 年から減少し続けていましたが、同 29 年は前年よりも 1503 件増加し、6955 件（前年比 27.6% 増）でした。

　傷害・暴行の検挙件数は近年増加傾向にあり、平成 29 年は、平成 20 年と比較して約 1.3 倍になっています。

　その他、外国人事件特有の罪名としては、入管法（出入国管理及び難民認定法）違反がありますが、単純な不法残留罪のみで起訴されるよりもむしろ偽装結婚、風営法（風俗営業等の規制及び業務の適正化等に関する法律）違反、売春防止法違反、違法薬物の密輸などとあわせて起訴されることが多くなっている傾向にあります。なお、かつては単純な不法残留についても起訴されており、国選弁護人として事件にかかわることも多くありましたが、現在は、単純な不法残留についてはその多くの場合において刑事手続によらずに警察官から直接入国警備官に引き渡す運用（出入国管理及び難民認定法 65 条 1 項）が定着しています。

(3) 国籍

　平成 29 年における来日外国人による窃盗および傷害・暴行の検挙件数を国籍別にみると、窃盗は、ベトナムが 3080 件（検挙人員 988 人）と最も多く、次いで、中国 1428 件（同 817 人）、ブラジル 604 件（同 159 人）の順でした。

　傷害・暴行は、中国が 270 件（同 312 人）と最も多く、次いで、ブラジル 115 件（同 116 人）、フィリピン 104 件（同 123 人）の順でした（警察庁統計）。

2.外国人事件の特徴

(1) 要通訳事件

　外国人事件の多くは、被疑者被告人が日本語を理解できないので、弁護人自身が被疑者被告人の国の言葉を理解できない場合、通訳人の協力が不可欠となります。

　国選事件の場合には、事件の配点のときに法テラスから通訳人を紹介してもらえるうえ、基本的には通訳費用も翻訳費用も法テラスに支払ってもらえます。ただし、通訳人への支払いは弁護人が先に立替払いをする必要があります。

　他方、私選事件の場合には、通訳人を自分で探さなければならないうえ、費用も被疑者被告人またはその家族等から支払ってもらわなければなりません。

　初回接見時に、本人から国選基準を上回る資力があることを聞いて大丈夫だと思って私選契約を締結し、着手金や報酬金を定めたとしても、通訳費用や謄写費用等の実費は後になってみないと金額が確定しないため、終わってみるとそれらの費用が思いのほか高額となってお金が足りず、結局支払ってもらえなかったということもあるので注意が必要です。

(2) 退去強制事由

　外国人といっても、家族とともに日本に長く居住している人もいれば、旅行や仕事などで短期滞在している人、さらには覚せい剤の密輸事件などで運び屋として初めて来日して空港で捕まった人などさまざまです。

　退去強制事由にあたるのは、基本的には入管法24条に列挙される者で、入国資格や在留資格をもたない者ですが、在留資格を有している人であっても犯罪類型や処分の内容によっては退去強制事由にあたることもあります。

　たとえば、1年を超える実刑に処せられた（確定した）場合や、執行猶予がついても日本人配偶者等・永住者配偶者等・定住者・永住者以外の在留資格の人が、住居侵入・偽造・賭博・殺人・傷害・逮捕監禁・略取誘拐・窃盗・強盗・詐欺・恐喝・横領・盗品等・暴力行為等処罰法違反・盗犯等

防止法違反・特殊解錠用具法違反の各罪に処せられた（確定した）場合、さらに、大麻・あへん・覚せい剤等の薬物事犯、旅券偽造や偽造旅券行使等の旅券法違反については罰金刑であっても退去強制事由となります。

　このように、無期または1年を超える実刑に処せられた（確定した）場合のみならず、執行猶予がついた場合や罰金に処せられた場合であっても退去強制事由にあたることもあるので、「執行猶予や罰金なら大丈夫です」などと安易に答えるのは危険です。

　以上のとおり、退去強制事由に該当する場合は少なくないので、もともと生活の本拠が日本になく、一刻も早く本国に帰りたい人の場合は問題ありませんが、引き続き日本に在留することを希望する人の場合には、退去強制事由にあたるか、あたるとして在留特別許可を取得できるかという刑事弁護プロパー以外の観点からも検討し、適切なアドバイスを行う必要があります。

　なお、在留特別許可を得るのは容易ではありませんが、日本人の配偶者である場合や、日本人の実子を養育しているような場合、永住権を有している場合などには比較的許可が出やすい傾向にあります。被疑者被告人が在留を希望している場合には、法務省入国管理局（当時。現在は、出入国在留管理庁。以下、「入管」といいます）が公表している「在留特別許可に係るガイドライン」〈http://www.moj.go.jp/nyuukokukanri/kouhou/nyukan_nyukan85.html〉を参考にしつつ、在留特別許可事由があるかどうかについて検討してみるとよいでしょう。

⑶　領事館通報

　外国人は、身体拘束された場合には、外交関係に関するウィーン条約および「外国人を拘禁した場合等の領事機関に対する通報及び領事官の訪問通信権について」という通達（平成24年7月18日達（組対、留管、生企、交企、外）第289号）によって領事館通報ないし面談の権利が保障されています。国によっては領事が被疑者被告人のために本国との窓口になったり、関係者と連絡をとったりして協力してくれることもあります。

　逮捕後に警察によって被疑者に意思確認がなされ、被疑者が希望した場

合には、すでに領事館通報が行われている場合もありますが、そうでない場合もあるので、領事に協力を仰ぎたい場合には、領事館通報がなされたのかについて被疑者に確認をすることも必要です。

　ただし、薬物事件の処罰に厳しい中国（中華人民共和国）や台湾（中華民国）などの場合には、本国での二重処罰の危険性もあるので、領事館通報をするかどうかについては慎重に判断したほうがよいでしょう。同様に、本国で迫害を受けていた人や難民事件などの場合も、通報するかどうかの判断には注意が必要です。

現場力のEssence

■ 外国人事件で多い罪名は窃盗、その他暴行・傷害も増加している

■ 私選の場合、報酬以外に通訳費用等がかかることに注意

■ 外国人にも居住者や来日者などさまざまな人がいる

■ 在留資格と退去強制事由に注意

■ 領事館通報制度を知る

日本語が理解できる場合

江戸弁護士

　当番の配点連絡票には外国籍であることと、使用外国語の記載があったので通訳人を連れて行きましたが、被疑者が日本語を話せたので次回からは通訳人なしで接見しています。そのほうが通訳人と日程を合わせなくてもよいので頻繁に接見に行けてよいと思うな。

鎌倉弁護士

　ただ、被疑者と日本語で会話できる場合でも、日常会話は理解できても難しい法律用語や手続の話になると日本語ではきちんと理解できないこともあるので、重要な説明のときなどには通訳人を連れて行くことも大切だよ。特に、日本語ができる場合でも、初回接見では理解度がわからないので、結果的に通訳をしてもらわない可能性があるとしても一応通訳人と一緒に接見に行ったほうが安心だろう。

室町弁護士

　公判での被告人質問でも、日本語で行ったほうが直接自分の言葉でやりとりができる分、裁判官や裁判員に被告人の言いたいことや人となりが伝わりやすい点にメリットがありますが、あまりにも片言のレベルであれば正確な事実が伝わらないというデメリットもあります。逆に、通訳を介する場合には通訳人の話し方や個性で印象が変わり得るという点や、質問と回答でそれぞれ通訳をするため時間が2倍かかり、質問事項

が半減するということにも注意して、どちらを選択す
るかは検討すべきですね。

Scene ii 通訳人を確保する

Prologue

　Q弁護士は、英語か中国語なら問題なく話せるのだが、あいにく被疑者の母国語は、Q弁護士が全く知らない言語だった。そこで、Q弁護士は、法テラスからかかってきた指名打診の連絡の際に紹介してもらった通訳人に早速電話をかけてみた。少し話した感じだと、若干イントネーションが違うので、日本人ではなさそうだが、とても日本語が上手な印象を受けた。しかも、明るくて気さくな感じだったので、初対面でも緊張せずに済みそうだ。法テラスから事前に話がされており、今日はこの後ずっと予定が空いているとのことなので、これから警察署で待ち合わせて一緒に接見に行くことにした。これから長いつき合いになるかもしれないので気が合う人だったらいいなと思った。

 現場力

1.通訳人の個性

(1) 通訳人のバックボーン

　通訳人といってもそのバックボーンはさまざまです。日本人で外国語を話せる人、外国人で日本語が話せる人など、日本人だったり外国人だったりどちらのパターンもあります。

　外国人の場合、両親が日本に移住して小さい頃から日本で育った人、日本人と結婚した人、日本国籍をもつ子どもがいる人、帰化している人など、さまざまな方がいます。また、たとえば北京語と広東語、タガログ語と英語、スペイン語とポルトガル語のように複数の言語の通訳人をしている方もいます。

⑵ 日本人と外国人の割合

　日本人と外国人どちらの通訳人が多いかといえば、比較的外国人の通訳人のほうが多い印象です。やはり、英語であればともかく、日本人があまり学校で勉強しないような言語や、アジアやアフリカなどの少数民族の言語を一から勉強して通訳人になろうというのはなかなか大変でしょうし、それよりは、そういった国々の出身の方が結婚や仕事で来日し、通訳の仕事をするという場合のほうが多いのだと思われます。

⑶ 日本人と外国人どちらがよいか

　では、日本人と外国人のどちらの通訳人がよいかというと、これはケースバイケースです。

　外国人で、長年その国で暮らしてきた人の場合には、その国の歴史や文化に通じているので、日本人が知らないような事情や日本人では理解しがたい常識を知っていて、通訳の合間に説明を挟んでくれたり、わかりやすく言葉を選んでくれたりすることもあります。

　特に、日本人にとっては何気ない動作がその国の人にとってはとても失礼にあたるような場合もありますので、そういった動作を知らずにしてしまったときに、それはしてはいけないと教えてくれると非常に助かることがあります。

ア．外国人通訳人のメリット

　たとえば、以前、外国人どうしの殺人事件の法廷で、このようなことがありました。検察官が被告人質問で、被告人に対して、殺意があったと言わせようとして、以下のようなやりとりが続いていました。

　検察官「あなたは相手を殺そうと思ったんじゃないですか？」

　被　告「いいえ」

　検察官「でも死ぬかもしれないと思ったでしょう？」

　被　告「思わなかったです」

　検察官「死んでもかまわないという気持ちが少しはあったんじゃないですか？」

　被　告「そんなことないです」

検察官「でも包丁で刺しているんですよ？　危険だと思いませんか、普
　　　　通？」

被　　告「刺すつもりはなかったです」

　被告人が調書では殺意を認めていたのかもしれませんが、なかなか自分
の思いどおりのことを言わない被告人に検察官が目に見えていら立ち始
め、

　「それであなたは被害者の息の根を止めてやる、と思って刺したんじゃ
ないんですか！？」

と質問し、被告人が

　「いいえ」

と答えたところで裁判長が検察官の質問を止めました。

　「通訳人。今の検察官の質問で、息の根を止めるというのは何と訳した
のですか？」

と尋ねる裁判長に対して、外国人の法廷通訳人が、

　「息が出て行くと訳しました」

と答えた瞬間、法廷が若干どよめき、傍聴席からも笑いが漏れました。な
ぜなら、その場にいた日本人全員が、訳が間違っていると思ったからです。

　ところが、法廷通訳人が説明するには、その国では、一般的に、死ぬと
肉体から魂が出て行くと考えられており、よく漫画であるように、口から
吹き出しのように魂が抜けていくと考えられているのだそうです。だから、
法廷通訳人は、死ぬことを「息が出て行く」と表現するのだと説明したの
でした。

　そこまで聞いて、裁判長も、

　「では、訳は間違っていないということですね」

と言って、その場はなるほど、という雰囲気に変わりました。これがもし
純粋な日本人通訳人だった場合、「息の根を止める」ということをどのよ
うに通訳したのか、直訳したにとどめたのかはわかりませんが、少なくと
も、現地の言葉や慣習を熟知している外国人通訳人は、的確に通訳したと
いうことになります。

イ．外国人通訳人のデメリット

　他方、外国人は日本人より日本語の発音や語彙力が劣る場合もありますので、通訳の際に言葉が出てくるのが日本人よりも遅かったり、適切な単語を選択できなかったりすることもあります。

　また、時として、こちらが話したことの何倍もの時間をかけて話を続ける通訳人もいますが、そのような場合には、たとえば接見の場面であれば、いったん通訳を止めて、今被告人に何を伝えていたのかを確認したほうがよいでしょう。また、弁護人としても、主語述語をはっきりさせる、短く区切る、など、通訳しやすいような言葉の使い方（詳しくは後述2参照）を心がけるとよいでしょう。

　その他、被疑者を説教し始めたり、否認している被疑者を説得して認めさせましたと誇らしげに言ってきたりする通訳人もいたりしますが、そのような行為は通訳人の権限としては不適切ですので、弁護人が話した言葉だけを通訳するようにきちんと伝えるべきです。

　とはいえ、法テラスが紹介してくれる通訳人は通訳人としての条件をクリアしている方であり、通訳人研修も受けているので一定以上のレベルに達しており、通常は通訳の際に支障を来すほどの人はまずいないでしょう。

2.通訳しやすい話し方

⑴ わかりやすく

　通訳をしてもらう以上、そもそもこちらが話す日本語がわかりやすいものでなければならないことが前提です。

　たとえば、ゆっくり話す、一文を短く切る、間を開ける、専門用語をなるべく使わず平易な単語を選択するなどです。

⑵ 法律の専門用語の使い分け

　法律の専門用語を訳す場合には、通訳人によって単語や語彙の選択がさまざまであり、個性が出ます。たとえば、「留置所」「拘置所」「刑務所」「少年院」「鑑別所」などの場所一つをとってみても明確に訳し分けるのは難しいですし、そもそも被疑者・被告人がそれらの違いを知らないことも多いのです。

ですので、それらの単語を当然に使うのではなく、それらの単語の説明を交えたり、違いをひとこと説明したりするだけで通訳の正確性も上がります。

(3) 熟語も難しい

日本語で質問をする際に、熟語を多用しないということも重要です。

たとえば、「あなたが○○公園で××さんと会うことになった経緯は？」と聞くよりも、「あなたはどうして○○公園で××さんと会うことになったのですか？」などと聞いたほうがわかりやすいですし、「あなたが△△さんを殺害しようと思った動機はなんですか？」と聞くよりも、「あなたはどうして△△さんを殺そうと思ったのですか？」と聞いたほうがわかりやすいと思います。

(4) 文法の違い

日本語と外国語の文法や文章の構造上の違いをより意識して話す必要もあります。

ア．主語の必要性

たとえば、日本語は主語を省略して話すことが多いですが、それは話し手も聞き手も主語を暗黙のうちに想定して理解しているため、いちいちわかりきった主語を使うのはわずらわしいと思うからです。

他方、外国語では、わかりきっている主語であってもいちいち文章に入れるのが一般的な言語も多くあります。

そのため、当たり前のように主語を省略すると、通訳人が前後の文脈を理解しきれておらず誤解が生じている場合には、主語を誤訳されたり、そもそも意味を理解してもらえなかったりするということもあります。

たとえば、

「何時頃現場に行ったのですか？」

「何時頃家に帰ったのですか？」

などと聞いたときに、被疑者から、

「誰がですか？　私ですか？　被害者がですか？」

と聞き返されたりすることがあります。ですので、

「あなたは何時頃現場に行ったのですか？」

「○○さんは何時頃家に帰ったのですか？」

などと、何度も「あなたは」「○○さんは」と言うのはくどいかなと思ったとしても、主語を省略せずに聞いたほうがより正確に通訳してもらえることになります。

イ．時期を意識する

　いつの時点のことを聞いているのかもきちんと特定する必要があります。

　たとえば、

「あなたは家族4人で暮らしていたのですか？」

という質問に対して、

「はい」

と答えたとして、それが生まれた直後から幼少期にかけての話なのか、事件当時の話なのかで意味合いは全く異なってきます。

　ですから、質問するときには、

「事件が起きた○年○月○日当時、あなたは家族4人で暮らしていたのですか？」

などと時期を特定して質問をするようにしましょう。

ウ．指示代名詞を多用しない

　むやみに指示代名詞を使わないということも重要です。たとえば、

「今日はどうでしたか？」

と言った場合、その意味はいかようにも解釈できるので、通訳人としては訳に困ってしまいます。

　たとえば、今日の体調のこと、取調べがあったのかどうか、あったとして、どんなことを聞かれたのか、聞かれたとして、調書を作成したのか、今日1日を通してどのような気持ちだったのか、などなどきりがありません。したがって、

「今日はどうでしたか？」

と聞くのではなく、聞きたいことに応じて、たとえば、

「あなたの今日『の体調』はどうですか？」

「あなたは、今日は検察庁に行きましたか？」

「警察官は、今日は取調べに来ましたか？」

「今日は調書を作成しましたか？」

「あなたは、今日は調書に署名押印をしましたか？」

「今日は何時間くらい取調べをしていましたか？」

「今日は、警察官からどのようなことを聞かれましたか？」

「今日は、警察官はどのような態度で質問をしてきましたか？」

「あなたは、取調べの最中、どのような気持ちでしたか？」

「あなたは、今、何か困っていることはありますか？」

などというように、「どうでしたか？」のひとことに代わる、より具体的な質問をするように心がけることで、より通訳の精度も上がることになります。

3.通訳人と予定が合わない場合

⑴ 通訳人は1人に絞らなくてもよい

　接見に行きたいときに通訳人と予定が合わない場合があります。そのような場合には、法テラスに連絡すれば、別の通訳人を紹介してくれます。1つの事件で1人の通訳人しかお願いしてはいけないという決まりはないので、複数の通訳人を知っていれば、そのつど、スケジュールが空いている通訳人にお願いすることができます。

　そうすることによって、接見に行きたいけれども通訳人のスケジュールが空いていなくて諦めるという事態を避けることができます。

　通訳人によって、家庭があるのでなるべく日中早めのほうが都合がよい人や、夜型の生活をしているので朝一番の接見はつらくて夜遅めのほうが助かるという人もいますので、接見の時間によって通訳人を選ぶということも可能です。

⑵ 通訳人が少ない言語もある

　ただし、言語によってはそもそも法テラスに登録している通訳人が1人

か2人しかいない場合もあります。

　そのような場合には複数の通訳人を紹介してもらうこと自体が難しいので、できるだけ先の日程まで接見の予定を入れて、通訳人の予定を確保しておくというのも一つの方法です。

現場力の Essence

■ 通訳人にはさまざまなバックボーンがある

■ 日本人通訳人と外国人通訳人どちらがよいかはケースバイケース

■ 通訳人にわかりやすい日本語を話すよう心がける

■ 通訳人を複数確保する

■ 通訳人がかなり少ない言語もある

検察官請求証拠の翻訳が間違っている場合

江戸弁護士

　犯行現場での共犯者らの会話が撮影された動画が押収されており、検察官請求証拠として動画と反訳文と翻訳文が開示されたのですが、日本語がわかる被告人にそれらを見せたところ、自分が話した内容と違う内容が反訳されたうえで翻訳されていると言うのです。このような場合にはどうしたらよいのでしょうか。

鎌倉弁護士

　証拠意見を言う際に不同意にして、こちらの通訳人や被告人本人に反訳や翻訳をし直してもらったものを対案として検察官に示し、再度捜査機関側の通訳人に再検討してもらったり、別の通訳人にチェックしてもらったりすることが考えられるね。

室町弁護士

　裁判員裁判の場合には、統合捜査報告書を作成する際に、検察官とどのような内容のものをどのような範囲で統合捜査報告書に載せるかを協議し、納得できるまで同意しないということも考えられます。そのような対応が可能となるためにも、最初の段階で簡単に引き下がらず、納得がいく翻訳になるまで諦めないことが重要です。

Scene iii　依頼者から事情を聞く

Prologue

　Q弁護士は、待合せをしていた警察署で通訳人と合流後、名刺交換と簡単な自己紹介をした。通訳人は日本人の妻をもつ、外国人男性だった。先に別の弁護人が接見しているということで30分程度待たされていた間、通訳人と世間話をしていたが、日本語はとても流暢で、時折、日本語で流行りのお笑い芸人のギャグを挟んできたりもするので、相当日本での生活が長いのだろう。弁護人の通訳だけではなく、警察からも依頼されて取調べの際に通訳を行ったり、裁判所で法廷通訳を行ったりもしているそうだ。通訳人は、世間話の合間に、その国の歴史、文化、気候、国民性、世界遺産、現地で流行っていることやよく使われている通信アプリなどの有益な情報も教えてくれた。Q弁護士は、この人とは気が合いそうだと思った。

　現場力

1.不安や不信感を取り除く

(1)「日本」についての説明も必要

　外国人に限りませんが、誰でも逮捕されて身体拘束され、外部との連絡を遮断されると非常に不安になるものです。特に、日本在住ではない、旅行などで一時的に来日している外国人の場合や、覚せい剤の密輸のようにたまたま日本の空港に降り立った途端に逮捕され、まだ日本の地を踏んでいないような外国人の場合には、そもそも日本や日本人に対して不信感をもっていることも多いのです。

　ですので、まずはそれらの不安や不信感を取り除くように配慮した接し方が必要になります。そのためには、通常の日本人の被疑者被告人に対して「弁護人とはどのような立場の者で、あなたのためにどのようなことを

するのか」という説明をするのと同様の対応にとどまらず、「そもそも日本の刑事裁判ではどのようなルールが定められており、どのような手続がこれから始まるのか」という点について、より丁寧に説明する必要があります。

(2) 日本人ならわかっているような質問をされることも多い

外国人自身も、自分がこれから知らない土地でどうなるのかについて非常に興味をもっていますから、自分から質問してくることが多くあります。その際、日本人の場合ではそこまで言わなくてもわかるような前提事実や常識的に誰でも知っているようなことを質問されることもあります。

たとえば、警察にお金をいくら払えば解放されるのかというような、日本人ならあり得ないとわかっているようなことでも、お金を払えば出られる慣習がある外国で育った外国人にとっては当然のように質問されます。

そのような場合には、そのつど面倒に思わずに丁寧に答えることで、適切にコミュニケーションをとることができ、ひいては弁護人への不信感が払拭され、以後の弁護活動がしやすくなることにもつながります。

(3) 留置施設での対応

ア．留置施設に外国人の言葉がわかる人がいるとは限らない

警察の留置施設には常に通訳人がいるわけではないので、日常の細かいやりとり、たとえば、食事や衣服、体調、病院、手紙や書類の出し入れなどの手続などについては警察の留置係が片言や身振り手振りで行うことも少なくありません。

そこで、今困っていることはないかと尋ねることで、思ってもいなかった問題がわかることもあります。

イ．弁護人から留置係への直接申入れ

たとえば、北京語を母国語とする被疑者がインフルエンザにかかり、何も喉を通らないような状態のときに、いつもどおり食事にパンが出ており、とても食べられない状態でした。留置係も心配しておかゆなら食べられるかと聞いたものの北京語がわかる担当者がおらず、うまく伝わらないまま

でした。そこで、接見の際に通訳人を通してその状況を聞いた弁護人が、おかゆなら食べられるので直ちに切り替えてほしいということを留置係に伝えたところ、その日からパンをおかゆに変更してもらうことができたという例がありました。

ほかにも、ドイツ語しかわからない被疑者が「自弁」という制度を使って自費でお弁当を注文したいのに日本語のメニューしかなく注文できずにいたところ、その旨を弁護人から留置係に伝えることで写真付きのメニューを用意してもらうことができたという例もありました。

このように、療養食や自弁、その他宗教上の理由で食べられないものがある場合など、食事面に配慮してもらうということにとどまらず、体調不良の際に病院に行きたいとか、同房の人がうるさくて眠れないとか細かい希望があることもあります。そのような場合には、被疑者・被告人から丁寧に事情を聞き取ったうえで、弁護人から留置係に申し入れることで問題が解決することも多くあります。そうすれば、本人にとってもよいことですし、弁護人に対する信頼が増すというメリットもあります。

(4) 外国語版被疑者ノートの活用

被疑者ノートも最近はさまざまな言語に翻訳され、ずいぶん種類も増えてきたので、自分が受任した被疑者の言語のものがある場合には初回接見時に持って行って差し入れるとよいでしょう。

弁護人が帰った後も被疑者ノートを書いたり、そこに書かれている説明文を読んだりすることで、不安を取り除く一助にもなります。

2.母国語の確認

(1) 第一言語とは限らない

国選事件の場合、配点連絡票にあらかじめ被疑者が使用する言語が記載されており、その言語の通訳人が紹介されます。

しかし、必ずしも当該被疑者にとって最も理解できる言語がその言語であるとは限りません。その言語も理解はできるものの、第二言語としてであって、本当は別の母国語が最も理解できるという場合や、少数民族のた

めそもそも通訳人が手配できず、とりあえずその国の公用語での通訳人を手配されただけという場合もあります。

(2) 教育レベルによる理解度

被疑者・被告人が母国できちんと教育を受けていないために、そもそも理解力が低いという場合もあります。

このような場合には、通訳人の使用言語が問題なかったとしても、そもそも平易な言葉を使って通訳をしてもらわないと会話が成立しないこともあります。

(3) 理解度の確認

このように、言語の選択の問題であまり会話が理解できていないのか、それとも教育レベルに即した通訳ができていないために会話が理解できていないのかを判断するためにも、まずは母国語がいかなる言語なのかということと、一緒に行った通訳人の話す言葉が理解できるかということを確認しておく必要があります。

確認の際には、目の前に通訳人がいるため、わかりにくいと言いづらい場合もありますので、遠慮しなくてもよいので本当のことを言ってくださいと配慮しつつ、表情を注視して本当に理解できているかを弁護人自身でも把握できるように努めるとよいでしょう。

また、接見の際には、警察官や検察官からの取調べに立ち会っている通訳人の話していることは理解できるか、ということも確認しておく必要があります。警察では、通訳人を自前で調達すべく、警察官を通訳人として養成している場合もあり、必ずしも通訳人としての十分な能力のある者が通訳をしているとは限らないのが実情です。通訳人の問題により誤った内容の供述調書が作成されるようなことがないように、被疑者から通訳人の通訳能力が不足していることを聞いた場合には、適切な通訳人に交替させるよう申入れを行うべきです。

3.家族の有無や連絡方法の確認

(1) 家族の有無や協力の可否の確認

　被疑者・被告人が外国人の場合、通訳人と予定を合わせて接見に行かなければいけないので、突然時間ができて接見に行くということがなかなか難しく、日本人の場合と比較すると接見に行く機会が少なくなりがちです。そこで、より家族の協力が重要になってきます。

　初回接見の際に、家族構成、家族の居住場所が日本なのか海外なのか、家族は日本語が理解できるのか、家族への連絡を希望するか、希望するとして連絡方法はどのようなものがあるか、家族は面会に来てくれそうか(来る意思があるかおよび来る資力があるか)、家族がいない場合にはそれに代わる協力者がいるかなどについて確認しておくべきです。

　家族や関係者の協力が得られそうであれば速やかに連絡をとり、差入れや面会に来てもらう手配をすれば、被疑者本人も安心するとともに弁護人の負担軽減にもなります。

(2) 連絡手段の多様性

　家族が海外にいる場合、電話代だけでも費用がかかるので、無料通信アプリ（アプリケーションソフト）を利用すると便利です。日本では LINE が一般的ですが、他の国ではそれぞれ主要なアプリが異なります。

　たとえば、中国では微信（ウィーチャット）、ミャンマーではバイバー、アメリカではフェイスブックメッセンジャー、ドイツやシンガポールではワッツアップというアプリがメジャーなツールになっているというように、国によって無料通信アプリも異なるので、本人に聞いて必要があればアプリをダウンロードして利用してみても便利です。

(3) 接見の前後で家族に連絡

　アプリをダウンロードしても、家族が日本語を理解できない場合には、やはり通訳人に通訳や翻訳をしてもらわないといけません。

　そこで、接見の前後の時間で連絡してもらうことが便利です。

　通訳人と接見に行く日にちは前もって決めているはずですので、家族に

は、次回は何日の何時頃に連絡をすると伝えておき、電話に出られるように待機してもらっておくことで、スムーズに連絡をとることができます。なお、時間を伝える際には時差があることに注意する必要があります。

　なお、弁護人のいないところで通訳人に家族への連絡をしてもらったり、通訳人に家族からの連絡を受けてもらったりする例が散見されるようですが、これは通訳人の仕事の範囲を超えるものですから、このようなことを通訳人に依頼すべきではありません。したがって、家族への連絡は、通訳人ではなく弁護人の携帯電話等を使用して行うべきです。

現場力のEssence

■ 外国人には日本の国や制度そのものの説明を一からする必要がある

■ 日本人なら常識であることでも外国人は知らない場合があることに留意する

■ 留置係に弁護人から申入れをすることも有益

■ 外国語版被疑者ノートを活用する

■ 母国語の確認と通訳の理解度の確認を忘れない

■ 家族との連絡には無料通信アプリが便利

■ 家族との連絡にも通訳人の協力を得ることが可能

■ 外国にいる家族との連絡の際には時差に注意

文化の違いを理解する

江戸弁護士

　強盗致傷の外国人被疑者の接見に行ったら、自分の国では泥棒をしても自分たちで、お金で解決するのが普通で、人を殺したりしない限りは犯罪にはならないと言われたのですが、そのようなことがあるのでしょうか。

鎌倉弁護士

　確かに、外国人の場合、家族からもいくら警察に賄賂を渡せば出られるのかと聞かれることもあるね。日本では賄賂は通用しないと説明しても、金額をつり上げようとする場合もあり、金額の問題ではなく一切賄賂は通用しないことを理解してもらうのに時間がかかって困ったこともあったなあ。

室町弁護士

　起訴されるまでたいてい 20 日間身体を拘束されたうえ、弁護人の立会いもなく捜査機関の取調べを受けるという制度を理解できない被疑者や家族もいます。外国人事件を受任することになったら、まずは日本の法制度や文化、風習などの説明をして、その国とは違うということから理解をしてもらうことも重要です。

iv 公判で弁護活動をする

Prologue

　Q弁護士は捜査弁護を頑張ったものの、被疑者は起訴されてしまった。今後の公判を見据えて、これから準備をしていかなければならない。弁護人請求証拠の作成や情状証人の証人尋問対策、被告人質問の準備などやることはたくさんある。日本人の場合でもそれなりに時間はかかるのだが、外国人ということになると、それらを外国語で行わなければならないのでさらに時間がかかる。検察官請求証拠の証拠意見を検討する際には、翻訳したものを被告人に差し入れなければならない場合もある。弁護人請求証拠が外国語である場合には翻訳文を通訳人に作成してもらって添付しなければならないし、情状証人が外国人である場合には通訳人同伴で尋問リハーサルをしなければならない。もちろん、被告人質問も通訳人と一緒に接見して準備する必要がある。どれをとっても時間がかかりそうだが、公判までそんなに時間がないので急がなければ！

 現場力

1 . 弁護人請求証拠（弁号証）の作成

⑴ 翻訳の必要性

　外国人事件の場合、公判で弁護人が請求する証拠を翻訳しなければならない場合が多くあります。たとえば、被告人が書いた謝罪文、反省文、日記などや、被告人の家族が書いた上申書、嘆願書、手紙などです。

　翻訳は、被疑者段階で通訳をお願いしていた通訳人に被告人段階でも通訳を継続してもらうことが多いので、その流れで依頼するのが便利です。国選事件の場合は、通訳人に対する通訳料や翻訳料をまずは弁護人が立て替えて通訳人に支払い、後日、通訳料や翻訳料の詳細を記載した書類を法

241

テラスに提出して費用請求をすることになりますが、同じ通訳人であれば合算して支払うこともできるので少しだけ手間を省くこともできます。

(2) 翻訳文付きの書証の作成方法

まず、外国語で記載された書面を電子メールやFAXや手渡しなどで通訳人に渡して翻訳を依頼し、できあがった翻訳書面の末尾に翻訳した通訳人の署名を入れてもらって（必ずしも署名がなくても足りる場合も多い）、原文の後ろに続けて綴じ、1通の書証とします。

そして、証拠調べ請求書や証拠説明書に記載する際には、たとえば、「謝罪文（翻訳文付き）」などと記載しておけば、その証拠が外国語で記載されており、翻訳文もついているということがわかります。

公判で証拠調べを行う際には、翻訳後の日本語を読み上げることになります。

(3) 少数言語の場合

なお、まれに被告人や関係者が少数民族だった場合に、その国の公用語ですら通じないこともあります。

そのような場合には、少数民族の言語がわかる通訳人がいれば最適ですが、通訳人がみつからない場合には、まず親族でも関係者でもよいので、少数民族の言葉とその国の公用語両方がわかる人を探してその国の公用語に翻訳してもらい、それを通訳人に依頼して日本語に翻訳してもらうという二重の方法をとらなければならないこともあるので、時間がない場合には注意が必要です。

2.示談の際の注意点

(1) 貨幣価値の格差

被害者がいる犯罪の場合には示談をすることもあると思います。その際、被告人の母国と日本との間に貨幣価値の格差がある場合には、被害者からすれば微々たる金額だったとしても、被告人やその親族らにとっては莫大な金額になるということもあります。

そのため、被害者に示談金額を提案する際には、その金額が、被告人の国の物価に照らせば、どれくらいの価値があるのかを説明して、どれだけ頑張って用意したお金なのかを理解してもらうことが示談を成立させるためには効果的です。

同様に、公判でも、裁判官や裁判員に貨幣価値の格差について説明したほうが示談金や被害弁償金の価値を理解してもらいやすいといえます。

その際には、被告人の国では一般的な月収が日本円でいくらくらいであり、当該示談金の額は給料３か月分に相当するとか、家が買えるくらい、などと説明すればより理解が深まるでしょう。

(2) 示談金の海外送金手続

示談金が用意できたらそれを預かる必要がありますが、海外送金はなかなかすんなりとはいかないこともあります。そもそも被告人やその家族が銀行口座をもっていない場合や、振込の方法がとれない場合もあり、現金を直接郵送したり、知人が来日するときにあわせて持ってきてもらったりする場合もあります。

したがって、被害者との面談日時が決まっているような場合には時間の余裕をもって示談金の準備をするようにしたほうがよいでしょう。

3. 証人等が来日する場合

(1) 来日のための手続

被告人の家族などの上申書を提出するだけではなく、証人として出廷してもらう場合には、来日のためにビザの取得をする必要が生じる場合があります。

その場合、来日する人に、身分証、戸籍等の被告人との関係性を証明するもの、預金残高の写しなど資力を証明するものなどの書類を本国で手配してもらうことになりますが、一部の書類（たとえば一例として、いわゆる「invitation」とよばれる招待状、滞在予定表、宿泊予定ホテルの予約票（仮でよい）、航空券の予約票（仮でよく、払込みは未了でよい））を弁護人のほうで用意して本国に郵送し、それらを持って本国での手続に行っ

てもらったほうがスムーズにビザの取得ができる場合も多いといえます。

　したがって、外務省や、その国の在日本領事館などにあらかじめ問い合わせて必要書類の確認を行ってから書類の準備をすることをおすすめします。

(2) 来日後のアテンド

　証人予定者が来日する場合、その人物が日本語を理解できない場合や、およそ海外などに出たこともなく、電車の乗り方すらわからないような場合も多々あります。

　日本に親族や知人がいる場合にはそれらの人たちに送迎や通訳を任せてしまえばよいのですが、誰もいない場合には、弁護人が送迎したり、通訳人を同行して会話をしたりする必要が生じます。

　送迎については、空港への送迎だけでなく、尋問等の打合せの際に事務所に来てもらう場合には事務所、証人として出廷するため裁判所へ来てもらう場合には裁判所というように、さまざまな場所への往復の際に必要となるので、それらを弁護人が担うとなると、特に時間的に厳しく慌しくなることが多くなりがちな裁判員裁判期間中はなかなか大変です。

　そこで、やはり日本にいる被告人の関係者等にアテンドをお願いできればずいぶんと弁護人の負担は軽くなると思います。

(3) 逆に弁護人が家族のいる海外に渡航することもある

　裁判員裁判などの重大事件においては、情状証人となる家族がどうしても来日できないような場合で、弁護活動上の必要があるときには、弁護人自身が海外にいる被告人の家族の下に赴いて、陳述書、嘆願書、ビデオレターなどの証拠を収集することも検討すべき場合があります。弁護活動上の必要性が認められる場合には、法テラスから海外への渡航費用が認められた例もあるようです。

4. 公判における通訳

⑴ 法廷通訳の種類

　公判では、裁判所から選任された法廷通訳人が通訳を行います。通訳の方法は、たとえば起訴状、冒頭陳述、論告・弁論などの読み上げを行う場合には同時通訳になることもありますし、冒頭手続、証拠調べ、証人尋問や被告人質問の際にはそのつど区切っての通訳になります。

⑵ 同時通訳の方法

　同時通訳の場合は、被告人の耳にインカムをつけて通訳人の声が聞こえるようにし、通訳人があらかじめ渡されていた原稿を自分で翻訳した書面などを手元に置いておき、被告人にだけ聞こえるように小さめの声で同時に読み上げていくので、日本人が被告人である事件とかかる時間は同じです。

⑶ 通訳が必要な書面の事前送付

　同時通訳の場合は通訳人も速いスピードで原稿を読み上げる形になりますので、通訳をお願いする書面については事前送付することが求められます。通常は1週間前〜3日前などを希望されますが、できあがるのが直前になることが多いことを通訳人も理解しているので、あらかじめ送付がいつ頃になるのかの連絡を入れておき、最低でも前日までに送ることができるように準備します。

　通訳人によると、当日に変更があってもその部分を指摘してもらえれば対応できるので、未完成原稿や確実に変更が予想される原稿であってもなるべく早期に送ってほしいそうです。

⑷ 通訳時間を考慮した審理計画を立てる必要性

　他方、尋問の際にそのつど通訳が入る場合は、まず質問の日本語を外国語に通訳し、回答の外国語を日本語に通訳するということになるので、尋問にかかる時間が約2倍になります。

　ですので、あらかじめ公判前整理手続期日等で審理計画を立てる際の弁

護人の尋問予定時間は、通訳を必要とする事件の場合には日本人が被告事件である場合の2倍の時間がかかるということを想定したうえで希望しなければ、後で時間が足りないことに気づいて慌てることになります。

⑸ 誤訳があった場合の対処法

　公判においても、通訳人が通訳しやすいような聞き方、発言の仕方を意識して行うことは同様です。

　そうはいっても、通訳人が誤訳する場合もあります。弁護人が誤訳に気づく場合もあれば、被告人が気づく場合もありますので、被告人にはあらかじめ誤訳があったらすぐに弁護人に教えてほしいとお願いしておくのがよいでしょう。

　そのうえで、誤訳があった場合にはその場で直ちに、

　「裁判長、ただいまの通訳部分には誤訳または不正確な部分が含まれていた可能性がありますので、もう一度その部分の通訳をお願いしてもよろしいでしょうか」

などと述べて審理を止め、もう一度通訳をしてもらい、それでも誤訳だと思われる場合には、どこがどのように違うのかを説明し、問題点を明確にしておくべきです。間違っても、

　（今の誤訳っぽいけど ‥‥‥ どうしようどうしよう ‥‥‥）

　（いやそもそもこれは異議にあたるのだろうか？）

　（それより何と言って止めたらよいのだろうか？）

　（誰に向かって言う？　通訳人？　裁判長？　検察官？）

などと考えているうちに何となく流れていってしまい、

　（まぁ仕方ないか ‥‥‥）

　と諦めてはいけません。誤訳によって意味合いが大きく変わってしまい、後々になって尋問のやり直しができずに後悔することになりかねません。

5.判決後の手続
⑴ 執行猶予がついた場合

　外国人の場合、執行猶予がついても在留資格がなかったり、取り消され

たりした場合には判決当日に入管（出入国在留管理庁）職員が法廷に待機しており、そのまま入管に連れて行かれます。そして、入管で退去強制手続を経て、本国へ帰国することになります（これは、在留資格がない人が不起訴処分となった場合も同様です）。

その際、自費で航空券を手配する自費出国であれば比較的すぐに帰ることができるのですが、本人にお金がなく、家族や知人などの誰からも費用を捻出してもらえなかった場合には、入管の収容施設内で生活しながら航空券が手配できるまで待つことになるので、すぐには帰国できません。

よく、「航空券を自分で買えなくても国費送還してもらえるのですよね？」と聞かれるのですが、国費送還は年にほんの数回程度とかなり頻度が少ない場合もあるようですので、収容が長期に及ぶこともあり得ます。そのような場合には、領事に相談してみてもよいでしょう。領事が協力的な人である場合には、領事自ら本国にいる親族等と連絡をとって航空券の手配や送金手続を手伝ってくれる場合もあるようです。

⑵ 実刑判決の場合

実刑判決を得て刑務所に収容される場合、どこの刑務所になったかは日本人の場合と同様、弁護人も教えてもらえません。

被告人の家族から弁護人宛てにどこの刑務所になったのかという問合せが来ることもよくあるので、被告人には、自分が行く刑務所が決まったら弁護人や家族に手紙を書いて知らせるように伝えておいたほうがよいでしょう。

現場力の Essence

■ 弁護人請求証拠には翻訳文が必要

■ 示談の際には貨幣価値の格差に留意した説明を心がけることが有益

■ 海外在住の家族から示談金を預かる場合には海外送金手続等、通常より時間がかかる場合があることに注意

■ 証人が海外から来日する場合には必要書類が煩雑であるため事前の確認を行い、弁護人で準備できる書類は手配することが便宜

■ 海外から来日した証人等をアテンドしてくれる人の確保が重要

■ 公判前に通訳人に対して通訳が必要な書面を事前送付する必要がある

■ 要通訳事件は通常事件の2倍の時間がかかるので審理計画に注意

■ 誤訳があった場合には直ちに異議を述べる

■ 執行猶予がついてもそのまま入管へ連れて行かれる場合もある

■ 帰国の航空券は基本的には自費購入

■ 刑務所が決まったら手紙で教えてもらうようにあらかじめ伝えておく

否認事件の場合に法廷通訳人をどのタイミングで同行させるか

鎌倉弁護士

　被告人との打合せの際に法廷通訳人を同行していると、被告人が不利なことを言ったり、それを弁護人が修正したりしているところをみられてしまい、こちらの手の内が知られてしまうので極力連れて行きたくないのだが。

江戸弁護士

　逆に、早い段階から法廷通訳人と接見に行っていると、事案やこちらの主張の理解が進むので、法廷で被告人が打合せと若干違うことを言ったり、ニュアンスの異なることを言ったりしたときに、それとなくフォローしてくれることもありますよ。また、関係者が多くて事案が複雑な場合にも、登場人物の名前を把握しているので、尋問で急に名前が出てきても困惑することなくスムーズに通訳をしてくれることもあります。これらのようなメリットもあるので早めに同行してもらうようにしています。

室町弁護士

　あまりに早い段階で同行してもらうと、尋問事項を練るときにこちらの作戦が知られてしまう危険性があります。法廷通訳人は検察官とも尋問リハーサルをしており、万が一情報が伝わると困るので、ある程度被告人質問事項が固まり、何度かリハーサルを行った段階で被疑者段階の通訳人と切り替えて、法廷通訳人に

同行してもらうのが穏当ではないでしょうか。一度も同行してもらわず公判でいきなり通訳をしてもらうのは、被告人の話す癖やなまりがあった場合にうまく通訳ができない危険性があるのでおすすめしませんね。

Act
VI
少年事件の場面にて

🔈 Monologue

　Q弁護士は、先日ようやく１人で刑事事件を受任し、何とか判決までこぎつけてホッとしていた矢先、兄弁から少年事件の国選待機日を交代してくれないかと頼まれた。ボス弁からは、以前は顧問先の社長の息子が起こした万引き事案や、ロータリークラブで懇意にしている友人の娘の夜遊び家出事案などの少年事件で腕を振るっていたという武勇伝を聞いたことがあるものの、最近はめっきり少年事件はやらなくなったようである。兄弁も、少年事件は時間の制約がきついとか、鑑別所が遠いとか言って、受任を避けているようである。Q弁護士は、少年事件をやってみたいと思いながらも、最近は少年事件も減少傾向にあってなかなか配点がないという話を同期で弁護士会の子ども法委員会所属の弁護士から聞いていたこともあって、どうせ配点連絡の電話はないだろうと諦めつつ、兄弁の頼みを引き受けた。

Scene
ⅰ 少年を弁護する

Prologue

　今日は土曜日だが、Q弁護士が兄弁から交代した少年の被疑者国選待機日である。最近は国選事件の配点数自体が減っているのに加えて、さらに事件数が少ない少年事件の待機日なので、せっかく待機していてもなかなか電話はかかってこない。Q弁護士がちらっと壁の時計に目をやると、そろそろ夕方17時30分になろうとしている。「やはり今日も事件なし か……」近所の立ち飲み屋で一杯やってから帰ろうと思って帰り支度をしていると電話が鳴った。「法テラスです。Q先生に事件の受任をお願いしたいのですが。被疑者は19歳の少年です」

　来た！ 初めての少年事件だ。Q弁護士は、前にも同じように待機時間終了間際に電話がかかってきたことがあったような……？　と思いながら、法テラスからFAXされてきた指名通知依頼書を持って事務所を出た。

現場力

1.少年の特性

(1) 少年は迎合性が強い

　成人の場合でも、初めて逮捕された人や何度も刑務所に行っている人、コミュニケーション能力が高い人や警戒心の強い人などさまざまな個性の違いがありますが、少年の場合は特に、成人より迎合性が強いということを頭に入れておく必要があります。

　つまり、少年は一般的に未熟であり、それゆえ可塑性があるともいわれますが、周りの言うことや環境に影響を受けやすく、他人の話に安易に同調してしまいがちであるという傾向があります。

(2) 少年は警戒心も強い

　また、少年は警戒心が強い場合も多く、嘘をついたり、本当のことを言わなかったり、都合のよいように事実を変えて話したりしがちであるということも念頭においておく必要があります。

　ただ、これらは、少年が、相手に気に入られたい、悪く思われたくないという気持ちから無意識にしている可能性もありますので、その点も理解して接してあげるとよいでしょう。

(3) 初回接見での接し方

　このような少年の特性を理解したうえで、初回接見の際には、まず、自分が少年の味方であるということ、警察や検察とは立場が違うということ、わからないことは何でも聞いてもらってよいことなどをわかりやすい言葉で丁寧に説明し、警戒心を解くことから始める必要があります。

　そのうえで、事件については頭ごなしに決めつけたような聞き方をするのではなく、まずは何があったのかを少年に語らせるようにして、十分に少年の言い分を聞くよう心がけることで、少年との信頼関係を築くことが重要です。

2．成人事件と少年事件の手続上の違い
(1) 成人事件の場合

　成人事件では、身体拘束を受けている場合、基本的には遅くとも勾留満期日である勾留請求から20日目には検察官によって起訴または不起訴処分がなされることになっています。起訴されると公判段階に移行して、保釈がなされなければそのまま身体拘束が続きますが、不起訴処分になると事件は終了し、身体拘束を受けている事件の場合は釈放されます。

(2) 少年事件の場合

　一方、少年事件の場合は成人のような起訴猶予がないため、基本的に全件家庭裁判所に送致されることになっています（全件送致主義）。少年が身体拘束を受けている場合には、勾留満期日までに家庭裁判所へ送致され

ますし、身体拘束を受けていない場合であっても家庭裁判所へ送致されることになります。家庭裁判所へ送致された後は、少年の調査、審判を行うために、少年の心情の安定を図りながら、少年の身柄を保全するため、観護措置決定がなされます（少年法 17 条）。観護措置決定がなされた後、4 週間弱で審判期日が入ることが多いようです。

　審判で保護処分がなされると、少年事件は終了となりますが、検察官送致決定（逆送）になると、再び検察官の下で取調べを受けるなどするためさらに最大 10 日間ほどかかり、その後、起訴または不起訴処分の結果が出ます。

　このように、各手続自体の期間はやるべきことの多さのわりには非常にタイトであり、少年事件を受任する際には時間的に余裕をもってスケジュールを考えておく必要がありますが、逆送の場合は、逮捕から処分が決まるまでの期間が成人よりも長くなりますので、少年や家族等の関係者に処分時期の見込みを伝える際には、成人のスケジュールと混同しないように注意する必要があります。

現場力の Essence

■ 少年は迎合性や警戒心が強い傾向にあるので、初回接見時には少年の特性に留意した丁寧な接し方が必要

■ 観護措置から審判までは通常 4 週間程度とタイトなので、余裕をもったスケジューリングが必要

■ 家庭裁判所送致後、審判で検察官送致決定（逆送）がなされると、さらに 10 日間勾留された後に起訴され、その後公判手続に移行するので、処分が決まるまでに成人より時間がかかる

学校への連絡

鎌倉弁護士

　学校にもよるが、私立高校の場合には、少年が逮捕されたという事実自体が学校に知られてしまった時点で自主退学を迫られることもあるので、学校に逮捕された事実を知らせるか否かは極めて慎重な判断が必要だよ。経験上、夜間や通信教育の学校については比較的柔軟な対応をしてもらえることも多いが、私立高校の場合には学校によっては厳しい処分をされることもあるので注意しておいたほうがよいよ。

室町弁護士

　「児童生徒の健全育成に関する警察と学校との相互連絡制度」という制度があり、逮捕事案やぐ犯事案、その他警察が必要と認めた事案の場合には、警察から学校に連絡することがほとんどなので、できる限り早く警察に対して学校に連絡しないように説得することが必要です。事案やタイミングによっては警察からの連絡を防ぐことができ、うまくいけば学校に知られないまま復帰できる場合もありますので。

江戸弁護士

　すでに警察から学校へ連絡されてしまっていたものの、逮捕された少年の担任の先生に事情を説明して、捜査機関から学校への聴取の際にうまく話をしてもらったり、被害少年やその父兄との話合いの場を設ける際に取りもってもらったり、学校の試験や単位取得

について特別な措置を取り計らうように協力をしてもらえたこともあるので、学校へ連絡されてしまった場合でも諦めずに接触してみることが重要です。

Scene

ii 少年の付添人になる

Prologue

　少年は被疑者として勾留され、明日が 20 日目、勾留満期日である。成人であれば、処分保留釈放再逮捕ということもまれにあるものの、ほとんどは不起訴になるか起訴されるかのどちらかである。どちらになるかは、勾留満期日の前日か当日に検察官に電話をして処分の見込みを聞けばたいてい教えてくれる。もっとも、絶対に処分前に処分見込みを教えてくれない検察官もたまに遭遇するが。それはさておき、少年の場合は成人とは手続が異なるようなので、少年事件が初めてのQ弁護士は、この後の手続がどうなるのかのおさらいのため、少年事件のマニュアル本を開いてみた。この後は、家庭裁判所送致、観護措置決定、審判と手続が続いていくようだ。

 現場力

1.家庭裁判所送致

(1) 家庭裁判所送致日の確認

　家庭裁判所送致日には、観護措置をとるかどうかの決定がなされるので、いつ送致されるのかを正確に把握しておく必要があります。観護措置とは、家庭裁判所が調査・審判を行うために、少年の心情の安定を図りながら、その身体を保全するための措置のことをいいます（少年法 17 条 1 項）。観護措置の要件は、「審判を行うために必要があるとき」（同項）という規定しかありませんが、一般的には、審判に付すべき事由である非行事実やぐ犯事実が認められること、審判開始の蓋然性があること、観護措置の必要性が認められることなどです。

　観護措置決定がなされると、身体拘束期間がさらに延び、修学上や就業

上、少年にとって多大なる不都合が生じる場合もあります。そのため、た
とえば向こう1か月以内に大切な試験があるとか、就職面接があるなどと
いう事情がある場合は特に観護措置がとられないように活動する必要があ
ります。なお、観護措置決定がなされてしまっても、受験等でどうしても
外に出なければならない場合には、一度観護措置を取り消し、再度観護措
置をとることもあり得ます。また、試験観察を求めて早めに審判期日を設
定してもらい、試験観察決定の中間処分を受けて身体が解放された後、試
験観察期間を経て、2回目の審判期日で保護観察などの終局処分を得ると
いうこともあります。

　家庭裁判所送致日は、原則的には勾留満期日ですが、捜査の関係や曜日
の関係などの都合で数日早まる場合もあります。また、少年事件における
勾留については、「やむを得ない場合」にのみ、勾留が認められることとなっ
ています（少年法43条3項、48条1項）。したがって、必ずしも勾留延
長がなされるとは限らないですし、勾留延長がなされたとしても10日間
の延長がなされるとは限りません。なお、少年自身が、警察官や検察官か
ら送致日を聞いている場合もありますが、少年の記憶違いや、予定が変更
になっていることもあります。上記を踏まえると、弁護人自らが検察官に
家庭裁判所送致日を確認することが確実に送致日を確認できる方法です。

　家庭裁判所送致日が捜査段階の弁護人に通知されるわけではないので、
あらかじめ捜査検事に連絡して、正確な送致日を教えてもらえるように頼
んでおくと、少なくとも前日までには教えてくれるでしょう。

⑵ 意見書の提出

　家庭裁判所送致日がわかると、家庭裁判所送致日当日の午前11時頃ま
でに、観護措置決定をとるべきではない旨を記載した意見書を家庭裁判所
に提出します。時間的にどうしても間に合わない場合には、家庭裁判所宛
てに事実上FAXしておき、速やかに原本を持参します。

　ちなみに、家庭裁判所送致前に付添人選任届は受理されませんし、国選
事件の場合はそもそも観護措置決定後でなければ付添人に選任されませ
ん。しかも、捜査段階弁護人が当然に付添人に切り替わるわけでもないの

で注意が必要です。付添人への切替えを行うためには法テラスへ要望書をFAX し、家庭裁判所に付添人選任申入書を提出する必要があります。ただし、これらの書類は家庭裁判所送致前でも提出できるので、早めに準備して遅くとも家庭裁判所送致日の前日までには提出するようにしましょう。なお、平成 26 年（2014 年）に国選付添人の選任対象範囲が拡大されましたが、それでも国選付添人に選任されない場合が少なくありません。そのような場合には少年保護事件付添援助制度を利用して私選付添人として活動することになりますが、援助付添いは国選付添いと異なり、家庭裁判所に対して、国選付添人に選任してもらえるよう「申入書」を提出したにもかかわらず国選付添人に選任されなかったという要件が必要ですので、家庭裁判所に提出した「申入書」の写しを添付して申込みをしなければならないことに注意が必要です。

　ところで、私選事件の場合には家庭裁判所送致後直ちに付添人選任届を提出すれば、観護措置決定前でも付添人の立場になりますが、国選事件や援助制度利用の場合は、「家庭裁判所送致後観護措置決定前」という弁護人でも付添人でもない空白の期間、意見書にどのような立場で意見を記載するのかがはっきりせず悩む方もいると思います。そのような場合には、「捜査段階弁護人」という肩書きで意見書を書いておけば受理はしてもらえると思います。少なくとも東京家庭裁判所では、運用上、被疑者国選弁護人の事後的活動として、観護措置回避の意見書の提出や調査官、裁判官との面接が認められています。

(3) 裁判官への面談申入れ方法

　そして、家庭裁判所送致日当日に裁判官に面談を申し入れます。少年がいつ家庭裁判所に到着するかは押送時間によりますし、押送時間は集団押送や単独押送などの別によっても変わるので、裁判所自体も正確にはわからないようです。そのため、時間が許せばとりあえず午前中に家庭裁判所の訟廷事務室に行き、時間がなければ電話をして、少年の送致の確認をすれば、仮にまだ少年が到着していなかったとしても、送致予定名簿自体は裁判所に届いているので、少年の名前を確認したうえで、送致予定の確認

がとれれば、意見書の受付や裁判官との面談予約をとってもらえます。

その際、保護者や雇用主などの身元引受人にも一緒に来てもらい、その旨伝えておけば、仮に面談してもらえなかったとしても来ているという事実は考慮してもらえることもあります。

(4) 裁判官面談の際の留意点

裁判官面談においては、意見書に記載していることをただ繰り返すのではなく、記載していない内容についても、観護措置の必要がないという点と、観護措置決定がなされて少年の身体が長期間拘束されるとどのような不都合が生じるのかという点を中心に具体的に説得を試みます。たとえば、1か月以内に大切な定期テストや受験がある、出席日数が足りなくなって留年が確定する、出勤できなくなったら職場を解雇されてしまうなどの弊害を具体的事実とともに、少年にとって不利益にならないのであれば、担任の先生や雇用主の陳述書等の疎明資料を添えて述べると効果的です。

(5) 少年との面会

家庭裁判所送致日当日は家庭裁判所内の面会室で少年とも面会できますから、少年が裁判官と会う前に面会して、この後裁判官から事件のことや、場合によっては家族関係や交友関係などを聞かれるので、それについて答えたくない場合には答えなくてもよいけれども、答える場合には嘘をつかず正直に答えればよいということをわかりやすく説明しておくと、少年の緊張もほぐれて安心すると思われます。

また、観護措置をとられては困る場合には、裁判官からの質問にきちんと答えたほうが望ましいといえますが、正直に答えたからといって必ずしも観護措置がとられるのを回避できるわけではないことも説明しておいたほうが、観護措置をとられた際に少年が大きく落胆したり、信頼関係を損なったりすることを防止できるでしょう。

なお、裁判官によっては観護措置決定手続に付添人を同席させてもらえる場合もあるので、その場合には同席して意見を述べ、観護措置決定回避をめざすべきです。ただし、国選付添人の場合はこの段階ではまだ付添人

に選任されていませんので、私選付添人の場合に限ります。

2.付添人としての活動

(1) 観護措置決定と鑑別所送致

　観護措置決定がなされると、少年は鑑別所に移され、原則２週間、一般的には一度更新されて４週間程度の鑑別所での生活が始まります。

　鑑別所では、審判のために、少年の資質鑑別が行われ、書面化されます。具体的には、知能テスト、心理テスト、面接における質疑応答、日記の記載、普段の行動観察等を行い、鑑別結果は「鑑別結果通知書」として家庭裁判所に送られます。

(2) 家庭裁判所調査官による調査

　鑑別と並行して、家庭裁判所調査官も調査を開始し、少年や保護者との面談、被害者がいる事件の場合には被害者への照会、学校への成績や素行の照会、就業先への就業状況や勤務態度の照会等の調査が行われます。

　家庭裁判所調査官は、それらの調査の結果に基づいて処遇意見をまとめ、「少年調査票」を作成します。その際には、鑑別所から送付された「鑑別結果通知書」も参考にされます。

　家庭裁判所調査官は、審判で処遇意見を述べ、少年の処遇に大きな影響を与えることになりますので、家庭裁判所送致後、速やかに連絡をとり、調査官と付添人が考えている少年の問題点を共有し、調査官がどのような点に問題意識をもっていて、どのような意見を述べる見込みであるのかを把握しておく必要があります。調査官は、事案にもよりますが、少年の供述態度、内省の深まり、交友関係（特に共犯者が友人である場合）、家族との関係、親などの保護者の養育環境、学校での生活態度、学業成績や出席状況、勤務先での勤務状況、被害者がいる場合には示談状況や処罰感情などの調査を通して、少年にとって何が問題で、それがどのように改善しまたは改善し得るのかという点に関心をもっています。

　そして、それらの問題を事前に改善できるのであれば、それに向けた活動をするためにも、調査官とは十分に面談して意見交換を行い、コミュニ

ケーションをとっておくことが望ましいといえます。

(3) 少年や保護者などとの面会

　付添人としては、鑑別所で少年と面会したり、保護者と面談したりして、少年の家庭環境や問題点を把握し、それらの改善に向けた活動を行う必要があります。可能であれば、自宅を訪問するのも少年の家庭環境を肌で感じるために効果的ですが、自宅に来られるのを嫌がる少年や保護者もいるので、状況に応じた判断が必要です。

　その他、少年の学校の担任、雇用主、被害者がいる事件の場合には被害者やその保護者など、当該事件の関係者との面談を通して少年に最適な処遇を考えて付添人意見書を作成し、審判にのぞむことになります。

(4) 法律記録や社会記録の閲覧等

ア．法律記録

　少年事件の場合、捜査機関から家庭裁判所に送付される法律記録以外に、鑑別結果通知書や少年調査票などが綴られた社会記録の2種類の記録があります。

　法律記録は家庭裁判所送致後の段階で閲覧・謄写ができるので、事件の内容を早い段階で把握し、仮に逆送された場合（下記4参照）の弁護方針を速やかに立てるためにも、必ず謄写しておくことが望ましいといえます。

　ただし、少年事件の場合は成人事件と異なり、捜査機関が保有している捜査記録のほとんどすべてが送付され、共犯者となっている他の少年の記録もあわせて送付されているため、記録が重複していることも多く、記録の量が膨大になりがちです。

　したがって、機械的にすべての記録を謄写申請すると、不要な記録が重複していたり、謄写費用が高額になってしまったりすることもあるので、まずは閲覧したうえで必要な箇所に絞って謄写箇所を申請したほうがよい場合もあります。逆に、全部謄写しようとしても、裁判所のほうから「全部必要ですか？　もう少し範囲を絞れませんか？」などと言われて謄写箇所を限定することになる場合もあります。そもそも、法律記録であっても

すべて謄写できるわけではなく、謄写申請後に裁判官の許可した部分だけ
が謄写できることになるので、謄写できない箇所についてはひととおり閲
覧しておくことが情報収集という観点からは大切です。

　その際、記録の量が多くて閲覧には時間がかかることが多いので、閲覧
時間に余裕があるときに閲覧室に行くほうが、時間が足りなくなって何度
も足を運ばなければならなくなることを避けられ効率的といえます。

イ．社会記録

　社会記録は、鑑別所の鑑別や家庭裁判所調査官の調査後にまとめられる
ものですので、審判直前に完成します。そこで、閲覧のタイミングがタイ
トになりがちですが、あらかじめ調査官に完成の時期を問い合わせること
で閲覧に行く日の予定を立てられます。なお、前件がある場合には、前件
部分の社会記録については早期に閲覧することができるので、効果的な付
添人活動を行うためにもできる限り早めに閲覧すべきです。

　社会記録は謄写ができないので、家庭裁判所内の閲覧室で閲覧し、重要
箇所をメモする程度しかできませんが、調査官が審判で述べる予定の処遇
意見が記載されており、調査官がどのような問題意識をもっているのかを
確認できるので、必ず閲覧したうえで、付添人意見を書くようにしましょう。

3. 審判

(1) 非行事実の審理

　審判では、まず人定質問、黙秘権告知、非行事実の告知、非行事実に対
する少年や付添人の陳述があり、その後、非行事実についての審理に入り
ます。少年には、あらかじめ審判の流れや、裁判官からどのようなことを
聞かれ、それに対してどのように答えるのかなどを十分に説明しておく必
要があります。特に、裁判官が少年に対して非行事実を読み聞かせ、それ
に引き続いて裁判官から少年にその非行事実について間違いないですかと
いう確認がなされた際、何も打合せをしていなければ、少年としても何と
答えたらよいのか戸惑うでしょう。

　たとえば、この事実は認めるけれどもこの事実は間違っているとか、確
かにその事実はあったけれども自分はそういうつもりでやったわけではな

かったと言いたいとか、単に非行事実を認めるとか認めないなどということだけではなく、どのような言い分を、どのような言葉や態度で裁判官に対して話せばよいのかをわかりやすく説明しておくべきです。一度少年に実際に質問してみて答えてもらうということを事前に行うことで、少年も安心すると思います。

また、非行事実を争う場合には、少年が自分で正確に説明できないことも多いと思われるので、少年が答えた後に付添人がきちんと補足して説明できるように準備しておかなければなりません。

(2) 要保護性の審理

非行事実の審理の後、要保護性の審理に移りますが、非行事実に争いのない事案の場合には、これらの審理が特に分けられることなく進んでいきます。

要保護性とは、①少年が再び非行事実を行う危険性があるか、②保護処分が少年にとって最適な処遇であるとの判断が相当か、③保護処分によって少年を矯正することが可能か、という３つの観点から構成されており、審判では、これら要保護性の有無および程度が審理の対象とされます。非行事実が軽微であっても要保護性が高ければ少年院送致となることもあり得るので、要保護性が高くない、または解消したということがいえるための活動が重要になります。

要保護性の審理では、裁判官から少年に対して質問がなされ、保護者が出席している場合には、保護者にも質問がなされます。

保護者が出席しなくても審判自体は行えますが、保護者が少年のために語った内容が少年に感銘を与えることも多いので、保護者が協力的である場合には、必ず出席してもらい、少年のために発言してもらえるようにしたほうがよいでしょう。

裁判官から少年への質問としては、少年自身の内省が深まっているか、今後は二度と非行事実を起こさず生活していけるか、などという観点からなされることが多いと思います。その際、うわべだけ「反省しています」、「もうしません」、「ちゃんとします」と言っても伝わらないので、何について

悪かったのか、なぜ悪いと思うのか、どうして悪いことをしてしまったのか、どうすれば防げたのか、今度同じ状況になったらどうするのか、自分は何が変わったのか、今後はどのように毎日を生活していくのか、その具体的な見込みは立っているのか、家族とはどのように接していくのかなどを自分の言葉で語れるようにしておかなければなりません。

　保護者に対する質問としては、家族がきちんと少年と向き合い、家庭内で立ち直らせることができるか、という観点からなされることが多いと思います。その際も、うわべだけ「ちゃんと監督します」、「反省させます」、「もう二度と悪い友だちとはつき合わせません」と言っても伝わらないので、少年の生活をどのように監督するのかの具体的手段、たとえば、門限を設定する、門限後は玄関ドアに内鍵をかけて保護者が持っておく、バイクを処分する、担任の先生と緊密に連絡をとる、携帯電話にフィルターをかける、定期的に携帯電話をチェックする、不良仲間の連絡先を削除させる、接触してきても会わせない旨を保護者からはっきり伝える、保護者自身も仕事の時間を減らしたり勤務時間を変更したりして少年と過ごす時間を増やすように努力する、極限的な例としては引っ越して学校や職場や交友関係などの環境を変える、など考えられる手段を具体的に述べられるように準備しておく必要があります。そして、言うまでもありませんが、それらの具体的手段は審判の際に形だけ述べるのではなく、実際に実行できるものでなければ意味がないので、実現可能な手段を模索して十分に環境調整をしておかなければなりません。

(3) 意見陳述

　その後、調査官意見と付添人意見の陳述がありますが、双方とも事前に意見書を提出しているので、ほとんどの場合、「意見書記載のとおりです」と回答することや、裁判官から「意見書記載のとおりですね」と言われることになります。

　ただし、付添人意見が調査官意見と異なっている場合や、処分の判断が微妙だと思われるような場合には、口頭で意見の補足も可能です。

　なお、審判では伝聞法則の適用はなく、裁判官はすべての記録をみるこ

とができますし、事前に記録を検討し、調査官意見や付添人意見も考慮したうえで審判にのぞみます。したがって、調査官意見と付添人意見が異なりそうな場合には、裁判官が一定の心証を形成する前に面談を申し入れたり、付添人意見を早めに提出したりして、裁判官を説得することも必要になってきます。

　最後に、少年の陳述もありますが、少年にとってはここで発言することが最後の機会となりますので、「特にありません」などと言って終わらせるのではなく、きちんと事件についての自分の言い分、非行事実や犯罪事実を認めている場合には反省の気持ちや改善点、両親等家族に対する謝罪や感謝の気持ち、また今後の接し方、学校や仕事についてはどのように考えているか、これらを踏まえて今後どのように生活していくつもりかなどを自分の言葉で話すようにあらかじめ伝えておきましょう。

⑷ 決定の言い渡し

　これらの審判の手続がひととおり終了すると、裁判官から少年に対する処分（不処分、保護観察、試験観察、補導委託、少年院送致、検察官送致等）が言い渡され、審判は終了します。

　裁判官は、事前に処分についての心証を形成して審判にのぞんでいますので、少年の意見陳述に引き続いてそのまま決定が言い渡されることが多いのですが、まれに、予定していた処分を変更したほうがよいと判断する場合もあります。その場合には休廷を挟んで調査官とカンファレンスを行うなどして検討のうえ、実際に処分が変更されることもあります。そのような意味でも、やはり少年の意見陳述ではしっかりと自分の気持ちを話してもらうことが重要だといえます。

4.検察官送致決定（逆送）

⑴ 刑事処分相当逆送の要件

　審判で、「死刑、懲役又は禁錮に当たる罪の事件について、調査の結果、その罪質及び情状に照らして刑事処分を相当と認め」られた場合には、検察官送致決定（いわゆる刑事処分相当逆送）がなされます（少年法23条

1項、20条)。

　また、家庭裁判所は、「故意の犯罪行為により被害者を死亡させた罪の事件であって、その罪を犯すとき16歳以上の少年に係るもの」についても、「調査の結果、犯行の動機及び態様、犯行後の情況、少年の性格、年齢、行状及び環境その他の事情を考慮し、刑事処分以外の措置を相当と認めるとき」にあたらない限り、検察官送致決定(いわゆる原則逆送)をしなければなりません(少年法23条1項、20条2項)。

(2) 逆送後の流れ

　逆送された場合、観護措置は裁判官がした勾留とみなされ(いわゆるみなし勾留。少年法45条4号前段、45条の2)、逆送の日から10日間勾留されることになります。

　少年の勾留場所は、鑑別所から再び元いた警察署の留置施設に戻されることが多いようです。

　そして、付添人は、私選付添人の場合は引き続き私選弁護人とみなされますが、国選付添人の場合はあらためて法テラスに要望書をFAXして被疑者国選弁護人への切替手続を行ったうえで付添人から弁護人の地位に戻り、10日以内に起訴されれば公判段階の弁護人として弁護活動を行うことになります。

(3) 少年のプライバシー保護

　公判では、少年は今後の更生可能性に対する支障を極力少なくするために、成人よりもプライバシーが配慮される傾向にあります。たとえば、少年である被告人自身やその家族等の関係者の氏名等を秘匿したり、傍聴席などとの遮蔽を実施したりすることもあります。この場合には、証人尋問や被告人質問の際に、うっかり普段呼んでいる実名で質問をしてしまわないように注意する必要があります。同様に、弁論の際にも、実名を出さないように裁判所から要請を受ける場合があるので、適宜「彼」「Aくん」などと言い換えて対応するようにします。

⑷ 不定期刑が選択できる

　少年事件と成人事件との量刑上の違いとしては、少年には不定期刑が選択できるため（少年法 52 条）、成人の量刑よりも大幅に刑期を短縮することができる可能性があります。また、少年には罰金刑が言い渡され、それを支払うことができなかった場合の労役場留置の言い渡しがない（同法 54 条）など有利な点が多々ありますので、もうすぐ成人になるという切迫少年の場合には、できる限り早く公判期日を入れて少年のうちに判決を得るような活動を行うことが得策です。

現場力の Essence

■ 観護措置決定日を把握するためには家庭裁判所送致日の確認が重要

■ 観護措置回避のためには意見書提出、裁判官との面談などを行う

■ 付添人としての活動には、少年や関係者との面会、社会記録の閲覧、裁判官や調査官との面談、付添人意見書の作成などがある

■ 逆送後は再度捜査段階に戻り、その後公判が行われる

■ 少年の裁判では少年のプライバシーに配慮がなされる

■ 少年事件では不定期刑が選択できることがメリット

切迫少年の場合

鎌倉弁護士

　少年の要保護性の観点から、もうすぐ 20 歳になるという切迫少年については、検察庁でも裁判所でも、少年のうちに処分を決めることができるようにするための一定の配慮がなされ、迅速な処理が心がけられているようだよ。

江戸弁護士

　そうはいっても受け身で任せているだけでは限界があるので、こちらからも積極的に早期の終結に向けて働きかけることが必要ですよね。たとえば、裁判員裁判対象事件で逮捕された外国人切迫少年の事件を担当した際、まずは捜査検事に 20 日全部使うのではなく、なるべく早く家庭裁判所に送致するよう説得し、家庭裁判所の裁判官には事前に意見書を提出したうえ、送致後すぐに面談を申し入れ、可能な限り早く審判期日を入れるよう説得し（その場で審判期日を入れてもらえました）、逆送後の捜査検事にも再び 10 日ではなく極力早く起訴するよう説得し（起訴することをお願いするのも変な話ですが）、起訴後すぐに地方裁判所の裁判官に面談を申し入れ、可能な限り早く裁判員裁判の公判の仮予約をするための打合せ期日を入れるよう説得し、同時に公判検事にもそれを受けてもらえるよう説得した結果、逮捕から裁判員裁判の判決までわずか 100 日で終えた事例もあります。

室町弁護士

　否認事件ではなかなかそのようにはいかないでしょうが、成人の認め事件でも通常のやり方で裁判員裁判をやると 100 日で終えることは難しいですよね。でも、成人として裁判を受けた場合には懲役 10 年程度の量刑が見込まれる事案でも、少年として裁判を受け、不定期刑を選択することができた結果、短期 4 年から長期 8 年という懲役刑が下された事案もあるので、やはり少年として裁判を受けるメリットは大きいといえるでしょう。

Act

VII

障害のある人の弁護を担当する

Monologue

　ひととおりの弁護活動を経験したQ弁護士は、国選弁護事件で、そろそろ、障害のある人の弁護を担当してもらいたい旨弁護士会から話が来ていた。そんな中、いろいろな文献をあたってみたところ、日本の刑事事件では、かなり高い割合で、被疑者・被告人が障害者の事件にあたることがわかった。

　「障害者」とは、障害者基本法2条1号で、「身体障害、知的障害、精神障害（発達障害を含む。）その他の心身の機能の障害（以下「障害」と総称する。）がある者であつて、障害及び社会的障壁により継続的に日常生活又は社会生活に相当な制限を受ける状態にあるものをいう」と規定されているが、現場では、認知症の人にあたるケースもある。刑事事件で難しいのは、知的障害、精神障害、発達障害等のいわゆる「障害者」とされる人のみならず、認知症の人も含む意思疎通が困難な人たちだ。

　弁護人のみならず、検察官や裁判官が、被疑者・被告人の障害に気づかず、見落としているために、何度も裁判所や刑事施設を往復する人が多いのが現状のようだ。もっとも、最近は、福祉や治療につなげるためのいろいろな制度が用意されており、弁護人による少しの努力で、この人たちの人生が大きく好転するようでもあるようだ。

Scene i 障害者（責任無能力等を含む）を弁護する

Prologue

　Q弁護士は、当番の待機日に、事務所でのんびりしていたところ、刑弁センターから当番の配点がきた。

　留置場所は○○警察署、被疑者は70歳女性、罪名は窃盗罪（万引き）であった。とりあえず、○○警察署の留置係に電話をしたところ、被疑者は、現在留置場にいるとのことであった。

　○○警察署に出向き、接見室に入った。Q弁護士は、被疑者を見て少し驚いた。顔はどす黒くて、まるで浮浪者のような風貌で、目はうつろである。

　早速、Q弁護士は、「当番弁護士を要請しましたね。私はあなたの味方です。どうなさいましたか？」と聞くと、「今日、買い物をしていたら、突然、変人に腕をつかまれて、ここに連れてこられたんですよ。お金を払おうとしたら、財布がない。あの人が盗ったに違いないです」と話し出した。

　続けて、「おやじに電話してください。すぐにお金を持ってきますから」と言われたが、何のことだかさっぱりわからない。Q弁護士は、「おやじ」といっても、この高齢の女性の父親が生きているのかわからないと思い、「おやじ」とは誰か、どのように連絡をとればよいかを尋ねたが、要領を得ない。

　そこで話題を変えて、警察に来るに至った経緯について、話を聞くことにしたが、被疑者は、買い物なんかしていない、自分でここに来たなどと言い出した。

　これを聞いて、もしや、この人は、何らかの障害をもっているのではないかと感じた。そこで、どのように対応しようかと考えたが、その時、兄弁から聞いた言葉を思い出した。それは、「傾聴（けいちょう）」である。

1.「傾聴」してみよう

　「傾聴」とは、一般に耳を傾けて、熱心に聞くことを示しますが、時に、カウンセリング等の場面で、相手の話をただ聞くのではなく、注意を払って、より深く、丁寧に耳を傾け、相手が話したいこと、伝えたいことを、受容的な態度で聞くことを指すことがあるようです。このようにすることで、相手への理解を深めると同時に、相手も自分自身に対する理解を深め、納得のいく判断や結論に到達できるようサポートするのが傾聴のねらいです。

　被疑者の言動からは、およそ「コミュニケーションがうまくとれないな」と誰でも思うのではないでしょうか。「こんな状態では、意思疎通できない」と思うのも無理はありません。

　そんなときには、まず相手の顔を見て、「そうなんですか。それで？」「それは大変でしたね。それで？」という感じで、とりあえず、何でも話してもらうようにしましょう。傾聴するときには、相手の目を見ながら話したり聞いたりすると効果的です。30分でも1時間でも、話をしてもらいましょう。言いたいことが言えると、だんだん、相手が、安心してきて、落ち着いてくるのがわかります。そのうち、少しずつ、本人の頭の中で、さまざまなことの整理が始まる場合があります。時々、合いの手を入れることで、こちらも相手の様子や病気の症状がみえてくることがあります。

　よくみるパターンとして、統合失調症の若い男性などの場合、突然過激な言葉を発したりすることがあり、弁護人が本気で怒って、怒鳴り合いになることがあります。この対応は、決して正しくありません。被疑者が過激な言葉を発するのは、障害が原因なのであって、弁護人に対する不満を表しているわけではない場合もあるからです。過激な言葉をかけられても、落ち着いて「じゃあ、どうしようか？」「どうしたらいい？」などと聞いているうちに、相手が落ち着いてくることが多いものです。

　また、相手がかなり興奮していたり、こちらがとっているメモをのぞい

てきたりすることがよくあります。こういった場合、メモ用紙にキーワードを書き込んでおくと、それを見た相手が、安心することが多いようです。

　なお、介護士の世界では、「傾聴」は基本中の基本の動作とされています。

　ところで、「傾聴」するといっても、被疑者が一方的にあれこれ話してくれるのであればともかく、こちらから何かを尋ねなければ、話をしてくれない場合があります。また、被疑者が自分勝手に話していることには一応の一貫性があるような場合は、本当は何か問題があるのかもしれないのに気づけない場合があります。

　そのようなことに備えて、「問題があるかな」と思ったときにどのような話題を振ったり、どのような点を注意していればよいかというようなことを用意しておくことも重要です。

　話題は、普通ならば誰にでも答えられる事柄、たとえば、自宅の住所、電話番号、家族構成、職場について尋ねることが考えられます。小学校低学年でも答えられる足し算の問題、漢字の読み書きを質問してもよいでしょう。また、会話をしている中で、目線を合わせようとしない、終始体を動かしているといった動作に注目することも重要でしょう。さらには、質問に対する回答がかみ合っているかどうか（理解不能な言葉を発するような場合も含みます）も重要な観察点です。

　少しおかしいなと思ったら、実際に養護学校や特別支援学校に通ったことがあるかというような質問をすることも問題の有無を判断するのに有益でしょう。

　さらには、障害者手帳を持っている場合もありますから、本人から聞き出すことも重要ですが、捜査機関に障害者手帳を持っていなかったかを尋ねることも忘れてはいけません。

　いずれにしても、「傾聴」するに際しては、いくら相手の言い分を聞くことに重点をおくといっても、やはり、弁護人としての目的をもって会話をすることが肝要です。

　また、認知症の疑いがあると感じた場合には、長谷川式スケール（正確には、「改訂長谷川式簡易知能評価スケール」（HDS-R）といいます）をインターネットからダウンロードして、実際に接見の際に試してみましょ

う。「改訂長谷川式簡易知能評価スケール」は、認知症の可能性があるかどうかを、簡易的に調べる問診項目のことです。9個の質問から成り立っており、「お歳はいくつですか？」「今日は何月何日、何曜日ですか？」「今、私たちがいる場所はどこですか？」等の質問が含まれます。これらの簡易検査は、だいたい、5分から15分もあれば、行うことができます。その結果を詳細に報告書にまとめて証拠化して、検察官（場合によっては裁判官）に提出するなどして、保全しておきます。

2.専門家の力を借りる

　明らかな認知症（これも何種類かありますが）はともかくとして、「傾聴」しただけでは、被疑者にどのような障害があるのかを判断することは、専門家ではない弁護人には不可能であると考えましょう。統合失調症なのか、発達障害なのか、症状の原因がよくわからないことがあります。だからといって、検察官や裁判官に突然、鑑定請求しても、簡単には認めてもらえません。

　そこで、まず、社会福祉士や精神保健福祉士に面談してもらうことをおすすめします。東京三会では、弁護士会のホームページから、相談フォームをダウンロードして、接見の結果を書き込み、社会福祉士等を紹介してもらうことができます。その後、弁護人と社会福祉士が一緒に接見（一般面会になります）に行くことになります。一般面会だと、警察署の留置場では、20分の時間制限（東京の場合）がありますが、拘置所だと延長が認められる場合がありますので、事前に、拘置所に障害者であることを含め時間を延長することが必要である事情を説明して接見時間を延長してもらうようにお願いすることが重要です。

　紹介される社会福祉士（精神保健福祉士の場合もあります）は、精神障害者や発達障害者への対応については専門家ですから、短い時間でも、かなりの情報を引き出してくれるはずです。弁護人は社会福祉士などと協力し、障害を有すると思われる被疑者との接見を通じて、「更生支援計画」（後述参照）という書面の作成をめざすことになるのです。なお、障害の程度が重篤な場合には、医療観察法の対象となる場合もあります（Scene ⅳ 3

参照）。

　また、被疑者本人との接見だけでは十分な事情を聞き取れないのが通常でしょうから、先ほど記載したとおり、捜査機関に障害者手帳を所持していなかったか、所持していたとすればどのようなものかを確認すること、家族から、通院歴の有無などを確認することも必要です。

　専門家に任せるだけではなく、弁護人という専門家としてなすべきことを十分に実施することが重要です。

3.更生支援計画の効用

　「更生支援計画」または「更生支援計画書」とは、被疑者や被告人について、事件と障害とのかかわりなどを踏まえ 今後の必要な支援や環境について福祉専門職（社会福祉士等）としての意見を述べる書面のことです。従来は、刑務所出所者に対する社会復帰支援（以下、「出口支援」といいます）について制度の拡充が行われてきました。

　しかし、罪に問われた障害者等に対する更生支援は、出口支援だけでは不十分です。なぜならば、刑務所に入所すること自体が、それまで形成されてきた罪に問われた障害者等と社会との縁を希薄化するうえに、社会からの偏見をもたらすため、社会復帰をするうえでの大きな足かせとなるからです。このような問題意識から、近年、厚生労働省や法務省を中心として、主に起訴猶予や執行猶予の可能性のある事案において、福祉や医療等の社会資源と連携して強固な環境調整を行い、社会生活の中で更生を尽くすことができるようにする社会復帰支援（以下、「入口支援」といいます）が実践されています。

　通常、更生支援計画には、被疑者・被告人が、社会に戻る際、どのような環境が用意され、どのような人がサポートする予定であるか等の情報が記載されています。たとえば、支援チームのメンバー、該当者の障害の内容、事件当時の環境、アセスメントの結果、具体的な支援計画、支援体制、支援コーディネーターの連絡等の情報が書かれています。

　このような情報に基づいて、被疑者・被告人の社会内での環境調整をしておくと、今後の生活の質も改善しますし、何よりも、再犯防止に役立つ

という効用があります。軽微な犯罪で、起訴前に、社会福祉士等により更生支援計画が作成されていると、不起訴になる場合もありますし、起訴後であっても、裁判所に、更生支援計画が評価されて、執行猶予が言い渡されることもあります。

　また、仮に、実刑になった場合でも、「出口支援」の参考となり、より実効性のある「出口支援」が可能となって、被告人の処遇や社会復帰に際して、充実した生活環境の整備、ひいては、再犯の防止に有益であるとされています。

　そのため、東京三会では、判決確定後、対象者が刑事施設で服役する場合や保護観察が付された場合には、本人の承諾を得て弁護人から、更生支援計画書を刑事施設や保護観察所に取り次ぐという制度が試行されています。

　国選弁護人の場合、本人あるいは家族から費用の支弁を受けて更生支援計画書を作成することはできないため、弁護士会によっては、更生支援計画作成の費用を援助している場合がありますので（たとえば、東京弁護士会における「社会福祉士等との連携のための援助金制度」）、所属弁護士会のホームページを確かめてみてください。

　また、日本弁護士連合会による「罪に問われた障がい者等に対する司法と福祉の連携費用に関する意見書（2017年8月25日）」も参考になります。

4.被疑者や被告人の顔や身体に傷がある場合

　接見の際に、被疑者や被告人の顔や身体に自傷行為に及んだと思われる傷を発見することがしばしばあります。これは、事件当時の被告人の精神状態を示すものとして重要な証拠です。これを証拠化するための方法としては刑事訴訟法上の証拠保全の手続（刑訴法179条）がありますが、手続に日数がかかれば傷は治ってしまいますので、接見の際にカメラやスマートフォンを使用して傷の状態を撮影しておくことは後に役立ちます。

　なお、留置場や拘置所は施設管理権を根拠にカメラ等の持ち込みや写真撮影を禁止していますが、上記のような場合には弁護人としての弁護の必要性がそれを上回るものと考えられます。ただし、いたずらに写真撮影等

をめぐって接見の現場で「もめる」ことは弁護活動にあてられる貴重な時間を浪費するという意味からも得策ではないと考えられますので、上記の写真は公判段階など「必要なときに用いる」ためのものとして大切に保管しておけばよいと思われます。

　証拠保全の手続は、実際にはあまり利用されていないようで、手続の請求をすると事件番号の若さに驚くことがあります。ただし、裁判官による検証が行われることはさらに少なく、たとえば、以下のような手順になることが予想されます。

① 　裁判所に対し証拠保全を請求する。

② 　担当裁判官から「被告人の身体のこういう写真が必要なのですよね」という確認の電話がかかってくる。

③ 　裁判官が検察官に「弁護人から証拠保全の請求があったのですが、捜査の一環としてこういう写真は撮影していないですか」と尋ねる。

④ 　検察官が裁判官の意図を察知して、警察官に対し、被告人の身体を撮影するよう補充捜査の指示をする。

⑤ 　検察官が、警察官が作成した写真撮影報告書を裁判官に提出する。

⑥ 　裁判官からその写真撮影報告書を見ながら弁護人に対し「弁護人が必要としている写真はこういう角度からこういう傷を撮影した写真ですよね、それならおそらく弁護人が必要とされるであろう写真を警察が撮影して作成した写真撮影報告書が存在しますが、証拠保全の請求は取り下げされますか？」という電話があり、証拠保全の取下げを促される。

⑦ 　弁護人としては目的を達したと考えて証拠保全の請求を取り下げる。

⑧ 　後に証拠開示により写真撮影報告書を入手する。

現場力の Essence

■ まずは、「傾聴」する

■ 「傾聴」は目的をもって行う

■ 社会福祉士などの専門家に援助を求めることが必要

■ 社会福祉士などの専門家の費用捻出方法が課題

■ 特別な配慮が必要なことを疎明するためには証拠保全が有用

Scene
ⅱ 実際の弁護活動（捜査段階）

Prologue

　Ｑ弁護士は、接見の際の言動から、被疑者には何らかの障害があるのではないかと思い社会福祉士に支援をお願いしたところ、やはり、被疑者には知的障害があることがわかった。知的障害があることがわかったことはよかったけれども、今後、どのようにしたらよいだろうか、被疑者と的確なコミュニケーションをとれない以上、通常どおりの弁護活動をしても、被疑者のためにはならない。

　とはいえ、被疑者に対しては、適正な判決を求める弁護活動を行うことは、障害のない方の場合と同じである。

　そこで、Ｑ弁護士は、まずは、知的障害とはいかなるものなのかを理解し、通常の場合と何がどう異なるのかを認識したうえで、どのような点で通常の場合と異なる弁護活動をする必要があるのかを検討することとした。

 現場力

1.障害者の特徴

　一口に障害者といっても、前記のとおり、いくつかに分類されることになりますので、まずは、それぞれの特徴を確認しておく必要があります。なお、以下の記載は、あくまでも主な特徴ですので、より具体的に知りたい場合は、当然、医学書などで確認する必要があります。また、以下の特徴には個人による差があるし、障害を重複して負う場合もあるので、個々の症状を正確に見極める努力をする必要があります。

(1) 知的障害

知的障害の特徴としては、以下があげられる。

① 見聞きしたことを理解する能力、これを基礎に表現する能力が低い
② 以前に体験した事象を基礎にこれを応用してその場で対応する能力が低い
③ 記憶に正確をとどめる能力が低い

(2) 精神障害

本来あるはずのないものが現れたり、あるはずのものが失われたりする。

(3) 発達障害（自閉症・アスペルガー症候群等）

いわゆる健常者との間に明確な境界はないが、いずれも、対人関係・社会性の障害、こだわり、パターン化した行動などが特徴である

2.特徴に応じた弁護活動（可視化）

障害者の弁護活動を行う際には、注意を要します。

通常の被疑者・被告人であれば、自らが犯罪行為を行ったか否か（構成要件事実が難しい犯罪においてその行為が犯罪にあたるか否かを知らなかったとしても）は正確に理解しているはずです。したがって、本人の事実に関する供述を基に弁護方針を立てればよいのですが、障害者の場合はそうはいきません。そもそも、自分が何をしたのかを正確に記憶していない、表現できない場合、あるいは自分が何をしたのかを正確に記憶している場合であっても、それが、世の中で犯罪として処罰される対象になっていることを理解できていない場合、普段は、自分が行った行為が犯罪に該当することは正確に理解しているけれども、妄想などによって、その行為を行った瞬間はそのように理解できていなかった場合など、責任能力がなかったと判断されるべき場合があるからです。

また、責任能力が否定されなかったとしても、責任能力が著しく耗弱していたと判断されるべき場合、さらには、犯罪に至る経緯、動機などにおいて障害者であること、あるいは、障害者としての特徴が、情状として斟

酌されるべき場合等があります。

　このような状況に対して弁護人としてどのように対応するかについては、当然、当該被疑者の特徴に応じたさまざまなものが考えられますが、まずは、取調べの段階で可視化を申し入れることが考えられます。

　捜査機関による取調べの際、通常の場合は、自らの記憶、言い分と異なる事実を認めさせられそうになれば、当然、反論、反抗するのですが、障害者の場合、特に知的障害者の場合は、上記のように一定の能力が十分ではないので、捜査官が巧みに誘導した場合、これに応じた回答を行ったうえで、調書に署名押印してしまうという事態が容易に想定できます。

　したがって、弁護人としては、このような被疑者の場合は、捜査機関に対して強く可視化を求め、強制・誤導を回避し、仮に、これらが行われた場合の証拠が公判段階に残されることを求めるべきです。

3．鑑定

　捜査機関に起訴前の鑑定を促すことも重要です。

　被疑者に障害が疑われ、したがって、責任能力の有無、耗弱の程度が問題となりそうな事案については、捜査機関は、いわゆる「簡易鑑定」を実施することがあります。これは、被疑者が勾留されている最中に、捜査担当検察官の指揮により医療機関（場合によっては、検察庁に設置された診療室）に被疑者が連れて行かれ、事前に捜査資料に目を通した医師と面接を行い、医師が鑑定書を作成するものです。

　短時間の面接と捜査資料のみで十分なものと評価することはできませんが、この時点で、捜査担当検察官が被疑者の責任能力に問題があるのではないかと疑念をもち、かつ、医師による一定の判断がなされている点において、重要な証拠となります。

　これに加えて、検察官が起訴前に被疑者について病院施設等において正式な鑑定を行う場合があります。この場合、検察官が裁判所に請求して認められる鑑定留置（刑訴法 224 条、167 条 1 項。詳細は Scene ⅲ・2 参照）により長期間被疑者の身体が拘束されるという点は必ずしも好ましいものではありませんが、長期間の入院期間中に専門医との面接が繰り返さ

れ、より正確な判断がなされるという点においてはすぐれています。

　本来この鑑定は、検察官が必要と認めた場合に、裁判所により必要と認められることになりますが、その前提として、弁護人としては、できる限りその必要性を疎明する資料を捜査担当検察官に提示する必要があります。

　たとえば、医師により面接が実施された場合であれば、その医師による意見書等、社会福祉士作成に係る入口支援に関する更生支援計画書、被疑者と弁護人との会話を記録した報告書等が考えられます。

　なお、弁護人としても、独自に鑑定を実施することも考えられます。この場合は、捜査資料を入手することはできませんから、医師により被疑者自身、家族、関係者との面談により実施することになります。鑑定を依頼した医師とはいっても、被疑者との面談は、原則として一般接見となりますので、多少の時間延長は認められたとしても、接見室の向こうとこちらで会話をすることしかできないというのが現実です。

　また、依頼するにしても誰に依頼するのか、費用をどのように捻出するのかは重大な問題として残りますし、依頼する相手が被疑者の主治医であったりすると、当該医師のこれまでの診察結果が間違っていないことを前提とする見解しか述べることがないものとされ、あるいは、被疑者の立場に立った意見しか述べないものとされて、鑑定書を提出したとしても、その証拠価値が低いものと評価される危険もあります。

現場力の Essence

■ 障害者の種別・特徴を把握することが肝要

■ 障害者については取調べ段階の可視化の要請が必要

■ 責任能力の判断には鑑定が重要

■ 弁護人主導の鑑定は鑑定書の証拠価値が低いとされる場合がある

Scene ⅲ 実際の弁護活動（公判段階）

　Q弁護士は、捜査段階において、何度も接見に行き被疑者に「傾聴」していたが、やはり、知的障害があるようで、要領を得ない問答にしかならない。そうはいっても、徐々にいろいろと話をしてくれるようにはなったが、逆に、捜査担当検察官は、そのような状況をとらえて、完全な責任能力があるとはいえないが、一定の責任能力があると考えているようである。被疑者は過去にも万引きを行って執行猶予付き判決を受けており、その際も、問題がないわけではないけれども責任能力がないとは判断されていないとのことであり、さらには、検察官が実施した簡易鑑定においても責任能力がないとは判断されていなかったと述べていた。

　Q弁護士は、弁護士会から社会福祉士の紹介を受け、2人で懸命に面会に通い、更生支援計画書を作成し、それを捜査担当検察官に提出した。

　それでも、被疑者は、勾留満期日に公判請求されてしまった。Q弁護士としては、このような被疑者の公判段階の弁護活動をどのようにしたらよいのか途方に暮れてしまったが、そこで立ち止まっているわけにはいかないと考えて、公判段階の弁護活動について具体的に検討することにした。そこで、まずは、簡易鑑定ではなく、正式の鑑定を実施してもらうことを考えた。

1. 公判段階の鑑定

　公判段階になって、第1回公判期日において、弁護人は、被疑者について正式の鑑定を裁判所の職権に基づき行うよう求める上申書を提出することになります。

　その上申書には、裁判所に鑑定の必要性を理解してもらうために、弁護

人から専門の精神科の医師に依頼をして被告人と面会してもらい（この場合の面会も Scene ⅱ で解説したのと同様に一般面会ですが、正しい診断のためには面会時間の延長を認めてもらう必要があります）、鑑定意見を書面にしてもらいます。また、捜査担当検察官が知的障害が原因で責任能力に疑問をもったことから簡易鑑定を行っている場合にはその事実の記載、被疑者の捜査段階における弁護人との接見の際の言動に関する報告書などを添付することが重要です。

　また、捜査段階において可視化の要請をしてこれに応じられたのだとすれば、可視化に基づき作成された録音、録画の結果も検察庁から証拠として請求するよう求めることも重要です。

　あるいは、被告人質問等で、裁判官（裁判員）の面前で、被告人の実際の病状がわかるように、強くアピールできるようにすることも重要です。

　なお、検察官が捜査段階で鑑定を実施している場合、重ねての鑑定は不要であると反論することがあり得ますが、検察側の鑑定は、検察官が鑑定人に与えた資料がどのようなものか不明であり被疑者の責任能力を判断するために必要なものが欠落している危険があること、特に、捜査段階の録音、録画について提示されていない危険があることなどを主張して、再度の鑑定の必要性を主張することになります。

2.鑑定留置（刑訴法167条）

　精神の障害の影響で事件を起こしたことが疑われる場合、裁判所は、職権で鑑定留置状を発布して、期間を定め、病院その他の相当な場所に被告人を留置することができます(刑訴法167条1項・2項)。この鑑定留置は、通常、被告人を裁判所が指定する病院等に入院させたうえ（場合によっては、警察署、拘置所に所在したままで実施される場合もあります）で実施するもので、通常2〜3か月かかります。この間は勾留が執行停止しているものとされます（同法167条の2第1項）。

　この鑑定留置の期間中、弁護人は被告人と接見することができますから、弁護人としては、鑑定留置の間も、接見を続けるべきです。なお、鑑定留置期間中、捜査機関は取調べをしないようです。

　また、弁護人は、鑑定医に面談することができます。鑑定医にとっても、できるだけ多くの情報があったほうがよいので、被疑者に有利な情報は、積極的に提供すべきですし、逆に、鑑定医から有益な情報を得られる場合もあります。

3.公判前整理手続

　裁判所による職権での鑑定を促す場合、弁護人としては、公判前整理手続に付すよう求めることを検討すべきです。

　上記のとおり、職権により鑑定を実施するよう裁判所に求める場合、鑑定の必要性を明示するために多くの資料を提示する必要があります。

　たとえば、弁護人が用意できるものとしては、従前の被疑者の診断書、診療録、弁護人が依頼した医師の意見書、親族からの聴取書、弁護人と被疑者・被告人との面談結果を書いた報告書等などがありますが、検察官の手元には、簡易鑑定の結果を記載した診断書、検察官が実施した鑑定の鑑定書、前科の判決書、犯罪事実に関する捜査資料、被疑者段階の取調べ状況を録音、録画した資料等、弁護人が入手することが困難な資料も多数存在する可能性があります。

　そこで、公判前整理手続の中で、類型証拠開示、主張関連証拠開示において証拠の開示を求め、それによって開示された資料を基礎に、鑑定の必要性を主張することが可能となるのです。

4.公判期日に向けて行うべきこと

　裁判所に対しても、手続の進行にあたり、被告人の障害の特性に配慮した表現を用いるなどを申し入れておくことが肝要です。

　たとえば、罪状認否にあたり、起訴状の内容は、一般人においても、読みやすい文章とはいえず、知的障害などが疑われる場合には、さらに理解が難しいものです。

　つまり、知的障害をもつ被告人が答えやすい質問を行い、被告人自身の言葉で罪状認否ができるように申し入れる必要があります。

　また、裁判所に申し入れを行い、公判廷での被告人の席を弁護人の隣に

移動してもらったり、介助者にも隣に座ってもらったりして、常時ケアできる体制にしておくことも考えられます。

　さらに、被告人が精神障害によりパニック発作を起こす可能性がある場合や体調に不安がある場合には、長時間の法廷には耐えられないことが多いので、開廷時間を短縮することや休廷時間を設けてもらうなどの措置を申し入れることが考えられます。

　そのため、公判に際し、事前に裁判所の担当書記官と十分に打合せを行い、法曹三者の事前協議を行っておくことが大切です。

5.情状立証

　障害者であることが責任能力に直接影響を与えることはこれまで述べてきたとおりですが、責任能力がなかった、あるいは、責任能力が著しく減弱していたと判断されなかったとしても、障害があることが犯罪の成立、あるいは、犯罪に至る経緯等に大きな影響を与えていることがあります。

　したがって、弁護人としては、責任能力の有無のみにこだわることなく、障害者が犯行に及んでしまった理由を含む犯情に与えた影響、被告人の生活状況などを含む一般情状を主張する必要があります。その際には、社会資源の確保等が必要となります（Scene ⅳ・2 参照）。

現場力のEssence

■ 公判段階においても鑑定が実施される場合がある

■ 鑑定留置中も弁護人は接見できる

■ 鑑定の必要性を明示するために公判前整理手続の証拠開示を活用する

■ 公判期日に際し、事前に裁判所や検察官と協議の場をもつことが重要

■ 障害が犯罪行為に与えた影響等の情状立証も必要

Scene
ⅳ 判決と社会復帰

Prologue

　Q弁護士は、裁判所が公判において鑑定を実施してくれることになり、鑑定留置期間に入ったことにより、一息つけることになった。

　しかし、被告人が、万引きをした事実は否定することはできないし、前科も同様であるとすると、今回の判決で仮に心神喪失が認められて無罪と判断されたり、あるいは、心神耗弱が認められたとしても、その後の被告人の生活についてどうしたらよいかを考える必要があると考えていた。このことは、弁護人に選任されて最初に被告人と面談した時点から思っていたのだが、これまでは、捜査、公判にどのように対処したらよいのかという点に多くの時間を割いてしまい、判決後のことについて、具体的に検討する余裕がなかった。

　そこで、Q弁護士は、被告人が、今後どのように社会生活に戻ることが可能なのかなどについて考えることとした。

 現場力

1.社会復帰への道と弁護人

　被疑者・被告人が障害者の場合、事件が終了した後、いずれ社会生活に復帰することになります。その際に、被疑者・被告人がどのような場所、環境で、どのように社会生活に復帰することが好ましいのか、そのために弁護人としては何ができるのかを考える必要があります。もとより、弁護人が事件終了後に自らできることは限られていますから、第三者の手に委ねることが不可欠なのですが、そのためにも事件終了前から準備をしておく必要があります。

2.社会資源とその確保

　弁護人は、刑事事件が終了すれば、その任務を終えますが、被疑者・被告人は、その後、社会に復帰する必要があります。障害をもたない方々であっても、社会への復帰は困難であり、再犯率が決して低い状況にはなく、支援活動が行われている状況にあります。ましてや、障害をもつ方であれば、なお一層の支援が必要となることが当然想定されます。

　そのような中で、事件終了前の段階で弁護人としては、事件終了後、どのような社会資源の利用が可能なのかを探索しておくことが必要です。

　社会資源とは、一般的には、対象者のニーズを充足させるために動員されるあらゆる物的・人的資源を総称したものとされています。たとえば、「物的資源」としては、制度・施設・機関・設備・資金・物質・法律・情報があげられ、「人的資源」としては「集団・個人の有する知識や技術」があげられるようです。

　具体的には、以下があげられます。

- ・制度：自立支援医療、精神障害者保健福祉手帳、障害年金、生活保護等
- ・施設：生活訓練施設（援護寮）、グループホーム、作業所、地域活動支援 センター、就労支援センター、生活支援センター等
- ・公的機関：役所、保健所（福祉保健センター）、精神保健福祉センター、児童 相談所等
- ・医療機関：精神科病院・診療所、デイケア等
- ・人的資源：家族会、自助グループ、ソーシャルワーカー等

　このように社会資源は、社会に多く存在するものではありますが、被疑者・被告人にとって何が必要で有益なのかを弁護人が1人で探索することは極めて難しいことです。

　そこで、多くの場合、各種機関に協力を求めることになります。その際、重要なのは、刑事事件の観点と社会復帰の観点は異なるということです。弁護人は、通常、この刑事事件において被疑者・被告人にとって最も有利な方法はいかなるものかという観点からみていますが、判決後のことを考えるのであれば、判決や処分にどのような影響があるのかということより

も、被疑者・被告人が社会復帰してこの後の人生を健全に過ごして行くにはどうしたらよいのかという、より広く、長期的な観点に立った見方が必要となってきます。

このようにして探索した社会資源とその利用方法については、公判段階の情状立証（Scene iii 5 参照）において、社会復帰後の環境が整備されており再犯の可能性が極めて低い旨を主張することになります。

3.医療観察法

窃盗の事案では直接は関係がありませんが、精神障害などのために刑事責任を問えない状態で重大な他害行為を行った方を社会復帰させるための医療観察法について若干説明します。

(1) 概要

医療観察法制度は、精神障害のために善悪の区別がつかないなど、刑事責任を問えない状態で、重大な他害行為（殺人、放火、強盗、強制性交等、強制わいせつ、傷害等の犯罪で、すべて未遂を含む）を行った者に対して、継続的かつ適切な医療を提供し、社会復帰を促進することを目的とした制度です。

この制度では、心神喪失または心神耗弱の状態で重大な他害行為を行い、不起訴処分となった場合、または無罪等が確定した者に対して、検察官は、医療観察法による医療を受けさせる必要が明らかにないと認める場合を除き、対象者を入院等させる旨の決定を求める申立てを行わなければなりません（医療観察法 33 条 1 項）。

検察官からの申立てがなされると、裁判官による鑑定入院質問が行われ、医療観察法に基づく医療を受けさせる必要が明らかにないと認める場合を除き、対象者には処遇決定等があるまでの間、入院させる旨を命じ（鑑定入院命令）、医師には鑑定が命じられます（鑑定命令）。

医療観察法による裁判所は、裁判官と精神保健審判員（地方裁判所が選任した専門医）の各 1 名からなる合議体で構成され、この裁判所が行う審判によって、処遇の要否と内容が決定されます。

　審判の結果、医療観察法の入院による医療の決定を受けた者に対しては、厚生労働大臣が指定した医療機関（指定入院医療機関）において、専門的な医療の提供が行われるとともに、この入院期間中から、法務省所管の保護観察所に配置されている社会復帰調整官により、退院後の生活環境の調整が実施されます。

(2) 医療観察法事件における付添人の活動

　医療観察事件において、対象者および保護者が私選付添人を選任しない限り、裁判所は、弁護士である付添人（国選付添人）を選任しなければなりません（医療観察法35条。必要的付添人）。

　付添人は、裁判所において、記録の閲覧・謄写を行いますが、謄写には裁判所の許可が必要とされます（医療観察法32条1項・2項）。付添人は、本人と面会し、また鑑定入院期間の関係者（鑑定医等）と面会し、カルテ等の開示を請求します。これらの活動の結果、対象行為があったか否かに争いが生じた場合は、対象行為の存否に関する審理および裁判を、対象者の刑事事件を審理した合議体とは別の合議体で行う旨の決定を求めて、職権発動を促すことになります。

　付添人は、社会復帰調整官（精神保健福祉士など精神障害者の保健および福祉に関する専門知識を有する者で、保護観察所に配置されている者）や、精神保健参与員（精神保健福祉士など精神障害者の保健および福祉に関する専門知識や技能を有する者で地方裁判所があらかじめ選任した者）との面談を行います。また入院先を調整し、本人に保護者がいればその者とも面談をして事件前の対象者の生活や、今後の帰住先に関する聴取を行います。

　裁判所においては、裁判官、審判員、参与員、検察官、鑑定人、社会復帰調整官などとともに、付添人も参加して、審判の準備のためのカンファレンスが実施されます。付添人は、カンファレンスを利用して、情報収集や裁判所の説得を行うことになります。カンファレンスにおいては、予想される事案の問題点につき意見交換がなされ、今後の進行につき協議がなされるほか、鑑定人から鑑定の経過や結論の方向性についても説明を受け

ることになります。また鑑定書が完成したのちは、鑑定書を踏まえて、その記載内容等について鑑定人から追加説明がなされたり、質疑応答がなされることもあります。

　審判において、付添人は、対象行為の存否についての意見（事実の認否）、責任能力の有無や程度、対象行為を行った際の精神障害の改善・消失等の事実、処遇の要否などについての意見を述べます。また、付添人は、対象者本人や保護者に対して質問をすることができますので、この質問を通じて、付添人の意見の妥当性を裏付ける回答を対象者や保護者から引き出せるよう、準備を行う必要があります。

　付添人は手続の最後に、一般的な医療ではなくこの法律に基づく治療が本当に必要だといえるのか、あるいは対象者本人の処遇に不適切なところがないかということを中心に意見を述べることになるので、その準備も必要となります。

　この審判手続は一期日で終了し、決定は審判期日後1週間から10日後に連絡されます。決定内容が「入院決定」の場合は、言渡しのあった日のうちに指定入院医療機関に移送されますので、付添人は、言渡し前に対象者と面会するなどして、予想される審判内容や決定に対する不服申立手続について説明しておくとよいでしょう。不服がある場合は、対象者への謄本の送達後、2週間以内に抗告をすることができます。決定が「通院決定」の場合は、対象者は言渡日に鑑定入院先の病院を退院します。したがって帰住先がある場合は、言渡日を裁判所に確認して、対象者が帰住先に戻る可能性があること等を伝えておくとよいでしょう。

現場力のEssence

■ 社会復帰に弁護人の活動も必要

■ 社会復帰への環境整備は各種資源を用いた協力が必要

■ 社会復帰への環境整備ができれば、公判において有利な情状として主張する

■ 重罪の場合は医療観察法の利用が検討される

［執筆者紹介］

岩崎　晃 （いわさき・あきら）

1987（昭和62）年3月　　東京大学経済学部卒業
1992（平成4）年4月　　検事任官
1997（平成9）年4月　　弁護士登録（第一東京弁護士会）
2008（平成20）年4月〜　司法研修所刑事弁護教官（2011（平成23）年まで）
現在：岩崎・本山法律事務所

石川　剛 （いしかわ・ごう）

1993（平成5）年3月　　早稲田大学法学部卒業
1995（平成7）年4月　　弁護士登録（第一東京弁護士会）
2010（平成22）年4月〜　司法研修所刑事弁護教官（2013（平成25）年まで）
現在：桜田通り総合法律事務所

原　琢己 （はら・たくみ）

1996（平成8）年3月　　早稲田大学法学部卒業
2000（平成12）年4月　　弁護士登録（第一東京弁護士会）
2016（平成28）年4月〜　司法研修所刑事弁護教官（2019（平成31）年まで）
現在：安井・原法律事務所

板橋　喜彦 （いたばし・よしひこ）

1995（平成7）年3月　　早稲田大学政経学部卒業
2002（平成14）年4月　　弁護士登録（第一東京弁護士会）
現在：新都総合法律事務所開設

佐藤　健太 （さとう・けんた）

2006（平成18）年　　明治大学法科大学院卒業
2008（平成20）年　　弁護士登録（第一東京弁護士会）
2015（平成27）年4月〜　司法研修所刑事弁護教官室所付
　　　　　　　　　　（2018（平成30）年まで）
現在：真和総合法律事務所

折戸　誠子 （おりと・せいこ）

2009（平成21）年3月　　明治大学法科大学院卒業
2013（平成25）年1月　　弁護士登録（第一東京弁護士会）
現在：上田廣一法律事務所

橘　真理夫 （たちばな・まりお）

2013（平成25）年3月　　慶應義塾大学法科大学院修了
2014（平成26）年12月　　弁護士登録（第一東京弁護士会）
現在：橘法律事務所

弁護士の現場力　刑事弁護編
—弁護人就任から終了までのスキルと作法—

令和元年 12 月 20 日　第 1 刷発行

著　者	岩崎 晃・石川 剛・原 琢己・板橋喜彦・佐藤健太・折戸誠子・橘真理夫
発　行	株式会社 **ぎょうせい**

〒 136-8575　東京都江東区新木場 1-18-11
電話　編集　03-6892-6508
営業　03-6892-6666
フリーコール　0120-953-431

URL：https://gyosei.jp

〈検印省略〉

印刷・製本　ぎょうせいデジタル㈱　　　　　©2019 Printed in Japan
※乱丁本・落丁本はお取り替えいたします。

ISBN978-4-324-10663-1
(5108533-00-000)
〔略号：現場力（刑事編）〕

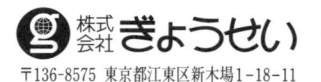